깨달음의 노래

현대인을 위한 증도가 禪解

깨달음의
노래

심 성 일 지 음

침묵의 향기

머리말

《증도가(證道歌)》가 당나라 때 영가현각(永嘉玄覺. 665~713)이라는 스님이 지은 1,814자 267구로 이루어진 노래로 여긴다면, 불립문자(不立文字) 직지인심(直指人心)의 선(禪)은 꿈에도 모르는 소리다. 《증도가》는 《증도가》가 아니라 그 이름이 《증도가》일 뿐이다. 선지식(善知識)이 주장자를 들어 보이는 뜻은 주장자를 들어 보이는 데 있지 않다. 법상(法床)을 치고 할(喝)을 하는 이유는 법상을 치고 할을 하는 곳에 있지 않다.

여기에서는 《증도가》의 말 구절을 해설하고 학문적으로 분석하는 일 따위는 하지 않는다. 오직 바로 지금 여기 이 글을 읽고 있는 자기 자신을 있는 그대로 가리켜 보여, 스스로 깨달음을 증득하여 자신만의 깨달음을 노래하게 만드는 것이 유일한 목적이다. 자기 자신을 벗어난 바깥에 진리와 도(道), 부처와 깨달음이 있지 않다. 모든 것이 바로 지금 여기 눈앞을 벗어나 있지 않다. 한 생각 일으켜 찾아 나서기 이전에 있던 것이 우리의 본래면목이다.

4

몸이 바다 가운데 있으면서 물을 찾지 말고
나날이 산 위를 다니면서 산을 찾지 말지어다.[1]

2015년 가을
금정산 계명봉 아래에서

원명(圓明) 심성일

---

1   야부도천(冶父道川, 960~1279) 선사의 게송 중에서

1

누가 생각이 없으며,
누가 태어남이 없는가?

그대 보지 못했는가?
君不見

지금 보지 못하십니까? 지금 바로 보고 있습니다. 눈이 보는 게 아니고 지금 '이렇게' 보고 있을 뿐입니다.

지금 보고 있는 '이것'이 꿈속에서도 보고 있습니다. 보는 자도, 보이는 대상도, 이 한계 없는 '보고 있음' 속에 드러나 있습니다.

그대 보지 못하십니까? 지금 이렇게 비추고 있는 '이것'!

그대가 이 글을 보고 있는 것이 아닙니다. '이것'이 그대와 이 글을 보고 있습니다. '이것'이 바로 진정한 그대 자신입니다.

배움을 끊고 함이 없는 한가한 도인은

絕學無爲閑道人

'이것'은 배울 수 있는 것이 아닙니다. 눈앞의 현상세계는 나라는 개체의 의지나 노력과 전혀 무관하게 펼쳐져 있습니다. 나라는 개체도 그 가운데 한 조각 퍼즐일 뿐입니다.

나와 세계는 둘이 아닙니다. 오늘도 어김없이 이렇게 눈앞에 분명하게 펼쳐져 있습니다. 매일매일 새롭지만 언제나 '그것'입니다. 많은 일들이 벌어진 듯하지만 언제나 '이 일'밖에 없었습니다.

본래 배울 것이 없었고 억지로 할 것이 없었으니 편안히 쉴 수 있습니다. 그러한 이가 바로 한가한 도인이지 무슨 도인이 따로 있겠습니까?

인생 백년, 삼만 육천오백 일이 다만 '이것'일 뿐입니다.

망상도 없애지 않고 참됨도 구하지 않는다.

不除妄想不求眞

독립적으로 존재하는 객관적인 대상은 없습니다. 이것이 연기(緣起)[2]의 진실입니다. 눈앞의 사물이 나의 바깥에 있는 것이 아닙니니다. 대상사물의 존재가 바로 내 존재의 증거입니다. 주관과 객관은 늘 한 덩어리로 동시에 드러납니다.

자신이 객관과 상대되는 하나의 개체로서 주관이 아니라, 그 모든 것을 아우르는 전체, 둘 아닌 하나임을 깨달아야 합니다. 분리된 존재라는 착각에서 벗어나야 합니다. 우리는 아무것도 아닌 동시에 존재하는 모든 것입니다.

분리는 없습니다. 분열은 착각입니다. 분별은 망상입니다. 바로 지금 이 글과 이 글을 읽는 나는 분리되어 있지 않습니다. 동시에 전체로서 드러납니다. 분열과 분별은 스스로 일으킨 미혹입니다.

자기가 자기에게 속았을 뿐입니다. 자기가 따로 존재하지 않습니다. 망상도, 참됨도 따로 존재하지 않습니다. 어떤 모양도 그것이 드러나는 바탕과 떨어져 있지 않듯, 어떤 것도 이 하나의 전체를 벗어나지 않았습니다.

한량없는 전체로서의 자기, 존재 자체인 자기를 바로 지금 여기

---

2 '모든 사물은 그 자체로서 독립되어 있는 것이 아니라, 여러 가지 조건과 관계 속에서 임시로 존재하고 있다.'라는 뜻으로, 사물의 존재양식을 무명(無明)·무지(無知)에서 노사(老死)에 이르기까지 12개 항목으로 제시한 것이 십이연기(十二緣起)다. 이러한 연기의 입장에서 보자면 이 세상에 실체로 존재하는 것은 하나도 없게 되는데 이것이 연기공(緣起空)으로, 불교의 무아(無我) 또는 공(空)의 사상이 지니는 근본 뜻을 나타낸 것이다.

서 문득 확인하십시오.

무명의 참 성품이 바로 불성이요,

無明實性卽佛性

내가 따로 있고 나 바깥에 세계가 따로 존재한다는 것이 바로 무명
(無明), 곧 어리석음입니다. 그러나 잘 살펴보면 나와 세계는 언제나
동시에 드러나지 세계 없는 나, 나 없는 세계만 독자적으로 드러난
적이 없습니다. 나와 세계는 곧 하나의 전체로서 분리되지 않습니다.

문득 이 모든 것이 하나의 전체로서 확인되는 순간, 우리는 항상
진리만이, 깨달음만이, 이름하여 불성만이 존재한다는 사실을 알게
됩니다. 바로 지금 내가 있다는 느낌, 나 아닌 대상들이 존재한다는
느낌이 서로 다른 것이 아닙니다.

모두가 하나의 신령스러운 지각의 빛이 빚어낸 작용입니다. 눈앞
에 드러난 이 잡다한 현상세계가 바로 깨달음의 세계입니다. 눈앞
을 벗어난 다른 세계는 없습니다. 눈앞을 떠나지 마십시오.

허깨비 같이 텅 빈 몸이 곧 법신이로다.

幻化空身卽法身

진리는 둘이 아니어야 합니다. 둘이라면 진리와 진리 아닌 것이 있다는 의미입니다. 따라서 진리는 바로 지금 여기 눈앞에 있어야 합니다. 그렇지 않다면 진리가 어딘가 다른 때, 다른 곳에 있다는 말이니 곧 둘입니다.

　바로 지금 '이것'이 그대로 진리입니다. 진리라는 말에 해당하는 뜻의 모양에 속지 마십시오. 그럼 또 둘이 됩니다. 진리라는 말과 그 말의 뜻, 이 자체로 그대로 진리입니다. 바로 지금 나의 느낌, 감정, 생각이 그대로 진리입니다.

　온갖 다양성이 그대로 하나의 전체성입니다. 온갖 상대성이 그대로 둘 없는 절대성입니다. 나라는 개체 역시 그 전체성, 그 절대성 자체이지 다른 것이 아닙니다. 모든 차별이 그대로 차별 없는 하나임을 사무칠 때 차별이 그대로 차별이 아닌 것입니다.

　온 우주가 그대로 법신(法身)[3], 곧 나의 몸입니다. 그러므로 온갖 사물 하나하나에서 나를 확인할 수 있습니다. 창밖에 비가 내립니다. 이것이 다른 일이 아닙니다.

3　진리 그 자체, 또는 진리를 있는 그대로 드러낸 우주 그 자체. 중생이 본래 갖추고 있는 청정한 성품. 있는 그대로의 진실한 모습.

법신을 깨달음에 한 물건도 없으니

法身覺了無一物

온갖 사물 하나하나가 동일한 법신임을 확인하는 것이 깨달음입니다. 모든 개별 대상들이 하나의 법신이라면 하나의 법신마저 없는 셈입니다. 오직 한 물건만 있다면 한 물건도 없는 것입니다.

지금 눈앞에 컴퓨터, 휴대전화, 시간과 공간, 나라는 존재가 있습니다. 모양을 따라 분별하면 모두가 하나하나 따로따로 존재하는 듯 보입니다. 그러나 그 모든 것이 전체로서 함께 존재하고 있습니다. 이 있는 그대로의 전체를 이름하여 법신, 마음, 의식, 한 물건이라 부릅니다.

컴퓨터가 따로 있고, 휴대전화가 따로 있고, 그것들이 드러나는 시간과 공간이 따로 있고, 그 모든 것들을 인식하는 내가 따로 있는 것이 아니라, 이렇게 전체로서 함께 드러납니다. 따라서 컴퓨터도 '이것', 이 하나의 전체요, 휴대전화도 '이것', 시간과 공간도 '이것', 나도 '이것'이어서 온갖 차별이 다 있지만 실제로는 아무런 차별이 없습니다.

부처님의 몸이 법계(法界)4에 가득 차 있어
모든 중생들 앞에 널리 드러나 있네.

4 　모든 현상. 우주.

언제 어디에서나 인연 따라 감응하지만

언제나 이 깨달음의 자리에 있네.[5]

본래 타고난 자기의 성품이 천진한 부처이다.
本源自性天眞佛

보고, 듣고, 냄새 맡고, 맛보고, 느끼고, 생각하는 여섯 가지 능력은 배워서 얻은 것이 아니라 태어날 때부터 갖추어진 자기의 성품입니다. 보는 것이 자기의 성품이요, 듣는 것이 자기의 성품이요, 나머지 다른 것도 마찬가지이니, 보는 것은 보는 것이 아니요, 자기의 성품은 자기의 성품이 아닙니다.

타고난 그대로의 여섯 가지 능력 밖의 다른 것은 모두 구하고, 찾고, 배우고, 얻은 것들로, 반드시 시간의 흐름을 따라 잃어버리고, 망각하고, 사라질 것들입니다. 본래 이미 갖추고 있는 것만이 진실입니다. 그러하기에 찾고, 구하고, 배우고, 닦을 필요 없이 본래성불(本來成佛)인 것입니다. 다만 보고 듣는 것이 실제로 있는 것인 양 집착하지만 마십시오.

천진한 자기 부처를 놓아두고, 닦고 수행하여 그럴듯한 부처를 이루려 하지 마십시오. 그 망상이 한번 와르르 무너져야 참된 자성불

---

5   《화엄경》게송

(自性佛)⁶이 출현할 것입니다. 자기를 돌아보십시오. 무엇이 참된 나입니까? 답을 구하려 하지 말고, 물음이 진정하고 간절해야 합니다.

오온⁷의 뜬구름이 부질없이 오가며
五陰浮雲空去來

모양, 느낌, 감정, 의지, 생각의 작용들이 매 순간 일어났다가 사라집니다. 마치 저 하늘의 뜬구름처럼 언제 어디서 일어났는지도 모르게 일어났다가, 언제 어디서 사라지는지 모르게 사라집니다. 무상(無常)하고 무상한 일의 연속, 그것이 우리들 인생이라는 드라마입니다.

지금 눈앞을 보십시오. 모양이 보이고, 느낌이 느껴지고, 감정이 일어나고, 의지가 있고, 생각이 이어지고 있습니다. 그 모든 것은 머무르지 않고 끊임없이 변화하지만, 그런 변화가 끊임없이 계속하여 일어난다는 사실만은 변함이 없습니다.

모든 모양 속에서 모양 아닌 것을 보아야 하고, 모든 변화 속에서 변하지 않는 것을 알아차려야 합니다. 세간의 모습 그대로가 열

---

6   우리의 자성이 곧 부처라는 뜻. 모든 사람은 본래부터 부처가 될 수 있는 성품, 곧 자성불을 지니고 있다.

7   온(蘊)이란 곧 집합·구성 요소를 의미하는데, 오온은 색(色)·수(受)·상(想)·행(行)·식(識)의 다섯 가지다. 오음(五陰)이라고도 함.

반[8]의 모습입니다. 진리는 언제나 구체적인 것입니다. 진리가 무엇입니까? 오늘 날씨가 매서워 콧물을 홀쩍입니다.

삼독의 물거품三毒은 헛되이 일어나고 사라진다.
三毒水三毒泡虛出沒

탐욕, 분노, 어리석음, 이 세 가지 독소는 무엇입니까? 무엇을 탐욕이라 부르고, 무엇을 분노라고 부르고, 무엇을 어리석음이라 부르고 있습니까? 누가 그것들을 탐욕이라 부르고, 분노라고 부르고, 어리석음이라 부르고 있습니까?

탐욕과 그것을 탐욕이라 부르는 자가 따로 있습니까? 분노와 그것을 분노라 부르는 자가 별개로 존재합니까? 어리석음과 그것을 어리석음이라 부르는 자가 떨어져 있습니까? 모두가 알 수 없는 하나(Oneness) 안에서, 전체성(Wholeness) 속에서 벌어지는 허망한 현상일 뿐입니다.

텅 빈 허공 속에서 구름도 일어나고 바람도 불고 비도 내리지만, 허공 자체는 구름에도 바람에도 비에도 영향 받지 않습니다. 구름이 가득 끼어도 그 허공이요, 바람이 세차게 불어도 그 허공이요, 비

---

8   불어서 불을 끄듯, 탐욕과 노여움과 어리석음이 소멸된 심리 상태. 모든 번뇌의 불꽃이 꺼진 심리 상태.

가 억수같이 쏟아져도 그 허공입니다.

그것을 탐욕이라, 분노라, 어리석음이라 불러 놓고 자신은 그것과 따로 있는 듯, 거부와 저항의 몸짓을 지어내는 스스로를 돌아보십시오. 내가 탐욕 자체이고, 내가 분노 자체이며, 내가 어리석음 자체이지 않습니까? 그러면서도 탐욕도 잠시 머물다 가고, 분노도 일어났다 사라지고, 어리석음도 왔다가 가는 텅 빈 공간이 아닙니까?

이것이 무엇입니까?

탐욕이라는 이름을 떼어 버리고, 분노라는 분별을 내려놓고, 어리석음이라는 망상에서 잠시 벗어나면, 탐욕이 그대로 청정한 계율이요, 분노가 그대로 고요한 선정(禪定)이요, 어리석음이 찬란한 지혜로 바뀝니다. 모든 것이 본래 고정된 성품, 자성이 없는 까닭입니다. 삼독(三毒)[9]의 마음 그대로 삼학(三學)[10]을 성취합니다.

이것이 무엇입니까?

9　열반에 이르는 데 장애가 되는 가장 근본적인 세 가지 번뇌. 탐욕(貪欲), 진에(瞋恚), 우치(愚癡). 줄여서 탐(貪)·진(瞋)·치(癡)라고 함. 곧, 탐내어 그칠 줄 모르는 욕심, 노여움, 어리석음.

10　깨달음에 이르려는 자가 반드시 닦아야 할 세 가지 수행. 계학(戒學: 계율을 지켜 실천함), 정학(定學: 마음을 집중·통일시켜 산란하지 않게 함), 혜학(慧學: 미혹을 끊고 진리를 주시함).

실상을 증득하면 사람도 없고 법도 없으니
證實相無人法

실상(實相)[11]은 나와 따로 있는 것이 아닙니다. 실상은 우리 눈앞의 현상세계를 떠나 있는 것이 아닙니다. 지금 바로 여기 있는 이대로가 실상입니다. 나와 세계를 포함한 전체가 있는 그대로의 실상입니다.

"실! 상!" 하는 이것이 그대로 실상일 뿐입니다. 그러니 실상이라는 말에 해당하는 실체가 따로 있는 것이 아닙니다. 실상은 실상이 아니라 이름이 실상일 뿐입니다. 그러한 실상을 깨달아 알면, 그 실상을 증득한 나도 따로 없고, 내가 증득한 실상이라는 법도 따로 없습니다. 언제나 늘 이대로였습니다.

지금 자신도 모르게 일으킨 분별, 나가 따로 있고 나 아닌 세계가 나 바깥에 따로 있다는, 그 분별을 온몸으로 뚫어 내야 합니다. 어떻게 뚫느냐 하는 방법은 없습니다. 길이 없습니다. 무조건 뚫어 내야 합니다. 어떻게 해야 할지 몰라 머뭇거리고 있는 한, 스스로를 둘러싼 분별의 장막을 뚫어 낼 기약은 전혀 없습니다.

간절한 마음으로, 온몸으로, 온 존재로 알 수 없는 '이것'과 맞부딪쳐 있어야 합니다. 숨통이 막히는 답답함이 극에 달하면 비로소

---

11 모든 현상의 있는 그대로의 참모습. 대립이나 차별을 떠난 있는 그대로의 참모습.

살 길이 나타날 것입니다. 살기 위해서는 일단 죽어야 합니다. 옛사람은 죽고 새사람으로 거듭나야 합니다. 그러나 다시 태어나고 보면 옛사람 그대로일 뿐, 다른 사람이 아니었습니다.

찰나에 아비지옥의 업을 없앤다.
刹那滅却阿鼻業

깨달음은 인식의 전환입니다. 기존과는 전혀 다른 방식으로 나와 세상을 바라보는 안목이 생기는 것입니다. 코페르니쿠스적인 인식의 전환이 찾아옴에 따라 기존의 습관적 사고방식의 구속에서 벗어나는 체험, 해탈의 경험이 수반됩니다.

끝없는 자기 생각의 구속, 그것이 번뇌 망상입니다. 그것이 한순간도 쉴 틈이 없는 아비지옥[12]의 업(業)[13]입니다. 깨달음은 그 아비지옥과 같은 번뇌 망상으로부터의 탈출구입니다. 깨달음은 한 '찰나'에 이루어지지만, 번뇌 망상의 업력에서 벗어나는 데는 시간이 필요합니다. 진리의 입장에서는 '돈오돈수'[14]이나 경험적으로는 '돈

---

12 불교에서 말하는 지옥 중에 가장 낮은 층에 있으며 가장 고통스러운 지옥이다. 괴로움을 받는 일이 사이도 없이 끊임없기 때문에 무간(無間)지옥이라고도 한다.

13 업(業)은 산스크리트어 까르마(karma)의 번역어로서 행위를 의미한다. 행위는 몸(身), 입(口), 생각(意)으로 이루어지고 이를 삼업(三業)이라고 하지만, 모든 업의 근원은 생각이다.

14 '단박에 깨치고 단박에 닦는다.'는 뜻으로, 단박에 깨쳐서 구경각(究竟覺 : 궁극적이고 완전한 지혜를 얻는 경지)에 이름으로써 더 이상 수행할 것이 없는 경지에 도달하

오점수'15입니다.

성경 말씀에, "내가 세상에 화평을 주러 온 줄로 생각하지 말라. 화평이 아니요 검을 주러 왔노라."라고 하였습니다. 또 말하기를, "자기 십자가를 지고 나를 따르지 않는 자도 내게 합당하지 않느니라. 자기 목숨을 얻는 자는 잃을 것이요, 나를 위하여 자기 목숨을 잃는 자는 얻으리라."고 하였습니다.

깨달음 이후의 과정은 지난한 투쟁의 과정입니다. 지혜의 검으로 히드라16의 머리와 같이 끊임없이 올라오는 습관적인 분별의식, '나'는 개별적인 자아라는 미세 망상과 사투를 벌여야 합니다. 그러다 어느 순간 내가 객관적으로 따로 존재한다는 고질적인 망념이 사라지게 됩니다.

그때 다시 한 번 꿈에서 깨어나듯, 그동안의 오랜 투쟁의 과정이 있었지만 그것이 전혀 없는 것과 마찬가지임을 깨닫습니다. 돈오점

는 것.

15 먼저 돈오(頓悟)하고 난 뒤에 점수(漸修)한다는 뜻. 돈오로써 마음이 곧 부처임을 깨닫고 나더라도 이전의 나쁜 버릇들이 일시에 제거되기 어려우므로 점수로써 점차적으로 닦아 나가는 것.

16 그리스 신화 중에서 아르고스 근교의 늪지대에 살고 있다고 알려진 큰 뱀. 아홉 개의 목이 있다. 이 목을 잘라 내면 베어진 자리에서 새로운 목이 생겨나는데, 이때 새 목은 두 개씩 자라난다. 따라서 퇴치하기가 너무나 어려웠는데, 영웅 헤라클레스가 히드라를 퇴치하는 이야기에서는 목을 떨어뜨릴 때마다 함께 간 이올라오스가 상처 자리를 불로 태워서 목의 재생을 막았다고 한다.

수가 그대로 돈오돈수임을 알게 됩니다. 꿈에서 깨어나야 비로소 아무리 긴 꿈속의 세월이 있었다 할지라도 그것이 말 그대로 꿈속의 일임이 분명해지는 것입니다.

만약 거짓말로 중생을 속인다면
若將妄語誑衆生

가장 거대한 거짓말이 무엇일까요? 내가 있고, 세상이 따로 있다는 거짓말입니다. 어리석음이 있고, 깨달음이 따로 있다는 거짓말입니다. 중생이 있고, 부처가 따로 있다는 거짓말입니다.

그렇다면 참말은 무엇일까요? 바로 지금 이것, 내 육신을 포함한 눈앞의 전체, 나의 생각, 느낌, 감정과 산하대지, 사람과 동물, 자연 일체가 오직 나 하나, 부처라는 사실입니다. 어떤 것도 분리된 것은 없다, 둘은 없다는 소식입니다.

그러나 참말을 통해 그러한 방편[17]으로 가리키려는 것을 스스로 체득해야지, 그 말만 지키고 있다면 그것이 그대로 중생을 속이는 거짓말이 됩니다. 참말과 거짓말도 본래 따로 없는 것입니다.

---

17 그때그때의 상황에 따라 사용하는 일시적인 수단과 방법. 중생을 깨달음으로 인도하기 위해 일시적인 수단으로 설한 가르침.

자기 자신이 분명하면 모든 것이 진실이요, 자기 자신이 어리석으면 모든 것이 거짓입니다. 진실도 자기 자신이요, 거짓도 자기 자신입니다. 진실도 놓아 버리고 거짓도 놓아 버리십시오. 바로 그러할 때 진정한 자기 자신은 무엇입니까?

자기 자신을 찾는 그것을 돌아보십시오.

티끌 모래 같은 오랜 세월 동안
발설지옥[18]의 업보를 자초한다.
自招拔舌塵沙劫

깨닫기 전이나 깨달은 후나 모두 자기의 한 생각에 속습니다.

깨닫기 전에는 스스로 깨닫지 못했다는 한 생각에, 깨달은 뒤에는 스스로 깨달았다는 한 생각에 속습니다.

진정한 자기 자신을, 둘 아닌 전체로서의 자기 자신을, 불생불멸하고, 부증불감하고, 불구부정한 자기 자신을 명백하게 밝히지 못한 탓입니다.[19]

---

18 거짓말을 하거나 남을 비방하거나 욕설을 하는 등 구업이 많이 지은 자가 죽어서 가는 지옥.

19 불생불멸(不生不滅 : 생기지도 않고 사라지지도 않음), 부증불감(不增不減 : 늘어나지도 않고 줄어들지도 않음), 불구부정(不垢不淨 : 더럽지도 않고 깨끗하지도 않음).

개체적 자기라는 좁은 관점으로 법을 보면 반드시 법과 상대를 이루어 원만하게 통할 수 없습니다. 자기라는 틀이 문득 사라질 때 비로소 불이중도(不二中道)[20]가 실현됩니다.

머릿속에서 어지럽게 일어나는 생각이 진실한 자기 자신이 아님을 알아야 합니다. 느낌과 감정과 생각을 자기 자신이라 동일시하지 않아야 합니다.

그렇다고 느낌, 감정, 생각, 대상경계와 따로 떨어져 있는 것이 자기 자신은 아닙니다. 늘 동시에 함께 있지만 따로 분리될 수 없는 것. 개체이면서 전체이고, 전체이면서 분명 개체인 것.

알 수 없는 이 소식에 맞붙어 한동안 씨름을 하고 있어야 합니다.

깨닫기 전에도 그러하고 깨달은 후에도 그러합니다. 그러하여 깨달음과 깨닫지 못함, 나와 세계 따위의 분별이 스스로 사라질 때까지……. 스스로 일으킨 한 생각에 아득한 나락으로 떨어지니 조심하고 조심하십시오!

---

20 상대적 대립과 분별을 떠난 있는 그대로의 실상, 깨달음.

단박에 여래선[21]을 깨치니
頓覺了如來禪

여래는 무엇이고, 선(禪)은 무엇입니까? 여래는 타타가타
(tathāgata)[22], 있는 그대로 아무 변화 없음, 여래여거(如來如去), 온 것
같고 간 것 같으나 본래 그러한 바 없음입니다. 바로 지금 나 자신을
포함한 눈앞이 여래입니다.

선은 무엇입니까? 선은 흔들림 없음, 선정(禪定) 삼매입니다. 본
래 둘 아닌 전체이기에 애초부터 선정입니다. 우리의 본성 자체가
무상본연삼매(無相本然三昧)[23]를 이루고 있습니다. 바로 지금 나 자
신을 포함한 눈앞이 그대로 선정입니다.

단박은 무엇입니까? 시간의 흐름에 따른 점차가 없다는 말입니
다. 시간적으로는 '바로 지금'이고, 공간적으로는 '바로 여기'입니
다. 바로 지금 나 자신을 포함한 눈앞이 바로 단박입니다.

깨달음은 무엇입니까? 깨달을 자도, 깨달을 것도 달리 없었다는

---

21 여래의 말씀, 즉 부처님께서 설한 경전에 의거, 수행하여 깨닫는 선. 또는 여래가 깨
달은 경지를 가리키기도 하는데, 다른 말로는 '여래청정선(如來清淨禪)', '최상승선
(最上乘禪, 최고의 선)'이라고 함.
22 산스크리트 tathā는 "이와 같이", āgata는 "왔다"의 뜻임. 대승불교에서 주로 진리를
체득하여 중생 제도를 위해 이 세상에 왔다는 의미로 사용됨. 아울러 여래는 부처의
위대함을 나타내는 열 가지 칭호인 불십호(佛十號)의 첫째 명칭임.
23 대립적 차별을 떠난 본연의 고요함.

당연한 사실에 대한 깨침입니다. 꿈에서 깨어나듯 본래 아무 일도 없었던 자기 자신으로 깨어나는 것을 말합니다. 바로 지금 나 자신을 포함한 눈앞이 그대로 깨달음입니다.

따라서 단박에 깨달아야 할 여래선은 따로 없습니다. 그저 눈앞으로 돌아와 아무 일이 없으면 됩니다. 어떤 말, 어떤 모양, 어떤 느낌, 어떤 변화에도 속지 말고 있는 그대로의 사실을 꿰뚫어 보면 됩니다.

《금강경》에서 말하기를, "불취어상(不取於相)이면 여여부동(如如不動)"이라, 분별되는 모양을 취하지 않으면 있는 그대로 흔들림이 없다 하였습니다.

눈앞으로 돌아오십시오.

육도만행이 본체 가운데 원만하다.
六度萬行體中圓

육도만행[24]은 단지 육바라밀만 의미하는 것은 아닙니다. 온갖 작용이 이미 원만하게 갖추어져 있습니다. 보고, 듣고, 냄새 맡고, 맛보

---

24 보살이 보시 · 지계 · 인욕 · 정진 · 선정 · 지혜의 육바라밀을 완전하고 원만하게 수행하는 일.

고, 느끼고, 생각하는 육근25 육식26이 이렇게 원만하게 작용합니다.

문제는 본인 스스로가 이 사실을 납득하지 못하고, 믿지 못한다는 사실입니다. 왜냐하면 본인 스스로라는 어떤 개체가 분명히 있다고 믿어 전혀 의심치 않기 때문입니다. 본인 스스로라는 느낌, 실체감 역시 본체 가운데에서 일어나는 작용일 뿐인데 말입니다.

눈앞의 대상을 바라보십시오. 나 바깥에 객관적으로 대상이 존재하는 것이 아닙니다. 대상을 대상이라 인식하는 나라는 주체 없이 어찌 객관 대상이 홀로 존재할 수 있겠습니까?

마찬가지로, 나라는 주체 또한 나 아닌 것 같은 객체들을 통해 자각되는 또 다른 객관 대상일 뿐입니다. 그 모든 것을 비추고 있는 알 수 없는 하나를 본체라, 마음이라, 의식이라, 한 물건이라, 알아차림이라, 하나님이라 이름할 뿐입니다.

육도만행이라는 말과 개념, 본체라는 말과 개념, 원만하다는 말과 개념에서 살짝 비켜나서 그 실체를 따져 보면 아무런 차별이 없

---

25 대상을 감각하거나 의식하는 여섯 가지 기관·기능. 안근(眼根), 이근(耳根), 비근(鼻根), 설근(舌根), 신근(身根), 의근(意根).

26 안(眼)·이(耳)·비(鼻)·설(舌)·신(身)·의(意)의 육근(六根)으로 각각 색(色)·성(聲)·향(香)·미(味)·촉(觸)·법(法)의 육경(六境)을 식별하는 안식(眼識)·이식(耳識)·비식(鼻識)·설식(舌識)·신식(身識)·의식(意識)의 여섯 가지 마음 작용.

는 작용일 뿐입니다. 바다 위에 어떤 물결이 일어나도 그것은 동일한 바다의 작용일 뿐, 물결은 허망한 분별이었습니다.

바로 지금 이 글을 읽고 있는 이 사실에서 바로 이 본체, 이 육도만행, 이 원만함을 말 아닌 사실로서 문득 돌이켜 볼 수 있어야 합니다. 생각할 필요조차 없이 자명한 이 사실!

꿈속에선 분명하게 여섯 갈래 길[27] 있더니
夢裏明明有六趣

흔히 인생을 한바탕 봄꿈에 비유합니다. 삶의 무상함을 꿈에 빗대는 게지요. 그러나 그것은 비유가 아니라 사실입니다. 지난밤에 꾸었던 꿈과 우리네 인생은 아무런 차이가 없습니다.

우리 삶 속에 내가 등장하는 것처럼 꿈속에도 내가 등장합니다. 내가 살아 움직이는 시공간이 똑같이 펼쳐지고 다양한 사건과 현상이 벌어집니다. 만나고 헤어지고 울고 웃고 살고 죽습니다.

꿈속에선 그 모든 일이 실제와 같습니다. 꿈을 깨기 직전까지는 전혀 눈앞의 것들을 의심하지 않습니다. 분명한 현실이라 믿어 의심치 않다가 문득, '가만, 이거 꿈인가? 내가 꿈꾸는 건가?' 하는 한

---

27 육취(六趣). 중생이 업에 의해서 윤회하는 6종의 세계. 육도(六道).

생각 돌이킴에 꿈에서 깨어납니다.

우리가 틀림없는 현실이라 믿는 생시의 상태도 마찬가지입니다. 꿈속의 나도, 산하대지도, 사람과 사건, 느낌, 감정, 생각도 꿈이라 는 전체의 일부였듯, 지금 눈앞의 나, 시공간, 다른 사람과 사물, 온 갖 정신작용이 차별되지 않는 무언가의 작용입니다.

모든 모양들이 사실은 모양 없는 것의 현현입니다. 꿈 자체는 모 양이 없지만 꿈의 내용은 다양한 모양으로 드러난 것과 마찬가지입 니다. 눈앞의 현실은 모든 것들이 개별적으로 존재하는 객관적인 세계가 아니라 꿈과 같은 의식의 작용일 뿐입니다.

일체유심조(一切唯心造)[28], 삼계유심(三界唯心)[29], 만법유식(萬法唯 識)[30], 일진법계(一眞法界)[31], 일불승(一佛乘)[32]······ 모두 다 이것을 가리키는 말입니다. 꿈속에서 꿈임을 깨달아 집착 없이 꿈 전체로 꿈을 살아갈 뿐입니다. 꿈은 계속되지만 더 이상 꿈에 미혹할 사람 은 없게 되는 겁니다.

---

28 《화엄경(華嚴經)》의 중심 사상으로, 일체의 제법(諸法)은 그것을 인식하는 마음의 나타남이라는 뜻.
29 일체의 현상은 단지 마음의 산물이어서 실재하는 것이 아니라는 것.
30 모든 현상은 오직 마음의 작용이라는 뜻.
31 온 우주가 차별 없는 하나의 참된 세계라는 뜻.
32 일승법(一乘法)이라고도 하며 중생과 부처, 성문, 연각, 보살 등의 차별은 방편이고 궁극에는 오직 부처만이 있다는 가르침.

꿈 깨십시오.

깨어난 뒤에는 비고 비어 삼천대천세계[33]도 없다.
覺後空空無大千

오늘 아침 잠에서 깨어나 지난밤 꿈의 자취를 더듬어 보면 희미한 기억뿐, 꿈속의 사람도, 꿈속의 산하대지도, 꿈속의 모든 일들도 허망한 꿈이었습니다. 그러한 일들이 있는 듯하지만 진실로 아무런 일이 없었습니다. 그저 꿈이었습니다.

지나간 헛된 꿈의 기억에 사로잡힌다면 깨어 있는 지금의 순간을 놓치게 될 것입니다. 어렵사리 꿈에서 깨어났더라도 활짝 깨어나지 않고 과거의 버릇대로 잠들어 버리면 다시 꿈속을 헤매게 될 것입니다. 바로 그러할 때 집요하게 잠을 깨우는 엄마의 잔소리와 한동안 씨름해야 합니다.

죄와 복도 없고 손해와 이익도 없나니
無罪福無損益

어떤 것도 객관적인 사실로 존재하는 것은 없습니다. 모든 현상들

---

33 고대 인도인의 세계관에서 전 우주를 가리키는 말.

은 언제나 그것을 인식하는 주관과 상대적으로 존재합니다. 깨달음
이란 상대적이고 대립적으로 분별되는 현상세계의 진실에 대한 눈
뜸, 불이중도의 체득입니다.

마치 객관적인 사실처럼 느껴지는 나와 세계에 대한 분별적 인식
이 스스로 분열된 의식의 착각이라는 사실이 분명해질 때, 어제까
지의 삶과는 전혀 다른 삶의 가능성이 펼쳐집니다. 진정한 자기로
부터의 혁명이 일어납니다.

주객대립의 분열과 대립으로 벌어지는 갈등과 투쟁, 에너지의 낭
비가 사라지고, 통합되고 안정된 삶의 기반이 확보됩니다. 스스로
일으키는 생각, 감정, 욕망, 의지의 실체를 깨달아 더 이상 그것들에
속아 끌려 다니지 않게 됩니다.

그것이 선정이고, 그러한 의식의 안정 속에서 본래 내재된 지혜
가 발현됩니다. 단순하고 소박한 삶이 나와 주변을 변화시켜 나갑
니다. 억지로 하는 것은 따로 없으나 특별히 하지 못할 것도 없게 됩
니다.

생각이 지어낸 허상에 헐떡이지 않게 될 때 나와 세상은 어떤 모
습일까요?

적멸한 성품 가운데 묻고 찾지 말라.

寂滅性中莫問覓

바로 지금 눈앞을 보세요. 눈앞의 대상들, 드러나는 경계들, 알 수 있는 것들은 끊임없이 변화하고 분별할 수 있습니다. 그러나 이렇게 드러남, 이와 같이 나와 세계가 펼쳐짐 자체는 언제나 변함이 없었습니다. 마치 허공과 같이 텅 비어 적멸한 눈앞이 바로 성품입니다. 온갖 다양한 현상 그대로가 적멸한 성품입니다.

나와 세계로 펼쳐진 현상 바깥에 따로 성품이 있는 것이 아닙니다. 이미 이렇게 있습니다. 이미 이와 같이 주어져 있습니다. 그러니 찾지 말고 구하지 말라는 겁니다. 찾고 구하는 행위 자체가 이미 완전한 것을 불완전하고 부족한 것인 양 느끼게 만듭니다. 스스로가 일으킨 분별에 자신이 속아 구도의 길을 떠나게 만든 것입니다.

가만히 있으십시오. 눈앞에 드러난 나와 세계를 바라보십시오. 나와 세계가 드러나는 변함없는 바탕이 바로 진정한 나, 변함없는 성품입니다. 생각할 필요조차 없이 즉각 확인되는 이것입니다. 헤아려 구하지 마십시오. 헤아릴수록 아득해지고 찾을수록 멀어집니다. 멈추세요. 이게 전부입니다. 다른 것은 없습니다.

예전엔 때 묻은 거울 미처 닦지 못했는데

比來塵鏡未曾磨

나는 언제부터 이 세상에 존재하게 된 것일까요? 내가 어찌할 수 없는 시공간 속에 타인들과 단절되어 고립된 하나의 개체로서 내동댕이쳐진 듯한 느낌을 느껴 보셨나요? 자기는 언제나 작고 연약하고 부족한 존재라고 여기지 않았나요?

그래서 말 잘 듣는 착한 아이로, 공부 잘하는 학생으로, 서글서글하고 친절한 사람, 능력 있는 친구, 성공한 사업가 내지 깨달은 사람 등등이 되려는 노력을 하지 않았나요? 이 모두가 정작 진정한 자기 자신의 모습을 제대로 보지 못한 까닭에 스스로 잘못 내린 결론의 소산입니다.

켜켜이 먼지 앉은 거울로 왜곡하여 스스로를 비추어 보았기 때문입니다. 아무리 굳은 때가 끼어 있어도 마음 거울이 있는 그대로 비추는 작용을 오염시킬 수는 없다는 사실을 몰랐습니다. 거울이 비쳐 내는 모양이 거울이 아니라, 비출 줄 아는 작용이 거울임을 깨닫지 못했습니다.

나는 여기 있고 세상은 내 바깥에 따로 있다는 분리감도 마음 거울에 비친 영상을 사실로 착각한 탓입니다. 나도, 세상도, 나머지 모든 것들도 이 한량없는 마음 거울에 비친 참된 나의 모습, 둘 아닌 하나의 그림자였습니다. 무엇이 비춰지든 다른 일, 다른 물건이 아니었습니다.

나는 언제나 나만 바라보고 있었습니다. 모든 것이 나 하나였습니다.

오늘에야 분명히 닦아 밝혔네.
今日分明須剖析

그토록 고대하던 깨달음의 순간 우리가 발견하게 되는 것은 우리가 이미 이 통연명백한 밝음 속에 있었다는 사실입니다. 그것은 한시도 떠난 바 없는 우리 자신의 근원, 본래면목이더라는 것입니다.

그 사실을 한 번은 분명히 보아야 합니다. 보는 자도, 보이는 대상도 따로 없이 문득 한바탕임을 체득해야 합니다. 이제까지의 뒤집어진 관점이 제자리로 돌아와야 합니다. 그제야 서서히 이전의 얽매임에서 벗어나기 시작합니다.

그러나 조심할 일은, 깨달은 바, 분명한 경계, 편안한 자리를 지키고 거기에 머물러선 안 된다는 사실입니다. 다시 분별의 구렁텅이에 빠지는 줄도 모르고 빠져서는 안 됩니다. 생각이 아닌 진실에 대한 안목이 스스로 밝아지기까지는 갈 수 없는 길을 계속 가야만

하는 겁니다.

누가 생각이 없으며 누가 태어남이 없는가?
誰無念誰無生

생각 때문에 괴롭다는 분들이 많습니다. 삶의 고통 때문에 스스로 목숨을 끊으려는 분들도 있습니다. 생각을 일으키고 생각임을 아는 자는 생각인가요, 생각이 아닌가요? 나는 어느 시점에 태어나서 언젠가는 죽을 존재라는 것은 의심할 수 없는 사실인가요? 삶이라는 것 또한 하나의 생각에 불과한 것이 아닌가요? 도대체 누가 생각하고 누가 태어난 것일까요?

흔히 우리를 호모 사피엔스, 생각하는 인간, 사고하는 인간이라고 부릅니다. "나는 생각한다. 고로 나는 존재한다."라고 어느 철학자는 말했습니다. 과연 그런가요? 혹시 "나는 생각에 불과하다. 그러나 참된 나는 존재이다."라는 사실을 잘못 알아차린 것은 아닐까요? 이 언제 어디서나 주인인 듯 행세하는 '나'는 과연 사실인가요? 의심할 여지 없이 '나'라는 주체감은 우리 인생 전반에 등장하는가요?

어린아이를 키워 보신 분은 잘 아실 것입니다. '나'라는 단어를 아이가 사용하기까지는 꽤 오랜 시간이 필요하다는 사실을. 말을 배우고도 한참 동안을 아이는 자기 자신을 엄마 아빠가 부르는 자

신의 이름으로 지칭합니다. 자기 자신도 자기 자신에게는 타인인
셈이죠. 예를 들어 "유선이가 할 거야, 유선이가 먹을 거야."와 같이
자신을 3인칭으로 지칭합니다. 무슨 말이냐 하면 '나'는 말을 배운
이후에 형성된 허구적 주체라는 말입니다.

'나'는 항상 존재하는 것이 아닙니다. 말 배우기 이전에는 존재조
차 하지 않았고, 바로 조금 전 잠들어 있을 때조차 존재하지 않았던
것입니다. 아침에 잠 깨어 의식이 돌아올 때 문득 나타나는 것입니
다. 즉 '나'는 생각의 작용일 뿐입니다. 어떠한 실체로서의 '나'는 없
습니다. 하나의 개별적인 육체를 그저 '나'라는 관념으로 동일시하
고 있을 뿐입니다.

생각 또한 마찬가지입니다. 본래부터 생각이 있었던 것은 아닙니
다. 생각이 없었던 시절이 있었고 지금도 그런 순간들이 있습니다.
생각 없음이 우리의 본래 상태입니다. 그 위에 생각이 일어났다 사
라지고 있을 뿐입니다. 마치 파도가 바다라는 실재의 움직임으로
잠시 있는 것처럼 보이는 것과 마찬가지입니다. 생각 아닌 것이 생
각의 근원입니다.

그런데 모든 것을 생각으로만 파악하려는 습관에 찌든 우리 자신
에게 있어 본래 생각 없고 태어난 적이 없는 참된 실재는 파악이 불
가능한 것입니다. 우리가 알 수 있고 생각할 수 있는 것은 참된 실재
가 아닙니다. 알지 못해도 존재하고, 생각할 수 없어도 존재하는 것

만이 참된 실재가 아닐까요?

손등을 꼬집어 보십시오. 감각을 느끼는 것은 생각입니까? 내가 감각을 느끼는 것인가요, 아니면 감각을 느끼는 것 자체가 나인가요? 내가 태어났으니까 꼬집으면 감각을 느끼는 것인가요, 아니면 감각을 느낄 줄 아는 것에서 나도 나오고 삶도 나오는 것인가요? 어떤 것이 진짜이고, 어떤 것이 그저 생각에 불과한 것인가요? 삶과 죽음을 우리가 경험할 수 있을까요? 태어난 적이 없는 우리가 그저 생각만으로 '나는 태어났다'라고 믿고 '나는 죽을 것이다'라고 믿고 있는 것이 아닐까요? 손등을 꼬집어 보십시오.

만일 진실로 태어남이 없다면 태어나지 않음도 없다.
若實無生無不生

흔히 이 일을 처음 알게 된 후에는 얼마 동안 '이것'이라는 또 다른 물건을 쥐고 있게 마련입니다. 모든 일을 '이것' 하나로 돌려 마치 '이것'이라는 실체, 어떤 장소가 따로 있는 듯 여겨지기도 합니다. 그래서 이치로는 모든 것이 '이것' 하나이지만, 여전히 '이것'과 '이것 아닌 것' 사이의 갈등에서 우왕좌왕하는 스스로를 보게 됩니다.

어느 정도 시간이 지나 더욱 '이것'에 대한 안목이 확철해져야 '이것'은 '이것'이라 할 만한 것조차 없는 '이것'임이 분명해집니다.

두두물물(頭頭物物, 세상 모든 것), 사사건건이 모두 '이것'이지 따로 '이것'이라 할 것이 확연히 없어지는 겁니다. 흔히 '마음이 없어졌다', '깨달음은 없다'라는 묘한 말을 하는 심정이 그러한 변화를 가리키는 겁니다.

해운대의 바닷물이 아무리 밀려오고 밀려가더라도 일찍이 한 번도 그러한 바가 없지만, 그럼에도 여전히 해운대의 파도는 밀려오고 밀려갑니다. 모든 부수적인 것들이 모두 떨어져 나간 차가운 겨울이 지나면 파릇파릇 새순이 돋고 새들은 노래하고 햇볕은 따스해지는 새 봄이 옵니다. 그렇게 실로 변화 없는 곳에서 끊임없는 변화 작용이 흘러나오는 겁니다.

움직이는 나무 사람을 불러다가 물어보라.
喚取機關木人問

나무 사람이 노래하고 돌 여자가 춤을 춘다는 말이 있습니다.

말과 생각, 모양에서 비롯된 차별에 속으면 이해할 수 없는 격외(格外)[34]의 선구(禪句)이지만, 알고 보면 눈 깜빡이고, 숨 들이쉬고, 손으로 물건을 잡고, 발로 걸어 다니는 평범한 소식입니다.

---

34 보통의 격식이나 관례에서 벗어남. 또는 그런 정도. 세속적인 척도를 훨씬 초월한 세계를 이르는 말.

나무 사람이 드러나고, 나무 사람을 살려내는 당처(當處)[35]에서 노래도 나오고, 돌 여자의 춤도 나옵니다. 거기서 나라는 것도 나오고, 세상이라는 것도 나옵니다. 얻은 바 없이 이렇게 멀쩡히 작동하는 이 물건입니다.

모르시겠다고요? 그렇다면 이 글은 무엇으로 읽고 있습니까? 오온화합[36]으로 이루어진 이 꼭두각시 인형이 부르면 대답하고, 밥 잘 먹고 똥 잘 쌉니다. 이것이 무엇입니까? 이것은 묻는 게 아니라 답을 가르쳐 드리는 겁니다.

부처를 구하여 공덕을 베풂을 언젠간 이룰 것인지.
求佛施功早晚成

부처는 구할 수 없습니다. 구할 수 있다면 부처가 아닙니다. 오직 한 부처밖에 없으니 부처를 구할 자도, 구할 부처도 없습니다. 그렇다면 바로 지금 이 순간 나밖에 없다는 말입니다. 세계 속의 나와 나 바깥의 세계는 허망한 분별이고, 실제는 그 모든 것이 통째로 하나, 한 부처, 곧 나입니다. 어젯밤 꿈속의 세계 전체가 나 혼자였듯이 말입니다.

---

35 일이 있는 바로 그곳. 바로 지금 이 자리, 이곳.
36 인간이란 고정불변의 실체가 아니라 오온의 일시적 화합이라는 뜻.

공덕 또한 마찬가지입니다. 애써 노력하여 얻은 공덕은 언젠가는 소멸하지만, 본래부터 갖추어져 있는 이 공덕은 얻은 바가 없기에 사라지지도 않습니다. 이렇게 육근(六根)과 육경(六境), 육식(六識)의 십팔계[37]가 저절로 눈앞에 펼쳐집니다. 모든 인연이 이렇게 베풀어집니다.

다만 그럴 뿐입니다. 이미 그럴 뿐입니다. 다른 일은 그 가능성조차 없습니다. 언제나 눈앞의 이 일입니다. 여기서 모든 사량분별을 쉬면 모든 일이 명백해질 겁니다.

---

37 인식을 성립시키는 열여덟 가지 요소. 곧, 감각하거나 의식하는 여섯 가지 기관·기능인 육근(六根)과, 그 기관·기능의 대상인 육경(六境)과, 그 기관·기능에 따라 대상을 식별하는 여섯 가지 마음 작용인 육식(六識)을 말함.

2

마니주를 사람들은
알지 못하니

사대[38]를 놓아 버리고 붙잡지 말고

放四大莫把捉

가장 놓아 버리기 어려운 집착이 이 몸이 곧 나 자신이라는 생각입니다. 그렇다고 해서 이 몸뚱이를 벗어난 것이 진정한 나 자신은 아니지만, 몸뚱이에만 제한된 것은 결코 아닙니다. 이 나 자신에 대한 새로운 안목의 여부가 지혜를 증득하였느냐의 여부입니다.

몸뚱이에 대한 집착에서 벗어나려는 노력을 통해서 몸뚱이로부터 자유로울 수는 없습니다. 몸뚱이에 대한 집착을 놓아 버리기 위한 노력이 그대로 몸뚱이에 집착하고 있다는 사실의 반증이기 때문입니다. 몸뚱이의 실재성을 인정하기 이전을 곧바로 알아차려야 합

---

38 불교에서 인간의 육신을 비롯한 일체의 물질을 구성하는 지·수·화·풍(地水火風)의 네 가지 원소를 말한다.

45

니다.

몸뚱이인 줄 아는 것이 진정한 나의 몸, 법신입니다.

적멸한 성품 가운데 인연 따라 마시고 먹는다.
寂滅性中隨飮啄

이 성품은 아무런 속성이 없어 파악이 불가능합니다. 이 속성 없는 성품, 적멸한 성품을 말로 설명하면 할수록 그것과는 더욱 멀어집니다. 모든 설명 하나하나가 바로 그것이지만 말을 따라 이해하면 엉뚱한 허상을 자꾸 그리게 되는 까닭입니다. 생각할 필요조차 없이 너무나 당연한 것, 그것이 바로 성품입니다. 바로 지금 이것입니다.

나와 세계가 당연히 있음 그 자체입니다. 눈으로 보고 귀로 들음 그 자체입니다. 나와 세계와 상관없이 그저 있음 그 자체이며, 눈과 귀와 상관없이 보고 들음 그 자체입니다. 그저 존재함, 이러하게 있음 자체입니다. 생각할 필요가 없습니다. 생각을 하면 헛것을 찾는 꼴입니다. 그저 생각이 일어남 그뿐입니다. 이러한 잡다한 설명 없이 곧장 이 눈앞의 적멸한 성품을 바로 보면 됩니다.

이미 우리는 적멸한 성품 가운데 인연 따라 마시고 먹고 있을 뿐입니다. 이것 말고 또 다른 삶의 가능성이 있나요? 우리의 일상 그대로가 이미 이러합니다. 불필요한 예상과 선입견, 해석과 판단, 후회와 같은 생각에 집착하지 않는다면 언제나 이러할 뿐입니다. 생각이 아니라, 생각에 실재성을 부여하는 이 성품의 실재를 확인하면 비로소 생각의 굴레에서 벗어나 자연스러운 삶을 살 수 있습니다.

모든 행이 무상하여 일체가 공하니
諸行無常一切空

사람마다 이 공부의 동기, 출발점은 다를 수 있겠으나 대체적인 공통점은 삶의 무상함을 인식했을 때입니다. 즉자적이고 즉물적인 삶에서 문득 벗어나 삶을 되돌아볼 때가 되어서야 손안에 쥔 모래알처럼 사라지는 인생무상에 뭔가 영원하고 절대적인 것에 관심을 갖게 됩니다.

그러나 새로운 의지처를 찾아 시작한 공부는 역설적이게도 제행(諸行)의 무상함에 더하여 일체가 텅 비었다는 인식에 도달하게 만듭니다. 이 공부에마저 의지할 수 없도록, 모든 것에서 완전히 손을 떼게 됩니다. 발 디딜 곳조차 사라진 것 같고 그 어떤 것도 잡을 수가 없습니다.

그 허망하고 허탈한 결론 끝에 깨닫는 것은 고정된 실체가 없는 실체, 그리하여 무상한 변화에 손상 받지 않는 있는 그대로의 완전함입니다. 애초부터 찾을 필요가 없었던, 결코 얻거나 잃을 수 없는 참된 자기 자신에 대한 발견입니다. 언제나 변함없는 자기 존재의 확인입니다.

이것이 바로 여래의 크고 원만한 깨달음이다.
即是如來大圓覺

더 이상 덧붙일 말이 없군요. 애초부터 찾을 필요가 없었던 진정한 자기 자신. 한시도 벗어난 적 없었던 지금 여기. 이것이 바로 여래의 크고 원만한 깨달음입니다.

여기에선 어떤 것도 제외되는 것이 없습니다. 모자라고 부족해 보이고 불완전해 보이는 것까지 모두 여래의 크고 원만한 깨달음입니다.

여기에선 어떤 것도 더해지는 것이 없습니다. 벽력같은 깨침의 순간이나 지복(至福)스런 영적인 체험도 모두 불필요한 군더더기일 뿐입니다.

지극히 단순하고 지극히 당연한 것, 그래서 깨닫거나 깨닫지 못하거나 아무 차이가 없는 것, 그래서 전혀 힘들지 않은 것, 이것이 바로 여래의 크고 원만한 깨달음입니다.

분명하게 참된 가르침을 이야기해 주었건만
決定說表眞乘

참된 가르침은 입을 열기 이전에 이미 이렇게 드러나 있습니다. 참된 가르침은 누군가를 통해서 나에게 전달되는 것이 아닙니다. 나는 참된 가르침을 듣기 전부터 이미 알고 있었습니다. 바깥에서 주어진 가르침은 내가 이미 가지고 있는 것, 본래 자기 자신인 것에 대한 지적일 뿐입니다.

따라서 참된 가르침은 따로 없습니다. 무의미하고 삿된 가르침에서라도 자기를 발견하면 그것이 바로 참된 가르침인 것입니다. 모로 가도 서울만 가면 되는 것입니다. 모든 가르침은 방편에 불과하며 진실은 오직 스스로에게 있을 뿐입니다.

참됨과 삿됨을 모두 놓아 버리고도 부정할 수 없이 분명하게 있는 것은 무엇입니까?

어떤 사람은 수긍하지 않고 제멋대로 따진다.
有人不肯任情徵

있는 그대로의 진실을 확인하기 어려운 까닭은 그것을 확인하려는 자가 있기 때문입니다. 확인하려는 자가 있으면 확인되지 않고, 확인하려는 자가 사라질 때만 확인됩니다. 있는 그대로의 진실은 어떠한 주관의 개입도 허용치 않기 때문입니다.

그러나 확인하려는 자가 사라졌는데 어떻게 확인하는 일이 가능할까요? 확인하려는 자가 곧 확인하고자 하는 것이기 때문입니다. 주객이 사라진 곳에 남아 있는 것, 생각의 헤아림이 다한 곳에 여전히 있는 것, 그것이 오지도 가지도 않는 것입니다.

그것은 언제나 우리와 함께 있습니다. 나와 세계의 배경이며 분리되지 않는 전체로서 하나입니다. 그것을 알든 모르든 중요하지 않습니다. 그것은 모든 분열과 대립을 넘어서 있기 때문입니다. 지금 제멋대로 헤아리고 있는 바로 그대 자신입니다.

근원을 바로 끊는 것은 부처님이 인가하신 바이니
直截根源佛所印

나뭇가지와 잎은 겉으로 드러나 있지만, 뿌리는 드러나 있지 않습니다. 아무리 고약한 초목이라도 뿌리를 끊어 버리면 살아남지 못합니다. 숨겨져 있는 뿌리, 근원을 찾아 그것을 끊어 버리는 것이 이 공부입니다.

힘든 마음을 치유하고, 혼란한 감정을 다스리고, 나약한 자아를

군건한 자아로 북돋아 주는 것이 이 공부가 아닙니다. 이 공부는 생사의 뿌리, 번뇌의 근원을 찾아 한 번에 끊어 다시는 생사의 윤회, 번뇌의 굴림을 받지 않는 것입니다.

그렇다면 그 근원, 그 뿌리는 어디에 있습니까?

보았습니까? 찾았습니까?

다시 가리켜 보이겠습니다. "그렇다면 그 근원, 그 뿌리는 어디에 있습니까?" 단박에 끊어 버리십시오. 생각의 잔뿌리를 키우지 말고 지금 단박에 끊어 버리십시오. 보았습니까? 찾았습니까?

이 거대한 뿌리, 눈앞의 바로 이것! 나까지 포함한 이 전체가 무엇입니까?

방 거사[39]가 말하기를, "있는 것을 없다고 여길지언정 없는 것을 있다고 여기지 마라."고 하였습니다. 이 눈앞에 있는 모든 것을 실제로 있다고 여기지 마십시오. 그렇다고 여기 눈앞에 없는 깨달음이니 불성 따위를 있다고 여기지도 마십시오.

---

39 당나라 사람. 성은 방(龐) 씨고, 이름은 온(蘊)이다. 처음에는 석두(石頭)에게서 선지(禪旨)를 깨우쳤다. 뒤에 마조(馬祖)에게 가서 묻기를 "온갖 법과 더불어 짝하지 않는 사람이 어떤 사람입니까?" 하고 묻자 마조는 "네가 서강(西江)의 물을 한입에 마셔 버린 뒤면 일러 주마."라고 대답했는데, 그는 이 말에 깨달았다.

바로 그때 이 눈앞은 무엇입니까?

보았습니까? 찾았습니까? 단박에 끊어 버리고 다시는 돌아보지 마십시오.

잎 따고 가지 찾는 일 나는 할 수 없다.
摘葉尋枝我不能

언제나 제삼자의 관점에서 이런 것인가 저런 것인가 헤아리고만 있는 것이 잎을 따고 가지를 찾는 일입니다. 자기 궁둥이는 뒤로 빼고 머리로는 알겠는데 실감이 오지 않는다는 헛소리를 하고 있는 것이 잎을 따고 가지를 찾는 일입니다.

스스로 분리와 분열을 만들고 있다는 사실을 바로 깨달으십시오. '진리를 찾는 나', '깨달음을 구하는 나'라는 영적 드라마의 주인공을 만들지 마십시오. 스스로 둘을 만들지 마십시오. 나는 어디에 있습니까? 내가 드러나는 곳에 진실로 무엇이 있습니까? 그곳에 뿌리가 있습니다.

알지 못함의 영적 구덩이로 자기를 처넣어야 합니다. 까마득한 모름 속으로, 그 두려움 속, 그 답답함 속으로 자신을 밀어 넣어야 합니다. 그것을 스스로는 할 수 없습니다. 그래서 누군가가 필요합니다. 그가 뒤로 뺀 내 궁둥이를 걷어차 결코 뗄 수 없었던 한 발을 억지로라도 떼게 만들어 줄 것입니다.

마니주를 사람들은 알지 못하니
摩尼珠人不識

제 스스로는 어떤 빛깔도 띠지 않지만 주변의 인연 따라 그대로 비추는 것이 마니주[40]입니다. 지금 오감을 통해 드러나고 있는 것, 나의 의식은 모두 마니주가 비추는 다양한 빛깔들입니다. 그 빛깔들 자체가 그대로 마니주는 아니지만 그것들을 벗어나서 따로 마니주가 있는 것도 아닙니다.

생각을 통해 알려고 하지 마십시오. 생각하는 그곳에 마니주가 빛나고 있습니다. 명심하십시오. 마니주 자체는 알 수 없습니다. 비유컨대, 마니주가 '보는 눈'이라면, 마니주에 비친 빛깔들은 '보이는 대상'입니다. 그러나 그 둘은 따로 떨어져 있지 않습니다.

바로 지금 스스로 잘 보고 잘 듣고 있습니다. 마니주는 이렇게 멀쩡하게 있습니다. 그러니 따로 무엇을 찾는단 말입니까? 그저 그 허망한 생각을 쉴 뿐입니다.

---

40 여의보주. 불교에서 말하는 영묘한 구슬.

여래장 속에서 몸소 거두어 얻는다.

如來藏裏親收得

청정한 마니주가 여래장⁴¹ 속에 있어 직접 얻을 수 있다는 말입니다. 그러나 마니주라는 한 물건이 다시 여래장이라는 다른 물건 속에 들어 있다고 여겨서는 안 됩니다. 말할 수 없는 바를 말로 표현한 것이니, 그 가리키는 바를 알아차릴 뿐 말에 집착하지 않아야 합니다.

여래장, 곧 여래가 숨겨진 곳이란 바로 지금 눈앞의 이 사실입니다. 이 변화무쌍한 현상세계 속에 오지도 가지도 않는 부동의 여래가 좌정(坐定)해 있습니다. 진흙 속에 연꽃이 나고 흙 속에 마니주가 들어 있습니다. 무릇 모양 있는 모든 것은 허망하나니, 만약 모든 모양이 모양 아님을 보면 곧 여래를 본다 하였습니다.

모든 알 수 있는 모양들 가운데 결코 알 수 없는 모양 아닌 것은 무엇입니까? 소리라는 모양은 나타났다 사라지지만, 나타나지도 사라지지도 않고 늘 소리의 배후에 있는 소리 아닌 소리, 그 텅 빈 배경은 무엇입니까? 온갖 느낌과 생각이 오가지만, 그것을 느끼고 아는 무엇은 온다 간다 할 수 없습니다. 그러나 결코 부정할 수는 없습니다.

---

41 본래부터 중생의 마음속에 감추어져 있는 여래가 될 가능성. 중생의 마음속에 저절로 갈무리되어 있는 여래의 청정한 씨앗. 중생이 모두 갖추고 있으나 번뇌에 가려져 있는 여래의 성품. 모태(母胎)의 태아(胎兒)처럼, 중생의 마음속에 간직되어 있는 부처의 성품.

54

이것이 무엇입니까?

여섯 가지 신통묘용이 텅 비었으되 텅 비지 않고
六般神用空不空

여섯 가지 감각 기관을 통해서 보고, 듣고, 냄새 맡고, 맛보고, 느끼고, 생각하는 여섯 가지 앎이 일어나지만, 앎의 내용은 실체가 없습니다. 끝없이 앎의 내용은 오가지만 그 가운데 어떤 것도 머물러 남아 있는 것은 없습니다. 그러나 어떠한 실체도 잡을 수 없는 앎 자체는 늘 변함없이 있습니다.

자나 깨나 꿈꾸나 늘 한결같이 모든 상태의 변화를 가능하게 하는 움직이지 않는 배경, 텅 비어 아무런 모양이 없지만 그렇다고 아무것도 없다고 부정할 수 없는 무엇이 존재합니다. 그것을 보조지눌[42]은 공적영지(空寂靈知), 텅 비고 고요하나 신령스러운 앎이라 이름 붙였습니다.

잠을 잘 때 의식이 완전히 없었다면 잠을 깬 뒤 스스로가 잠을 잤다는 사실을 알 수 없습니다. 꿈을 꿀 때도 꿈의 내용에 영향 받지

---

42 고려의 승려로 정혜결사(定慧結社)를 조직해 불교의 개혁을 추진했으며, 돈오점수(頓悟漸修)와 정혜쌍수(定慧雙修)를 주장하며 선교일치(禪敎一致)를 추구했다. 저술에 〈진심직설〉, 〈수심결〉 등이 있다.

않은 누군가가 자신의 꿈을 지켜보고 있습니다. 지금 깨어 있을 때도 나와 세계가 이렇게 드러나고 있음을, 생각으로 확인할 필요 없이, 알고 있습니다.

이 내용 없는 앎 자체만이 태어난 적도 없고, 나이 든 적도 없고, 병든 적도 없고, 죽지도 않습니다. 바로 지금 눈앞에서 모든 변화하는 것들을 드러내고 있는 바로 이것입니다. 모든 것은 무상한 것이지만, 동시에 모든 것은 생로병사를 벗어난 바로 이것의 현현(顯現)입니다. 색불이공(色不異空) 공불이색(空不異色)이요, 색즉시공(色卽是空) 공즉시색(空卽是色)입니다.[43]

한 덩어리 원만한 광명은 빛깔이면서 빛깔이 아니다.
一顆圓光色非色

따로 한 덩어리 원만한 광명을 찾지 마십시오. 바로 지금 눈앞에 펼쳐진 현상세계가 그대로 나누어지지 않은 한 덩어리 밝은 의식의 빛 자체입니다.

지금 생각을 굴려 헤아리고, 감정의 변화와 감각을 느끼는 것이 바로 그 빛입니다. 텅 비고 투명한 순수한 의식 자체입니다. 일체가 하나의 의식입니다.

---

43 색이 공과 다르지 않고 공이 색과 다르지 않으며, 색이 곧 공이고 공이 곧 색이다.

보는 자와 보이는 대상이 본래 하나의 의식입니다. 이것이 둘 아님(不二), 아드바이타(advaita)[44]입니다.

색 그대로가 공이고, 공 그대로가 색입니다. 그렇다면 색과 공을 모두 놓아 버리면 무엇입니까? 찬바람 속에 하얀 목련 꽃망울이 흔들립니다.

다섯 가지 눈을 깨끗이 하여 다섯 가지 힘을 얻음은
淨五眼得五力

오안(五眼)[45], 다섯 가지 눈은 흔히 육안(肉眼), 천안(天眼), 혜안(慧眼), 법안(法眼), 불안(佛眼)이라 하는데, 어찌 그렇게 많은 눈이 있겠습니까? 천수천안관자재보살[46]의 천 개의 눈도 오직 하나의 눈일 뿐입니다. 온 천하가 이 하나의 눈입니다.

오력(五力)[47], 다섯 가지 힘은 신력(信力), 정진력(精進力), 염력(念

---

44 인도 베단타학파에 속하는 불이론(不二論).

45 수행의 정도에 따라 갖추게 되는 다섯 가지 눈. ① 육안(肉眼): 가려져 있는 것은 보지 못하는, 범부의 육신에 갖추어져 있는 눈. ② 천안(天眼): 겉모습만 보고 그 본성은 보지 못하는, 욕계·색계의 천인(天人)이 갖추고 있는 눈. ③ 혜안(慧眼): 현상의 이치는 보지만 중생을 구제하는 방법을 알지 못하는 성문(聲聞)·연각(緣覺)의 눈. ④ 법안(法眼): 모든 현상의 참모습과 중생을 구제하는 방법을 두루 아는 보살의 눈. ⑤ 불안(佛眼): 모든 것을 꿰뚫어 보는 부처의 눈.

46 천 개의 손과 천 개의 눈을 가진 관음.

47 깨달음에 이르게 하는 다섯 가지 활동. ① 신력(信力): 부처의 가르침을 믿음. ② 정

力), 정력(定力), 혜력(慧力)이라 하나 이 역시 어찌 이렇게 허다한 힘이 있을 수 있겠습니까? 오직 하나의 큰 기틀이 큰 작용을 펼치는 것이 바로 눈앞의 나를 포함한 온 천하입니다.

따라서 다섯 가지 눈이 곧장 다섯 가지 힘이어서 다른 물건이 없습니다. 다섯 가지 눈과 다섯 가지 힘은 곧장 둘이 아닌 하나로서 따로 얻을 수 있는 물건이 아닙니다. 지금 눈앞의 사물을 보는 것은 어떤 눈이고 어떤 힘입니까?

헤아리면 천 개의 눈과 천 개의 힘도 모자라지만, 문득 생각을 쉬면 이것은 하나의 눈, 하나의 힘이라 해도 맞지 않는 말입니다.

오직 증득해야만 알지 헤아리기는 어렵다.
唯證乃知難可測

깨달음은 매우 미묘한 사건입니다. 생각이 쉽게 납득할 수 있는 사건이 아닙니다. 그래서 사람들은 어떤 특별한 이벤트, 황홀한 깨달음의 체험 따위를 기다립니다.

진력(精進力): 힘써 수행함. ③ 염력(念力): 부처의 가르침을 명심하여 알아차림. ④ 정력(定力): 마음을 한곳에 모아 흐트러지지 않게 함. ⑤ 혜력(慧力): 부처의 가르침을 꿰뚫어 봄.

그러나 깨달음이 과연 특별한 어떤 것일까요? 전통적인 가르침에는 다소 모순된 진술들이 혼재합니다. 깨달음에 대한 영적 판타지와 당연한 일상성에 대한 묘사입니다.

이 혼란스러운 가르침 속에서 자칫 자신도 모르게 깨달음에 대한 선입견, 편견이 형성될 수도 있습니다. 그리고 그렇게 형성된 무의식적 견해는 참다운 깨달음의 증득에 장애물이 되기도 합니다.

깨달음의 증득은 이제까지 없던 어떤 실체를 획득하는 것이 아닙니다. 몰랐던 사실을 새롭게 알게 되는 것도 아닙니다. 지금과 다른 의식과 감정 상태를 갖게 되는 것 역시 아닙니다.

지극히 당연한 자기, 본래부터 있었던 자기, 제한되지 않는 자기로 돌아오는 겁니다. 특별할 것이라곤 손톱만큼도 없는 있는 그대로의 자기를 확인하는 일일 뿐입니다.

이 아무것도 특별할 것 없는 자기 자신에 대한 발견이 자신의 삶을 변화시켜 나갑니다. 내가 삶을 살아가는 것이 아니라, 삶이 나를 통해 살아가는 겁니다.

이 일은 아주 사소한 사건에서 시작되지만, 그 결과는 우리의 생각으로는 헤아릴 수조차 없습니다. 단지 여린 꽃망울이 벙글어졌을 뿐인데 때맞춰 불어온 남풍에 온 세상 가득 향기가 퍼지는 일입니다.

거울 속의 모습 보는 것은 어렵지 않지만

鏡裏看形見不難

우리의 마음, 참된 자기 존재는 종종 맑고 깨끗한 거울에 비유됩니다. 거울이 다양한 대상들을 있는 그대로 비추듯이, 우리의 마음도 나라는 육체적, 정신적 개체를 포함한 현상세계를 순간순간 끊어짐 없이 비추고 있습니다. 온갖 변화와 작용들이 눈앞에 분명하게 드러나고 있습니다.

그러나 아무리 다양한 대상들이 거울에 비쳐도 그 모든 변화와 작용이 그 하나의 거울을 벗어나지 못한 것입니다. 온갖 모습이 사실은 저 자신은 특정한 모습이 없는 텅 빈 거울 속의 그림자였습니다. 마찬가지로 우리가 경험하는 모든 것들은 자기 마음, 이 텅 비고 순수한 의식의 투영입니다.

깨달음의 지혜란 거울 속의 모습만을 보던 눈이 문득 모습에 물들지 않는 거울 자체를 확인하는 것과 비슷합니다. 어떤 모습, 어떤 변화도 다른 것이 아니게 되는 겁니다. 자기는 늘 자기만 바라보고 있었습니다. 어리석은 나르시소스는 이 사실을 몰랐던 겁니다. 불행하게도.

물속의 달을 붙잡으려 하나 어찌 잡을 수 있겠는가?

水中捉月爭拈得

> 대 그림자 마당을 쓸어도 먼지가 일어나지 않고
> 달 그림자 연못에 떨어져도 물방울이 튀지 않네.**48**

대 그림자와 달 그림자를 없다고 할 수 없습니다. 그렇다고 있다고 도 할 수는 없습니다. 있기는 있는데 없는 듯이 있고, 없기는 없는데 있는 듯이 없습니다.

대 그림자와 달 그림자를 지우려 해도 지울 수 없으며, 잡으려 해 도 잡을 수 없습니다. 그림자라는 경계에 속아 헤매지 말고 그 그림 자의 출처를 바로 알아야 합니다. 그림자 스스로 독자적으로 존재 하는 것이 아니라 밝은 빛의 존재에 의해 드러난다는 사실을 깨달 아야 합니다.

그림자가 빛이고, 빛이 그림자입니다. 그림자를 보고 그림자에 속을 것이 아니라 빛을 깨달아야 합니다. 빛은 그림자까지 포함하 고 있다는 사실을 깨달아야 합니다. 어떤 어지러운 그림자의 움직 임도 투명하고 밝은 하나의 빛 속의 일일 뿐입니다.

그림자에 주의가 가 있던 시선이 그림자를 포함한 빛 전체로 옮

---

48 야부도천(冶父道川, 960~1279) 선사의 착어(着語).

겨가는 것. 그것이 깨달음입니다.

항상 홀로 다니고 홀로 걷나니
常獨行常獨步

참나는 외롭고 작은 상대적 개체로서의 나가 아닙니다. 그 작은 나까지 포함한 전체로서의 나 하나, 소아(小我)가 아닌 대아(大我)가 참나입니다. 만법과 짝하지 아니하는 나는 언제나 홀로 다니고 홀로 걷습니다. 천상천하에 나 홀로 존귀합니다. 언제나 둘 아닌 하나로서 나 아닌 것이 없습니다.

그리하여 참나는 곧 무아(無我)입니다. 나 아닌 것이 없기에 나 역시 따로 없습니다. 전체가 곧 나이고, 내가 곧 전체입니다. 분리된 채로 곧 합일이고, 합일된 채로 곧 분리되어 있습니다. 하나가 곧 다수이고, 다수가 그대로 하나입니다. 나는 전체 가운데의 나이고, 전체는 나 가운데의 전체입니다.

하나의 밝은 빛이 온 우주를 비추고 있습니다. 온 우주는 이 하나의 밝은 빛의 현현입니다. 하나의 밝은 빛 그대로가 온 우주이고, 온 우주가 그대로 하나의 밝은 빛입니다. 그 둘은 따로 떨어져 있지 않습니다. 자신을 따로 떼어 놓지 마십시오. 자기 자신까지 포함한 온 우주이고, 하나의 밝은 빛입니다.

통달한 사람은 열반의 길에 함께 노닌다.

達者同遊涅槃路

이 일에는 통달한 사람과 통달하지 못한 사람이 따로 없습니다. 다만 스스로 통달하지 못했다는 한 생각에 가로막혀 있을 뿐입니다. 바로 지금 이렇게 막힘없이 보고, 막힘없이 듣고, 막힘없이 느끼고, 막힘없이 알고 있습니다. 누가 보고 듣고 느끼고 아느냐의 문제가 아닙니다. 무엇을 보고 듣고 느끼고 아느냐의 문제가 아닙니다. 어떻게 보고 듣고 느끼고 아느냐의 문제가 아닙니다. 그냥 이렇게 보고 듣고 느끼고 알 뿐입니다.

열반의 길 역시 마찬가지입니다. 치성한 탐·진·치의 삼독과 모든 욕망이 소멸한 열반의 상태가 따로 있지 않습니다. 탐·진·치 삼독을 하나하나 바로잡고 제거하여 열반의 상태를 증득하는 것이 아닙니다. 그러한 움직임이 바로 탐(탐욕)이요, 진(분노)이요, 치(어리석음)입니다. 우리의 본래 상태가 열반입니다. 아지랑이처럼 피어오르는 생각, 감정, 느낌과 스스로를 동일시하지 마십시오. 진정한 우리 자신은 그것을 말없이 지켜보는 자, 그것들이 일어났다 사라지는 텅 빈 의식의 공간입니다.

예스러운 곡조, 맑은 정신, 풍채는 스스로 높으나

調古神淸風自高

이 일은 새로운 일이 아닙니다. 늘 있어 왔던 일, 당연한 일, 그러나 한 번도 제대로 돌아보지 않은 일이었을 뿐입니다. 문득 한 번 들어 보면 너무나 귀에 익은 옛 곡조라는 사실을 본인 스스로 알게 됩니다.

이 신령한 기운은 너무나 맑고 투명합니다. 어떤 대상으로서, 경계로서 맑고 투명하다는 말이 아니라, 도무지 잡으려야 잡을 수 없고, 표현하려야 표현할 실마리조차 없기에 맑고 투명하다 할 뿐입니다.

이 풍광은 잡스러운 세속의 경치만을 보는 눈으로는 결코 볼 수 없습니다. 그래서 정수리 위의 눈, 정문안(頂門眼)을 갖춰야 비로소 볼 수 있다고 하는 겁니다. 허다한 세속의 풍광을 순일한 하나의 것으로 보는 안목이기에 풍채가 드높다 할 뿐입니다.

예전처럼 봄비는 내리고, 세속의 일은 끝없이 밀려옵니다. 그러나 다음날 해는 다시 뜰 것이고, 세속의 일도 잠시 숨 고를 시간을 줄 것입니다. 쉼 없는 파도처럼 밀려왔다 밀려갑니다. 그것이 바다의 본성입니다. 아무리 밀려오고 밀려가도 바다는 늘 그대로입니다.

모습은 초췌하고 뼈는 앙상하니 사람들이 돌아보지 않는다.

貌悴骨剛人不顧

많은 사람들이 생각하는 것과는 달리 진리, 깨달음, 도는 결코 그에 합당할 것 같은 모습을 가지고 있지 않습니다. 진리, 깨달음, 도는 이름만 있을 뿐 그것에 해당하는 고정된 모습이 없기 때문입니다. 오히려 하나하나의 구체적인 형상들, 육신과 산하대지, 일상의 자질구레한 삶의 모습만 있을 뿐입니다.

그래서 이 일을 추구하는 사람은 소털처럼 많지만, 막상 이 일을 깨닫고 이 일에 만족하고 이 일 자체가 되는 사람은 소뿔처럼 드뭅니다. 개별적 자아의 허영을 만족시켜 줄 어떠한 것도 이 일은 주지 않기 때문입니다. 오히려 개별적 자아의 기반을 허물어뜨려 이 평범함, 이 아무 일 없음 속으로 용해시키기 때문에 자아는 불안과 공포를 느낍니다.

고요한 동굴 속 초췌한 수행자의 모습이 상징하는 것은 그러한 모습을 따라 하라는 소리가 아닙니다. 형상 없는 진리의 속성을 모습으로 드러낸 것일 뿐입니다. 홀로 있음, 어떠한 특징도 없음을 메마르고 앙상한 외양으로 표현한 것입니다. 반대로 넉넉한 살집과 커다란 포대를 든 모습 역시 진리의 속성을 표현한 것입니다. 모자람 없음, 모든 것을 포함하고 있음……

궁핍한 부처님 제자는 입으로 가난하다 하지만
窮釋子口稱貧

　도를 배우려면 가난부터 배워야 한다는 말이 있습니다. 물질적 궁핍만을 말하고 있는 것이 아닙니다. 세속적 가치를 포기하는 적극적인 가난, 법에 있어 아무것도 소유하지 않는 절대적인 무소유를 말하고 있는 것입니다. 부분을 소유하려는 어리석음에서 벗어나 전체인 자기를 깨달을 때 모든 것으로부터 자유롭게 됩니다. 아무것도 가진 것이 없기에 모든 것을 감싸 안을 수 있게 됩니다.

> 작년 가난은 가난이 아니고
> 금년 가난이야말로 참 가난이네.
> 작년엔 송곳 꽂을 땅이 없더니
> 금년에는 송곳마저 없어졌네.[49]

실은 몸이 가난하지 도가 가난하지는 않다.
實是身貧道不貧

도를 깨달았다는 것은 깨달을 것이 없다는 것을 깨달은 것뿐입니다. 깨닫기 전에는 비록 못나고 가난할지라도 의지할 이 몸뚱이라도 있었는데, 깨달아 보니 이 몸뚱이조차 꿈같고 환상같이 허무한

49　향엄지한(香嚴智閑, ?~898) 선사의 게송.

것이 됩니다.

깨달음을 통해 뭐 하나 얻기는커녕 그나마 얼마 안 되는 살림살이마저 잃어버린 꼴입니다. 심지어 그놈의 깨달음마저 취할 수 있는 것이 아니니 눈 뻔히 뜬 채로 몽땅 도둑맞은 듯합니다.

그러나 불가사의하게도 모든 것을 잃고서야 얻을 수 없고, 그러하기에 결코 잃어버릴 수도 없는 한 물건, 한 물건이라 해도 맞지 않는 것만 뚜렷이 남습니다. 진정 자기 집의 보물로 평생 써도 써도 다 쓰지 못할 무진장한 보배입니다.

그 보배를 알고 싶으십니까?

머리를 들어 하늘을 바라보고, 머리를 숙여 발밑을 바라보십시오.

가난한 면에선 항상 몸에 누더기를 걸쳤지만
貧則身常披縷褐

세속적 가치, 분별의 입장에서 보면 이것은 너무나 무가치해 보입니다. 언제 어디 누구에게나 똑같이 갖추어져 있는 이것은 '나'와 '나의 것'이라는 관점에서 보면 무의미하고 무가치한 것일 뿐입니다.

이것과 동떨어진 '나'라는 것이 여전히 존재하는 한, 이것의 참된 가치를 결코 알 수 없습니다. 그런 까닭에 소위 진지한 구도자들, 산전수전 난행고행을 겪은 수행자들에게 이 소식은 충격을 넘어 모멸에 가까운 소식입니다.

오랜 시간 찬란한 깨달음, 영원한 지복(至福)을 성취하고자 애쓴 이들에게 바로 지금 눈앞의 현실 그대로가 그토록 찾고자 했던 그것이었다는 말은 쉽게 납득할 수 있는 말이 아닙니다. 바로 지금 이것 말고 깨달음의 증거가 될 만한 위대한 것을 찾아 다시 헤매기 십상입니다.

그 어리석음이 한 번 깨어지지 않고서는 이 아무 특별할 것 없는 담담한 진실의 가치를 결코 알 수가 없습니다. 그 뒤집어진 관점이 제자리로 돌아오는 것, 애초에 없었던 적이 없기에 새롭게 찾을 것도 없는 당연한 사실에 대한 확인이 진정한 깨달음입니다.

도의 입장에서는 마음에 값없는 보배를 갖추었다.
道則心藏無價珍

이것은 싸기로는 이것보다 더 싼 것이 없어서 값없는 보배요, 반면 비싸기로 치면 이것보다 비싼 것이 없는 까닭에 역시 값없는 보배입니다. 모르는 입장에서는 천금을 주어도 아깝지 않은 보배 같지만, 막상 알고 나면 길바닥의 개똥보다 나을 것이 없는 것입니다.

그러나 세월이 흐를수록 이 개똥보다 나을 것 없는 것이 세상의 모든 보화보다 더 가치 있다는 사실을 확연히 알게 되는 묘한 것입니다. 이것은 변함이 없지만 이것을 보는 사람의 안목이 달라졌기 때문입니다. 다음의 이야기를 보십시오.

춘추(春秋)시대에 초(楚)나라에 변화(卞和)라는 사람이 살았다. 그는 산에서 한 개의 박(璞: 옥을 싸고 있는 돌덩어리)을 얻어서, 초여왕(楚厲王)에게 바쳤다. 초여왕은 옥 장인에게 돌을 감정하게 하였는데, 옥 장인은 그냥 평범한 돌이라고 말했다. 그러자 초여왕은 변화가 자기를 속였다고 생각하고, 변화의 왼쪽 다리를 잘라 버렸다.

나중에 초무왕(楚武王)이 즉위하자, 변화는 다시 박을 가져다 초무왕에게 바쳤다. 초무왕도 역시 옥 장인에게 감정을 시켰는데, 옥 장인은 또 그냥 돌멩이일 뿐이라고 말했다. 초무왕도 변화가 자기를 속였다고 생각하고 다시 변화의 오른 다리를 잘라 버렸다.

초문왕(楚文王)이 즉위하자, 변화는 박을 안고 산에 가서 대성통곡을 하였다. 삼일 밤낮을 울어서 눈물도 모두 마르고 피눈물이 나기 시작했다. 초문왕이 이 소식을 듣고 기이하게 생각하여 사람을 보내서 물어보았다. "천하에 다리 두 개 잘린 사람이 많은데, 너는 왜 이렇게 슬프게 우느냐?"

변화는 이렇게 대답했다. "나는 다리 두 개가 잘린 것을 슬퍼해서 우는 것은 아니다. 나는 옥석을 돌멩이라고 얘기해서 슬픈 것이고, 충정 있는 사람이 사기꾼으로 불리는 것이 슬픈 것이다." 초문왕은 다시 옥 장인에게 명을 내려 박을 쪼개 보도록 하였다. 과연 박 안에는 보옥이 있었다. 이로 인하여 이 옥을 변화의 이름을 따서 '화씨벽'이라 하였다.

값없는 보배는 써도 다함없으니
無價珍用無盡

눈앞의 이 한 물건, 나와 세계의 다양한 형상으로 드러나지만 스스로는 아무 형상 없는 이 한 물건은, 아무것도 아니면서 모든 것이며, 모든 것이면서 아무것도 아닌 것입니다.

생(生)이 있는 것이 아니라 이 한 물건이 있는 것이며, 사(死)가 있는 것이 아니라 이 한 물건이 있는 것이니, 생과 사 사이의 모든 일 역시 이 한 물건일 뿐입니다.

여기서는 삼세의 제불과 역대의 조사들도 몸과 목숨을 잃어버립니다. 아니, 이것이야말로 삼세제불과 역대 조사, 우리 자신의 몸과 목숨입니다.

사물을 이롭게 하고 근기에 응하는데 끝내 아끼지 않는다.

利物應時終不悋

이 한량없는 한 물건은 제한되지 않고 고정되어 있지 않기 때문에 언제 어디 어떤 상황에서도 알맞게 작용합니다.

바로 지금 이렇게 보고, 이렇게 듣고, 이렇게 냄새 맡고, 이렇게 맛보고, 이렇게 느끼고, 이렇게 생각합니다.

보고, 듣고, 냄새 맡고, 맛보고, 느끼고, 생각하는 대상에 집착하면, 사물을 이롭게 하고 근기[50]에 응함에 자유자재할 수 없습니다.

보고, 듣고, 냄새 맡고, 맛보고, 느끼고, 생각하는 대상과 주체가 모두 한량없는 이 한 물건인 줄을 뚜렷이 알아야 작용함에 막힘이 없습니다.

물결이 물로 돌아가고 바람이 허공으로 돌아가듯 온갖 변화와 작용이 있었지만 아무 일도 없었던 것과 같습니다.

봄, 여름, 가을, 겨울, 사계절의 순환이 멈춘 바가 없지만 언제나 늘 새로운 봄, 여름, 가을, 겨울입니다.

---

50 교법(教法)을 받아들여 성취할 품성과 능력의 정도.

세 가지 몸과 네 가지 지혜는 바탕 가운데 원만하고
三身四智體中圓

법신, 보신, 화신, 이렇게 세 가지 몸**51**을 이야기하지만 오직 하나의 몸, 하나의 바탕만 있을 뿐입니다. 바로 지금 눈앞의 나까지 포함한 이 현상세계가 바로 텅 빈 법의 몸이며, 수행의 과보로 얻은 몸이며, 구체적 형상으로 드러난 몸입니다. 그러나 그 모든 것이 바로 움켜잡을 수 없는 바로 이 하나의 몸, 나까지 포함한 현상세계 전체입니다. 현상세계가 그대로 법신이며, 법신이 그대로 법계입니다.

네 가지 지혜**52**도 마찬가지입니다. 대원경지, 평등성지, 묘관찰지, 성소작지가 따로 있는 것이 아니라, 바로 지금 눈앞의 나까지 포

---

51 부처의 세 가지 유형. ① 법신(法身): 진리 그 자체, 또는 진리를 있는 그대로 드러낸 우주 그 자체. 비로자나불과 대일여래가 여기에 해당함. ② 보신(報身): 중생을 위해 서원을 세우고 거듭 수행한 결과, 깨달음을 성취한 부처. 아미타불과 약사여래가 여기에 해당함. ③ 응신(應身) 또는 화신(化身): 때와 장소, 중생의 능력이나 소질에 따라 나타나 그들을 구제하는 부처. 석가모니불을 포함한 과거불과 미륵불이 여기에 해당함.

52 번뇌에 오염된 팔식(八識)을 질적으로 변혁하여 얻은 네 가지 청정한 지혜. ① 대원경지(大圓鏡智): 오염된 아뢰야식(阿賴耶識)을 질적으로 변혁하여 얻은 청정한 지혜. 이 지혜는 마치 모든 것을 있는 그대로 비추어 내는 크고 맑은 거울처럼, 아뢰야식에서 오염이 완전히 제거된 상태이므로 이와 같이 말함. ② 평등성지(平等性智): 오염된 말나식(末那識)을 질적으로 변혁하여 얻은 청정한 지혜. 이 지혜는 자아에 대한 집착을 떠나 자타(自他)의 평등을 깨달아 대자비심을 일으키므로 이와 같이 말함. ③ 묘관찰지(妙觀察智): 오염된 제육식(第六識)을 질적으로 변혁하여 얻은 청정한 지혜. 이 지혜는 모든 현상을 잘 관찰하여 자유자재로 가르침을 설하고 중생의 의심을 끊어 주므로 이와 같이 말함. ④ 성소작지(成所作智): 오염된 전오식(前五識)을 질적으로 변혁하여 얻은 청정한 지혜. 이 지혜는 중생을 구제하기 위해 해야 할 것을 모두 성취하므로 이와 같이 말함.

함한 이 현상세계를 드러내고 있고, 그것 자체인 이 하나의 의식을 가리킵니다. 8식, 7식, 6식, 전5식의 분별의식을 돌려 네 가지 지혜를 얻지만, 그 네 가지 지혜가 오직 하나의 의식, 하나의 마음, 하나의 법신, 하나의 법계입니다. 바로 지금 눈앞의 이것입니다.

생각으로 헤아리면, 세 가지 몸, 네 가지 지혜뿐만 아니라, 팔만 사천 가지 형상들이 따로 있지만, 생각을 쉬고 문득 깨달으면 낱낱이 있는 그대로가 하나라 이름할 수도 없는 하나입니다. 바깥으로 치달려 구하려는 마음을 잠시 쉬고 눈앞에 펼쳐진 있는 그대로의 세상을 살펴보십시오. 보고, 듣고, 느끼고, 아는 일에 결코 어둡지 않습니다. 늘 고요하게 훤히 비추고 있습니다. 마음 놓고 쉬십시오.

여덟 가지 해탈과 여섯 가지 신통은 마음 땅에 찍힌 도장이다.
八解六通心地印

해탈과 신통은 오랜 수행의 과보로 얻는 대상이 아닙니다. 노력의 결과로 얻어진 것들은 그 원인이 사라지면 반드시 원래의 상태로 돌아갑니다.

본래의 해탈과 본래의 신통만이 얻을 수도 없고 잃어버릴 수도 없습니다. 만물이 의지하는 바탕인 땅과 같이 만법이 모두 마음 땅에 갖춰져 있습니다.

여덟 가지 해탈[53]이란 8식이 본래 공함을 아는 것이요, 여섯 가지 신통[54]이란 6근의 여섯 작용에 본래 자재함을 깨닫는 것입니다.

한 법도 새롭게 얻을 것이 없고, 한 법도 새롭게 버려야 할 것이 없습니다. 달리 벗어날 바가 없고, 달리 막힘없이 통할 바가 없습니다.

상근기는 하나를 결정지으면 일체를 깨닫지만
上士一決一切了

이 공부는 너무나 단순합니다. 말은 공부라고 하지만 실제는 공부할 것이 아무것도 없는 공부입니다. 나의 생각과는 상관없이 이미 이루어져 있는 일을 그저 확인하는 일이 이 공부입니다. 지금 여기의 자

---

53 번뇌의 속박에서 벗어나는 여덟 가지 선정(禪定). ① 내유색상관외색해탈(內有色想觀外色解脫) ② 내무색상관외색해탈(內無色想觀外色解脫) ③ 정해탈신작증구족주(淨解脫身作證具足住) ④ 공무변처해탈(空無邊處解脫) ⑤ 식무변처해탈(識無邊處解脫) ⑥ 무소유처해탈(無所有處解脫) ⑦ 비상비비상처해탈(非想非非想處解脫) ⑧ 멸수상정해탈(滅受想定解脫).

54 수행으로 갖추게 되는 여섯 가지 불가사의하고 자유자재한 능력. ① 신족통(神足通): 마음대로 갈 수 있고 변할 수 있는 능력. ② 천안통(天眼通): 모든 것을 막힘없이 꿰뚫어 환히 볼 수 있는 능력. ③ 천이통(天耳通): 모든 소리를 마음대로 들을 수 있는 능력. ④ 타심통(他心通): 남의 마음속을 아는 능력. ⑤ 숙명통(宿命通): 나와 남의 전생을 아는 능력. ⑥ 누진통(漏盡通): 번뇌를 모두 끊어, 내세에 미혹한 생존을 받지 않음을 아는 능력.

기가 아닌, 다소간의 미래에 나 바깥의 어딘가에 있는 무엇을 찾고 구해야 할 것만 같은 자신의 망상이 사라지는 것이 공부입니다.

물속의 물고기가 물이라는 말과 생각을 일으켜서 오랜 세월 물을 찾는 꼴이 지금 우리들이 공부한다고 하는 일입니다. 물고기는 물을 찾기 이전부터 물속에 있었고, 물을 찾고 있을 때도 또한 물속을 벗어난 적이 없었고, 마침내 물을 찾았을 때조차도 역시 언제나 물속이었습니다. 바로 지금 눈앞이 한결같이 물입니다.

마음이 도대체 뭘까요? 세상의 모든 이름들이 모두 가리키는 대상이 있는데, '마음'이라는 말은 도대체 어떤 물건을 가리키는 걸까요? 지금 '마음'이 뭘까 하고 헤아리는 이것을 떠난 마음이 따로 있을까요? 이른바 깨달음의 마음이 따로 있고, 분별하고 헤아리는 마음이 따로 있을까요? 하하하, 아시겠습니까?

이 하나를 해결하면 모든 일을 해결해 마치는 겁니다. 너무 쉽고 너무 간단한 것, 그래서 오히려 자기만의 복잡한 생각 속에 빠져 있으면 이 단순한 것을 깨닫지 못합니다. 참 불가사의한 일입니다. 깨달음이 그렇다는 것이 아니라 우리 중생의 망상이 그렇다는 말입니다. 문득 자신의 허물, 자신의 실수, 자신의 착각을 바로잡으면 즉각 깨달음입니다.

중하근기는 많이 들을수록 더 믿지를 않는다.

中下多聞多不信

보통 사람들이 영적인 구도, 마음공부의 과정에서 쉽게 빠져드는 오류를 흔히 '영적 유물론'이라는 개념을 통해 설명할 수 있습니다.

영적 유물론이란 에고로부터의 해탈과 자유를 얻기 위해 추구하는 구도와 수행이 오히려 에고의 자기중심성을 확대하고 강화하는 역효과를 낳는다는 역설을 말합니다.

그것은 애초부터 잘못된 전제 위에서, 즉 나와 세계, 스승과 제자, 무명과 깨달음, 윤회와 열반의 이분법적 관념 위에서 모든 구도와 수행이 이루어졌기 때문입니다.

에고는 끊임없이 바깥의 무엇(깨달음에의 추구 등)을 통해서 자신의 안전을 확인할 수밖에 없습니다. 그런 에고에게 본래부터 완전무결하고 영원한 것에 자신을 완전히 개방하고 바깥에서 구하려는 모든 노력을 포기하는 것은 너무나도 어려운 길처럼 보입니다.

애씀과 경쟁이 아니라 포기와 좌절을 통해 진리에 이르는 이 연금술적 변성(變性)의 길은 진실로 이 길을 가 본 사람이어야만 이해할 수 있을 것입니다.

3

말하든 침묵하든
움직이든 고요하든

다만 스스로 마음속의 때 묻은 옷을 벗어 버릴 뿐
但自懷中解垢衣

스스로의 생각에만 속지 않는다면 생각 아닌 본래의 마음을 깨닫는 것이 어찌 어렵겠습니까? 생각이야말로 우리가 태어난 이래 한시도 벗지 않고 있었던 때 묻은 누더기입니다.

마음이니 깨달음이니 하는 말에 속아서 그 말에 해당하는 무언가를 생각으로 찾아 나설 것이 아니라, 바로 그 자리에서 그 말이 가리키는 바를 당장 보아야 합니다. 이미 보고 있는 그것을 보는 겁니다.

우리의 본래면목이며 한시도 우리 곁을 떠나지 않고 있는 것, 얻을 수도 없고 잃어버릴 수도 없는 것, 텅 비어 고요하면서도 신령스럽게 아는 것, 이 모든 말마디가 무엇을 가리킵니까? 생각으로 무언가를 찾지 않는다면 지금 당장의 이것이 무엇입니까?

지금 이 글을 보고 있는 일은 무엇일까요? 이게 마음 아닐까요? 지금 어떤 소리를 듣는 일은 또 무엇일까요? 그것도 마음 아닐까요? 지금 신체의 감각이 느껴지는 것, 그것 역시 마음 아닐까요? 지금 이런저런 생각이 일어나는 것, 그게 마음이 아니라면 도대체 무엇이 마음입니까?

우리의 생각과 상관없이 늘 존재하는 것, 안다와 모른다의 상대적 분별과 상관없이 그저 절대적으로 있는 것, 그게 마음입니다. 바로 지금 눈앞이 그대로 마음뿐입니다. 여기에서 '나'라는 한 생각이 일어나고 '세상사'가 벌어지고 있습니다. 다만 생각이라는 때 묻은 누더기를 벗어 버릴 뿐, 따로 구하고 찾아야 할 마음은 애초부터 없었습니다.

바로 지금 이것뿐입니다.

누가 능히 밖을 향해 정진을 자랑할 수 있겠는가?
誰能向外誇精進

마음공부에 있어 의도적인 수행, 어떤 의식의 상태나 능력을 얻기 위한 노력은 모두 미친 짓에 불과합니다. 구도의 모든 노력은 헛수고에 불과합니다. 그런 수고와 노력을 통해 무언가를 얻었다 한들 바로 그 얻음 때문에 불편함과 고통이 생깁니다.

예를 들어 고요한 마음, 삼매를 증득했다 합시다.

그 고요한 마음, 삼매는 바로 고요하지 못한 마음, 삼매가 아닌 상태가 있기 때문에 상대적으로 존재합니다. 그래서 늘 고요하지 못한 마음에서 고요한 마음으로, 삼매가 아닌 상태에서 삼매의 상태를 지향하게 됩니다. 바로 그 마음의 움직임이 바로 산란함입니다.

참된 고요함, 참된 삼매는 고요함과 고요하지 않음, 삼매와 삼매 아님 모두에 평등한 것입니다. 고요함과 고요하지 않음, 삼매와 삼매 아님이라는 경계, 차별되는 현상이 아니라 그 모든 경계와 현상의 배경, 애초부터 있고 없음의 대상이 되지 않는 둘 아닌 실재가 참된 고요함과 참된 삼매입니다.

바로 지금 눈앞의 현실, 나라는 개체의 개별의식까지 포함한 눈앞의 현실이 바로 그것입니다. 그것은 나라는 개체의 수고와 노력을 통해 획득할 수 있는 것이 아닙니다. 그것은 마치 하나의 물결이 바다 전체를 소유하려는 어리석음에 비유할 수 있습니다. 물결은 본래 바다와 분리될 수 없기 때문입니다.

남들의 비방과 비난은 그들에게 맡겨 두어라.

從他謗任他非

남(他)은 누구입니까? 바로 자기의 생각입니다. 나의 생각은 나 자신이 아닙니다. 생각은 만들어진 것으로서 생주이멸(生住異滅)하는 무상한 것입니다. 나는 본래 나입니다. 결코 대상화되지 않는 절대 주체입니다. 이 본래의 나를 깨닫지 못하면 남(생각)이 주인 노릇을 하게 됩니다. 생각의 노예가 되어 천변만화하는 생각의 변덕에 말 그대로 마음고생을 하게 되는 것이 보통 우리의 삶입니다.

  이 일을 밝히기 전에도 남들의 소리에 일희일비하지 않아야 하겠지만, 이 일을 밝혀 참된 나 자신을 스스로 깨달은 뒤에도 남들의 소리, 생각의 비방과 비난에 흔들리지 않아야 합니다. 끝없는 의심과 의혹을 제기하며 나의 주의를 엉뚱한 곳으로 인도하는 이 생각이야말로 경전 속에 나오는 마라(魔羅), 곧 악마입니다. 그 생각의 비방과 비난에 맞서려 하는 순간, 우리는 다시 주인 자리를 놓치고 생각의 노예가 되는 겁니다.

  생각이 어떤 비방과 비난, 어떤 소음을 일으키더라도 거기에 귀를 기울이지 마십시오. 대신 생각의 일어남이나 사라짐과 상관없이 늘 한결같이 변함없는 배경, 본래 있는 것에 한동안 머무십시오. 낯익은 것에는 낯설어지고, 낯선 것에 낯익어지면서 차차 이 생각 역시 본래 있는 '이것' 밖의 다른 물건이 아님을 스스로 깨닫게 될 것입니다. 어젯밤의 꿈에서 문득 깨어나듯 이 거대한 환상, 이 거대한 놀이에서 깨어나게 될 것입니다.

불로 하늘을 태우려 하나 도리어 자신만 피로하다.
把火燒天徒自疲

성경 《전도서》에 다음과 같은 말이 있습니다.

"헛되고 헛되며 헛되고 헛되니 모든 것이 헛되도다. 해 아래에서 수고하는 모든 수고가 사람에게 무엇이 유익한가? 한 세대는 가고 한 세대는 오되 땅은 영원히 있도다. 해는 뜨고 해는 지되 그 떴던 곳으로 빨리 돌아가고, 바람은 남으로 불다가 북으로 돌아가며 이리 돌며 저리 돌아 바람은 그 불던 곳으로 돌아가고, 모든 강물은 다 바다로 흐르되 바다를 채우지 못하며 강물은 어느 곳으로 흐르든지 그리로 연하여 흐르느니라.

모든 만물이 피곤하다는 것을 사람이 말로 다 말할 수는 없나니 눈은 보아도 족함이 없고 귀는 들어도 가득 차지 아니하도다. 이미 있던 것이 후에 다시 있겠고 이미 한 일을 후에 다시 할지라. 해 아래에는 새 것이 없나니, 무엇을 가리켜 이르기를 보라 이것이 새 것이라 할 것이 있으랴? 우리가 있기 오래전 세대들에도 이미 있었느니라. 이전 세대들이 기억됨이 없으니 장래 세대도 그 후 세대들과 함께 기억됨이 없으리라."

이 공부를 함에 있어 자기 자신의 생각에 기반한 모든 인위적이고 유위적인 노력은 헛되고 또 헛된 것입니다. 본래 이미 이렇게 존재하는 것만이 참이고, 본래 둘 아닌 하나입니다. 여기에서 나, 나의 의지, 나의 생각, 나의 수고가 끼어들면 곧 둘로 벌어지게 됩니다.

처음 이 일을 밝혔을 때는 내가 영원한 뭔가를 발견했다는 느낌이 듭니다. 그러나 시간이 흘러갈수록 나 역시 그 영원한 뭔가의 일부였음이 뚜렷해집니다. 강물이 흘러 바다에 이르기 전에도 강물과 바다는 하나로 이어져 있었습니다.

내 듣기에는 마치 감로수를 마시는 것과 같아서
我聞恰似飮甘露

이 일을 밝히면 모든 일들이 별다른 일이 아님을 알게 됩니다. 하나하나의 모든 일이 각각 따로 존재하는 것 같지만, 사실은 모두 규정할 수 없는 하나, 제한되지 않은 하나의 일임을 분명히 알게 됩니다. 그러므로 모든 갈등이 저절로 쉬어지고 안심입명(安心立命)[55]할 수 있게 됩니다.

---

55 어떤 것에 의해서도 흐트러지지 않는 완전히 평정(平定)한 편안함에 도달한 마음의 상태.

세상의 모든 일들은 예전 그대로 밀려왔다 밀려갑니다. 느낌, 감정, 생각도 여전히 일어났다 사라집니다. 그러나 더 이상 그것에 맞서 있는 누군가는 없습니다. 그 누군가 역시 세상의 모든 일, 느낌, 감정, 생각 가운데 또 다른 하나였을 뿐입니다. 참된 나는 그 모든 것을 아우르고 있는 전체입니다.

전체가 곧 무(無)입니다. 무가 곧 유(有)입니다. 계절이 오가고, 꽃이 피고, 비가 오는 소식입니다. 일터에 나가 밥벌이를 하고, 처자식과 살면서 인생만사를 겪는 일입니다. 어쩔 때는 철저히 속인인 듯하다가, 어쩔 때는 세상을 벗어난 도인인 듯하기도 합니다. 어디에도 머무르지 않고, 어디에도 구속되지 않습니다. 아무도 알아줄 이 없이 스스로만 통쾌할 따름입니다.

녹아내려 단박에 생각으로 헤아릴 수 없는 곳에 들어간다.

鎖融頓入不思議

이 일을 깨닫게 되는 계기는 다양하지만 공통적으로 생각의 힘, 분별의 중력장에서 한 번 벗어나는 순간, 문득 본래 있었던 무언가를 확인하게 됩니다. 꽉 막혀 있던 의심에서 한순간 풀려나거나, 선지식(善知識)의 가르침에 격발되거나, 무심코 듣거나 읽거나 경험하게 된 어떤 일을 통해 그런 일이 벌어집니다.

단박에, 생각과는 아무 상관없이 늘 존재했던 것, 살아 있음 자체, 의식 자체라 부를 수 있는 무엇을 목격하지만, 결코 그것을 붙잡아 둘 수는 없습니다. 생각으로 헤아려 알 수 없는 불가사의함, 그것이 살아 있는 진리에 대해 우리가 그릴 수 있는 유일하지만 너무나 불확실한 몽타주입니다.

마음이 비워진 허심(虛心)의 한순간 일별한 것이 서서히 내 삶과 나의 세계를 변화시켜 나갑니다. 다시 생각과 분별의 파도가 밀려들어 오지만, 이미 그것 너머의 소식을 알게 된 사람은 끝없이 영원을 꿈꾸게 됩니다. 어느 시인의 말처럼 날카로운 첫 키스의 추억은 나의 운명의 지침을 돌려놓은 것입니다.

사랑하는 임을 그리워하듯 알 수 없는 이 하나에 대한 마음이 점점 익어 가다 보면, 어느 순간 또 다른 깨침의 순간을 맞이하게 될 것입니다. 임이 잠시 왔다가는 떠났다 여겼었는데, 나를 진정 사랑하는 임은 한시도 내 곁을 떠난 적이 없었다는 것을, 더 나아가 임과 나는 결코 분리될 수 없는 한 몸이었다는 사실을 깨닫게 될 것입니다.

여전히 바람이 불고 비가 내리고 꽃잎이 지더라도 그 모든 일이 임과 내가 나누는 사랑 가운데의 일임을 받아들이게 될 것입니다. 오직 사랑만 있음을 가슴 뻐근하게 깨닫게 될 것입니다.

나쁜 말을 살펴보는 것이 바로 공덕이니
觀惡言是功德

나를 비난하는 말이나 생각, 나를 칭찬하는 말이나 생각 모두가 드러나고 알 수 있는 대상입니다. 심지어 그 '나'라는 존재 역시 하나의 관찰 대상입니다.

지금 바로 살펴보십시오.

나의 육체가 보이고, 나의 존재감이 느껴지고, 나의 감각과 감정, 생각을 알고 있습니다. 따라서 육체, 존재감, 감각, 감정, 생각은 진정한 '나'가 아닙니다.

진정한 '나'는 그 모든 것을 관찰하고 있는 자, 살펴보고 있는 것입니다. 그러나 그러한 관찰의 주체, 살펴보고 있는 실체는 따로 없습니다.

모든 것을 인식하고 있지만 스스로는 인식의 대상이 아닌 것이 진정한 우리 자신의 본래모습입니다.

바로 지금 이렇게 깨어 있고, 의식하고 있고, 알고 있는 이 상태입니다.

어떠한 인식의 대상에도 집착하지 않고 거부하지 않을 때, 아무 내용 없이 존재하고 있지만 즉각즉각 인연에 반응하는 살아 있음 자체입니다.

이것의 공덕으로 나와 세계, 삶의 드라마가 펼쳐집니다. 이 복잡다단한 세계 속의 삶이 그저 이 형체 없는 것의 작용일 뿐입니다.

이것이 곧 나의 선지식이 된다.
此則成吾善知識

바로 지금 내 눈앞에 있는 것이 나의 선지식입니다. 바로 지금 눈앞에 하나의 사물이 있다면 그것이 바로 나의 선지식입니다. 바로 지금 눈앞에 하나의 느낌, 하나의 감정, 하나의 생각이 있다면 그것이 바로 나의 선지식입니다. 선지식은 늘 둘 아닌 하나의 진실을 가리켜 보이는 자입니다. 눈앞의 온갖 사물, 느낌, 감정, 생각이 바로 둘 아닌 하나의 진실만을 가리켜 보이고 있습니다.

다만 스스로 사물을 보는 자와 보이는 사물로, 느낌 · 감정 · 생각을 아는 자와 알려지는 느낌 · 감정 · 생각으로 나누어 보고 있었을 따름입니다. 그 둘 전체를 아우르고 있는 배경과 같은 것, 한없는 공간에 빗댈 수 있는 것, 마치 꿈속의 세계와 같이 존재하는 온갖 것 전체가 그저 하나의 꿈입니다. 주관과 객관, 시간과 공간의 분별에 속지 말고 그 분별 자체를 바로 보십시오.

어떤 것도 숨겨진 것이 없고, 어떤 것도 특별한 것이 없습니다. 어떤 것도 얻어야 할 것이 없고, 어떤 것도 버려야 할 것도 없습니다. 언제나 있는 그대로입니다.

헐뜯음에 따라 원망하고 친한 마음 일으키지 않으면
不因謗起怨親

나날의 삶에서 맞닥뜨리는 경계에 대해 우리는 자기가 좋아하는 경계에는 집착하고, 싫어하는 경계에는 저항합니다. 그러나 본래 무상한 경계의 속성상, 집착하는 것이 떠날 때 고통(불만족)이 일어나고, 저항하는 것이 다가올 때 고통(불만족)이 일어납니다. 그것은 경계에 집착하고 저항하는 자기 자신 역시 또 다른 경계라는 사실을 밝게 보지 못한 어리석음, 무명 때문입니다.

나와 현실은 떨어져 있는 것이 아닙니다. 현실 경계와 독립적으로 존재하는 '나'라는 물건은 관념입니다. 나 역시 이 현실 경계의 일부로서 항상 한 덩어리로 작용합니다. 온 우주는 하나입니다. 우주를 관찰하는 관찰자로서의 나는 착각에 불과합니다. 어린 시절 밤하늘의 별을 보며 자연의 신비에 놀라워하던 나 역시 그 놀라운 자연의 신비 가운데 일부였습니다.

어떤 것도 전체로부터 독립적으로 존재하는 것은 없습니다. 하나가 모든 것이고, 모든 것이 하나입니다. 매 순간 무상한 전체의 변화작용이 그대로 변함없는 영원함입니다. 언제나 변함없는 전체의 입장에서는 원망하는 마음도 전체의 일부이고, 친한 마음 역시 전체를 벗어나지 않았습니다. 밀물과 썰물이 한 바다의 작용이듯 말입니다. 바다의 작용은 단 한 번도 멈춘 적이 없지만 언제나 한 바다입니다.

어찌 생겨남이 없는 자비와 인욕의 힘을 드러내겠는가?
何表無生慈忍力

기독교에 "하나님은 사랑이시다."라는 말이 있습니다. 우리의 본성 자체가 사랑, 자비와 인욕(忍辱) 자체입니다. 우리의 본성에 대한 명확한 깨침만이 진정한 사랑과 자비, 인욕을 가능하게 합니다. 억지로 상대를 세워 사랑과 자비, 인욕을 실천하는 것이 아닙니다. 본래 남이 없는 사랑, 남이 없는 자비, 남이 없는 인욕이 눈앞에서 벌어지고 있습니다.

봄날의 태양은 누구를 위한다는 생각 없이 빛을 놓고 있습니다. 벚나무마다 흐드러지게 피어오른 벚꽃 역시 자기의 본성만을 온전히 발현하고 있을 뿐입니다. 잉잉대는 꿀벌 역시 그러할 뿐이며, 그 아래를 오가는 우리의 숨결 역시 그러합니다. 온몸의 혈액이 돌고 세포가 분열하고 탄생과 죽음이 이렇게 오고 갑니다.

모든 것이 사랑이고, 자비이고, 인욕입니다. 따로 사랑과 자비와 인욕이 존재하지 않습니다. 그대의 눈이 차별 없이 세상을 비추는 일이 사랑입니다. 그대의 귀가 모든 소리를 받아들이는 것이 자비입니다. 그대의 마음이 이리저리 흔들리는 것이 인욕입니다. 사랑과 자비, 인욕의 힘이 없다면 이 세상은 존재조차 하지 않았습니다.

흩날리는 벚꽃 잎 속에서 영원한 사랑을 보십시오.

종지宗旨에도 통하고 설법에도 통함이여,
宗亦通說亦通

"어떤 것이 선(禪)의 종지입니까?"

"분명하군요."

"어떤 것이 설법하는 것입니까?"

"역시 분명하군요."

선정과 지혜가 원만하게 밝아 공에 걸리지 않는다.

定慧圓明不滯空

선정(禪定)은 흔들림이 없는 마음의 상태입니다. 그러나 그것이 하나의 대상으로서 고정된 의식 상태를 의미하는 것은 아닙니다.

선정 아닌 상태에서 선정의 상태로 들어가는 것은 더더욱 아닙니다. 고요하고 흔들림 없는 의식의 상태는 하나의 인식 대상, 경계에 불과합니다.

살아 있는 인간의 의식 상태는 인연에 따라 변화하는 것이 자연스러운 것입니다. 따라서 인위적인 수행이나 조작을 통한 선정은 또 다른 흔들림을 만들 뿐입니다.

진정한 선정, 모양이 없는 선정, 금강과 같은 선정은 모든 의식의 상태가 오가는 텅 빈 알아차림의 공간과 같은, 우리의 본래면목, 우리의 존재 자체입니다.

우리의 본래면목, 존재가 그대로 선정입니다. 또한 그러한 본래면목의 확인이 곧 지혜이므로 선정과 지혜는 둘이 아닙니다.

이러한 우리의 본래상태를 일러 선정(定)과 지혜(慧), 사마타(止)와 위빠사나(觀), 침묵(默)과 비춤(照)이라 하였습니다.

어리석은 이는 이러한 상태를 얻기 위해 수행을 할 것이지만, 지혜로운 이는 말 한마디에 스스로 본래 그러함을 문득 깨닫게 될 것입니다.

그것이 진정한 깨달음입니다.

단지 나만 이제 홀로 통달한 것이 아니라
非但我今獨達了

내가 깨어나는 순간 온 세상이 함께 깨어납니다. 내가 깨어나는 순간 모든 중생이 동시에 성불합니다. 모든 다양성을 허물지 않고 거대한 동일성으로 녹아듭니다. "법의 성품은 원융하여 두 모양이 없다."는 〈법성게〉의 말씀에 묵묵히 계합합니다.

깨어남은 이제까지 나도 모르게 형성해 왔던 육체적, 정신적 경계선이 허물어지는 체험입니다. 나와 세계, 나와 나 아닌 것, 안과 밖이라는 지극히 현실적이었던 구분이 몹시도 허구적이라는 사실을 깨닫는 것입니다.

이제까지 이 황량한 세계, 시공간 속의 작은 존재라는 관념에서 벗어나 오히려 모든 시공간, 모든 경험이 그 속에서 벌어지는 텅 빈 자각의 공간, 한없는 투명한 의식이 진정한 나의 참모습임을 서서히 깨닫게 됩니다.

　세계와 분리되어 있는 나라는 착각에서 벗어나, 내가 바로 세계이고 세계가 바로 나라는 인식의 전환이 찾아옵니다. 모든 것이 허용되고 동시에 모든 것이 거부됩니다. 모든 것이 나이지만 그 어떤 것도 나는 아닙니다. 전부가 아니면 어떤 것도 아닙니다.

갠지스 강의 모래알 같은 모든 부처의 바탕 또한 모두 같다.
河沙諸佛體皆同

갠지스 강의 모래알 같은 모든 부처의 바탕만 같은 것이 아니라, 모든 중생의 바탕 또한 다 같습니다. 산하대지와 시간 공간의 바탕 역시 다른 것이 아닙니다. 모든 모양이 모양이 아닌 것을 보는 것이 바탕을 보는 것입니다.

　저 푸른 하늘을 보십시오. 텅 빈 창공에서 홀연히 하나의 구름이 일어나고, 끊임없이 흘러 다니며 변화하다가, 어느 순간 다시 허공 속으로 사라집니다. 비와 바람, 천둥과 번개 역시 그러하지만 저 푸른 하늘은 언제나 푸릅니다.

　스스로가 본디 청정한 법의 성품 자체임을 간파해야 합니다. 내가 법의 성품을 가지고 있는 것이 아닙니다. 내가 마음을 소유하고 있는 것이 아닙니다. 법의 성품이 바로 나와 세계 자체이고, 마음 자체입니다.

마음이 바로 부처입니다. 중생이 그대로 부처입니다. 마음과 부처, 그리고 중생이 아무런 차별이 없습니다. 구름은 허공에서 일어나서 허공으로 사라집니다. 바람은 허공에서 일어나서 허공으로 사라집니다. 구름과 바람의 바탕이 허공입니다.

나의 바탕이 허공입니다.

사자의 울음 같은 두려움 없는 설법이여,
獅子吼無畏說

흙덩이를 쫓으면 어리석은 강아지이고, 흙덩이를 던진 사람을 물면 영리한 사자입니다. 하나하나 차별되는 현상의 경계들에 속아 따라가지 않고 늘 한결같은 자리에 머물러 앉아 있는 것이 사자입니다.

두려움은 생각에서 비롯됩니다. '안다'와 '모른다' 사이에서 두려움이 일어납니다. 알지 못하는 것이 두려움입니다. 생각, 곧 분별의 속성은 모든 것을 아는 것과 알지 못하는 것으로 나누고 알지 못함에서 앎으로 나아가려 합니다.

그 움직임에서 두려움이 발생합니다. 알지 못할까 하는 두려움, 그곳에 도달하지 못할까 하는 두려움, 어떤 것을 성취하지 못할까 하는 두려움. 그 두려움을 통해 생각과 분별의 소산인 '나'라는 물건이 실체인 듯 느껴집니다.

나는 곧 두려움, 생각입니다. 나는 곧 시간과 공간, 타인과 세계 자체입니다. 모든 상대적인 것은 동시에 나타났다가 동시에 사라집니다. 있다는 말과 없다는 말은 등나무가 나무에 의지한 것과 같은데, 나무가 쓰러지고 등나무가 마를 때는 어떠합니까?

서로 따라옵니다.

그렇다면 서로 따라오지도, 따라가지도 않는 것은 무엇입니까?

온갖 짐승들이 그것을 들으면 머리가 찢어진다.
百獸聞之皆腦裂

우리 내면의 온갖 느낌, 감정, 생각들의 근원을 알지 못하면, 자신역시 그 가운데의 일부에 불과한 '나'가 그것들을 통제하려는 헛수고를 쉬지 못합니다.

온갖 현상들 자체이나 독립적으로 존재하는 현상은 아닌 것, 모든 분별이 가 닿을 수 없어 저절로 분별이 쉬어지는 자리, 그것이 근원입니다.

비유하자면, 겉으로는 수많은 가지와 잎으로 벌어진 나무의 뿌리가 보이지 않는 땅속 깊숙이 뿌리박고 있는 것과 같습니다.

현상과 근원은 둘이 아니지만, 현상에서 근원을 바로 볼 수 있는 안목을 얻지 못하면 언제나 현상들 사이의 문제에서 자유로울 수 없습니다.

이 거대한 뿌리를 눈앞에서 바로 보십시오. 그것은 늘 드러나 있었지만 우리가 주의를 기울여 보지 못했을 뿐입니다. 보는 자를 보십시오.

코끼리는 위엄을 잃고 분주하게 달려가고
香象奔波失却威

사자의 울음에 온갖 짐승만 혼비백산하는 것이 아니라, 덩치 큰 코끼리조차 도망간다는 말입니다. 올바른 법은 작은 근기의 사람들에게는 전혀 이해가 되지 않을 뿐만 아니라, 자기 나름의 공부에 집착하고 있는 중근기의 사람들에게는 두려움과 회피의 대상이 된다는 말입니다.

본래 잃어버린 바 없고 따라서 찾을 바 없는 이 하나의 진실을 대다수의 사람들은 이해하지 못할 뿐 아니라, 뭔가 찾아야 하고 구해야 한다고 굳게 믿는 일부의 소위 수행자들에게는 도저히 삼킬 수 없는 밤송이와 같은 가르침입니다.

이 공부는 우리의 상식과는 정반대입니다. 공부를 하는 주체로서의 내가 있고, 내가 해 나가야 할 공부가 있다는 게 상식이라면, 진정한 공부는 그러한 공부의 주체나 객체가 되는 공부가 실제로 있는 것이 아닌, 꿈같고 환상 같은 것이라는 사실입니다.

무작정 헐떡거리며 바깥의 경계를 좇아 분주하게 뛰어나갈 것이 아니라, 지금 이러한 나와 저 경계가 어디에서 비롯되는지 돌아볼 일입니다. 우리가 너무나 당연하다고 믿고 있는 이 사실을 낯설게 바라보는 것이 진정한 공부의 출발점이자 종착점입니다.

하늘의 용은 고요히 듣고 기뻐한다.
天龍寂聽生欣悅

대승의 근기, 최상승의 근기를 가진 사람은 이 둘도 아니고 하나도 아닌 진리를 듣고 묵묵히 계합합니다. 은은한 법(法)의 기쁨과 선(禪)의 즐거움은 오직 직접 맛본 자만 알 수 있을 뿐, 생각으로 헤아리는 자들은 결코 알 수 없습니다.

너무나 사소하고, 너무나 하찮고, 너무나 평범한 이 사실!

분별의 눈에는 이것은 없는 것, 추상에 가깝지만, 진실을 볼 수 있는 외짝 눈을 얻게 되면 이것보다 분명히 존재하는 것, 구체적인 것은 없습니다. 깨달음이란 둘로 나누어 보는 분별에서 벗어나 둘도 아니고 하나도 아닌 진실의 안목이 열리는 것입니다.

이제 막 잠에서 깨어나 흐릿한 초점이 정신이 맑아질수록 또렷해지듯, 진실을 보는 안목 역시 시간에 따라 더욱 분명해지고 확실해집니다. 깨어남이 공부의 끝이 아니라 시작인 이유는, 한동안 잠과 깸을 오락가락 할 때 다시 잠에 빠져들지 않아야 하기 때문입니다.

홀로 빙긋이 미소 지으며 고개를 끄덕거리는 순간이 바로 자기가 자기를 인가(印可)[56]하는 순간이고, 참 부처가 세상에 출세하는 순간이며, 온 세상이 동시에 성불하는 순간입니다.

강과 바다를 떠돌며 산과 개울을 건너
遊江海涉山川

마음을 찾아 헤매는 일처럼 허망한 일이 또 있을까요? 자신이 찾고

---

56 스승이 제자의 깨달음을 인정함.

자 하는 대상보다 먼저 이렇게 찾고 있는 자기라는 물건을 돌아봐야 합니다. 찾고 있는 이 물건을 떠나 다른 마음이라는 물건이 따로 있는지…….

강과 바다, 산과 개울이 그대로 마음입니다. 산하대지와 과거·현재·미래가 단지 마음일 뿐입니다. 모두가 마음이 지어낸 바입니다. 마음 바깥에 따로 한 물건도 없습니다.

아무리 떠돌아도 떠돈 것이 아니고, 아무리 건너가도 한 발짝도 옮겨간 것이 아닙니다. 꿈속의 인물이 꿈속의 시공간을 꿈결같이 오갔을 뿐입니다. 언제나 한 덩어리여서 조그만 치의 변동도 없었습니다.

스승을 찾아 도를 묻는 것은 참선하기 위함이다.

尋師訪道爲參禪

처음에는 겉으로 보이는 스승을 찾아, 따로 있는 듯한 도를 묻는 것을 이른바 참선이라 여기기도 합니다.

그러나 이른바 깨달음, 인식의 전환이 찾아오면 진정한 스승은 일정한 모습을 가진 존재가 아니고, 도는 물을 수 있는 것이 아니며, 참선은 특정한 행위가 아님을 알게 됩니다.

100

창밖에 비가 내립니다.

이것이 진리를 설파하는 스승의 음성이며, 도를 묻는 것이자, 참선하는 것입니다.

공부를 하려면 실답게 해야 합니다. 이상과 현실, 이론과 실재 따위의 허망한 괴리를 극복해야 합니다.

삶 자체가 스승이며 도이자, 참선 자체입니다. 언제나 스승과 함께 도를 묻고 답하는 참선 중입니다. 한 번도 참선하지 않은 적이 없습니다. 인생 백년, 삼만 육천오백 일이 다만 이것뿐입니다.

창밖에 비가 내립니다.

조계의 길을 알게 된 뒤로는
自從認得曹溪路

조계[57]의 길은 둘 아닌 길입니다. 둘 아닌 길은 길 없는 길입니다. 정해진 길이 없기에 갈 수 있는 방법이 없지만, 정해진 길이 없기에

---

57 육조혜능(六祖慧能)의 별호. 중국 광동성 소주부 동남쪽 30리 쌍봉산 아래 있는 땅 이름. 그곳에 조계라는 강이 있다. 677년 혜능 대사가 이곳에 보림사를 짓고 선풍을 크게 드날렸다. 혜능이 깨달은 진리를 상징하는 말.

모든 것이 길이 됩니다.

눈앞이 바로 조계의 길입니다. 바로 지금 여기가 조계의 길입니다. 자신의 본래면목이 조계의 길입니다. 조계의 길을 한 번도 벗어난 적이 없습니다.

조계의 길은 알 수도 없고 모를 수도 없습니다. 조계의 길에는 조계의 길이라는 것이 없습니다. 월요일 아침, 시끌벅적한 일상사가 그대로 조계의 길입니다.

삶과 죽음이 상관없음을 분명히 알았다.
了知生死不相干

이 공부는 삶과 죽음의 문제를 해결하는 것입니다. 삶과 죽음의 문제가 해결되지 않았다면 어떤 체험, 어떤 견해, 어떤 지혜가 생겼다 하더라도 여전히 부분에 지나지 않습니다. 이 공부는 전체이지 일부분이 아닙니다.

전체가 곧 무(無)입니다. 모든 것은 아무것도 아닌 것입니다. 나 있음이 나 없음입니다.

나의 의지, 나의 노력으로 공부를 이루어 나가는 것이 아닙니다.

비록 그렇다 하더라도 결국은 본래 있는 그대로의 사실을 문득 확인하는 것에 불과합니다. 이미 있고, 본래 있어서 다시는 없어지거나 잃어버릴 수 없는 것에 대한 확신일 뿐입니다.

믿음의 길과 깨침의 길이 한 자리에서 만납니다.

오늘도 따사로운 봄의 햇살이 비추고 온갖 생명의 기운이 약동합니다. 삶도 이것이고, 죽음도 이것이어서, 이것은 삶과 죽음에 상관없습니다.

걸어 다녀도 선禪이요, 앉아도 선이니
行亦禪坐亦禪

선(禪), 불성, 참나, 본래면목, 주인공, 깨달음 따위의 말이 가리키는 실체는 없습니다. 그럼에도 불구하고 선, 불성, 참나, 본래면목, 주인공, 깨달음이라고 분명하게 말하고 분명하게 듣고 있습니다.

모든 이름은 달을 가리키는 손가락과 같으나, 달 역시 이름이고, 손가락 역시 이름에 불과합니다. 달과 손가락이 따로 있는 것이 아닙니다. 모든 이름을 한순간 돌아보지 않을 때, 어떤 이름도 아니지만 스스로 분명한 한 물건이 있습니다.

걷는 것이 이 물건이요, 앉는 것이 이 물건이요, 숨 쉬는 것이 이 물건이요, 밥 먹는 것이 이 물건이요, 똥 싸고 오줌 누는 것이 이 물건입니다. 어떤 것도 이 물건 아닌 것이 없으니 따로 이 물건이라 할 한 물건도 없습니다.

일체의 시간, 일체의 장소에서 늘 이러하여서 다른 일이 없었으나 오랫동안 이 일을 잊고 살아왔습니다. 그러다 문득 인연을 만나 오래 헤어져 있던 부모를 만난 듯, 확인하고 보면 예전 그대로였을 뿐 결코 새로운 일이 아닙니다.

눈앞에 언제나 변함없는 이 한 물건, 아시겠습니까?

말하든 침묵하든 움직이든 고요하든 바탕은 편안하다.
語默動靜體安然

깨어남은 일종의 인식의 전환, 관점의 이동입니다. 어떤 대상, 어떤 경계를 변화시키는 것이 아닙니다. 공부에 대한 털끝만 한 안목의 차이가 나중에는 하늘과 땅만큼의 간극을 만듭니다.

TV를 예로 들어 보겠습니다. TV를 바라보는 관점이 화면에 나타나는 빛과 모양, 소리에 맞춰지면, 어떤 풍광, 어떤 소리가 나타나느냐에 따라 시청자의 마음이 움직입니다. TV 화면에 비춰진 그림자에 일희일비하게 됩니다.

그러나 TV 화면 자체에 관점이 맞춰지면, 화면이 ON 상태이든 OFF 상태이든, 소리가 있든 소리가 없든, 화면에는 아무런 변화가 없습니다. 모든 풍광과 소리가 다 나타났다 사라지지만 화면 자체에는 아무 영향이 없기 때문입니다.

자, 눈앞을 바라보십시오. 육근을 통해 육진 경계가 육식 안에 나타났다 사라집니다. 이 모든 경계의 바탕, 본체는 무엇일까요? 빛과 모양, 소리는 화면을 떠나 있지 않습니다. 육근, 육진, 육식의 18계 전체가 하나의 텅 빈 마음임을 돌아보십시오.

마음이라 일컬을 대상이 없는 마음, 마음 아닌 마음, 마음 없는 마음.

바로 이 마음!

설사 창과 칼을 만난다 해도 언제나 태연하고
縱遇鋒刀常坦坦

이러한 말에 걸려 넘어지지 않아야 합니다. 이런 말을 듣고 두려움과 공포라는 부정적인 감정을 떠나 편안함과 태연함이라는 긍정적인 감정으로 스스로를 변화시키려 한다면, 그것이 바로 창과 칼이라는 경계에 마음이 동요하는 것입니다.

언제나 관점, 낙처(落處)[58]가 중요합니다. 확고부동한 자기 자리를 알아야 눈앞에 드러나는 현상의 모습에 속지 않습니다. 눈앞에 드러나는 현상의 실재감에 속지 않으려면, 이 모양으로 구별되지 않는 것에 오랫동안 익숙해져야 합니다.

암두전활[59] 선사라는 이는 태연히 도적의 칼을 맞고 큰 소리로 외마디 비명을 지르고 열반에 들었습니다. 이 이야기에 속지 말고 암두전활 선사의 외마디 비명을 바로 지금 이 자리에서 들어야 합니다. 그래야 창과 칼의 침범에도 태연한 한 물건을 바로 볼 수 있을 것입니다.

---

58 귀결처. 어떤 일의 궁극적 목표를 가리키는 말로서 선문(禪門)에서는 말의 참뜻을 낙처라고 이른다.

59 당나라 때의 선승(禪僧). 설봉의존(雪峰義存), 흠산문수(欽山文邃)와 함께 서로 힘쓰면서 앙산혜적(仰山慧寂)을 찾아뵈었고, 다시 덕산선감(德山宣鑑)에게 배워 그 법을 이었다. 광계(光啓) 3년 4월 도적떼가 일어나 칼날을 들이댔지만 태연자약(泰然自若)하게 대할(大喝)하고 죽음을 맞았다.

독약을 먹는다 하더라도 또한 한가롭다.

假饒毒藥也閑閑

이 공부의 효험은 사람들로 하여금 탐·진·치 삼독(三毒)의 중독에서 벗어나 계·정·혜 삼학(三學)을 증득하게 하는 데 있습니다. 언제부터인지 모르게 형성된 자아의식을 뿌리로 하는 생각과 감정의 중독에서 해탈하게 합니다.

우리의 모든 고뇌, 생사문제는 진정한 자기 자신의 존재, 참나를 알지 못하기 때문에 발생합니다. 본래 갖추고 있는 것이 아닌 바깥의 허망한 경계만 좇았기에 편안하게 쉴 수가 없었습니다.

파르마콘(pharmakon)이라는 단어는 치료약과 독약이라는 모순된 의미를 동시에 가지고 있습니다. 독약이 그대로 치료약이고, 치료약이 그대로 독약입니다.

탐·진·치 삼독이 그대로 계·정·혜 삼학이고, 계·정·혜 삼학이 그대로 탐·진·치 삼독입니다. 치성한 생각과 감정 그대로 선정삼매이고, 선정삼매 그대로 치성한 생각과 감정입니다.

올바른 안목을 깨치면 독을 약으로 삼을 수 있지만, 안목이 바르지 못하면 약을 독으로 삼게 됩니다.

우리 스승 석가모니는 연등불을 만나 뵙고

我師得見燃燈佛

우리의 스승은 석가모니불, 영원한 현재의 부처입니다. 연등불은 과거의 부처입니다. 미륵불은 미래의 부처입니다.

과거불, 현재불, 미래불, 시방삼세의 부처는 참된 부처, 진불(眞佛) 이 아닙니다. 나의 자성인 부처, 자성불만이 진불, 참 부처입니다.

과거, 현재, 미래가 나의 자성 안에서 만납니다. 시방삼세, 삼천 대천세계가 오직 나의 자성일 뿐입니다. 부처님의 몸이 법계에 가 득합니다.

색 · 수 · 상 · 행 · 식이 부처입니다. 색 · 성 · 향 · 미 · 촉 · 법이 그대로 부처입니다. 부처 아닌 게 없으니 부처조차 없습니다. 부처 가 없으니 중생 역시 없습니다.

부처는 중생의 꿈이요, 중생은 부처의 꿈일 뿐입니다. 부처와 중 생을 다 놓아 버린 곳에 분명한 한 물건이 있는데 이름이 없습니다.

아시겠습니까?

수많은 세월 동안 인욕선인이 되었다.

多劫曾爲忍辱僊

이 공부에는 뾰족한 방법이 없습니다. 깨닫기 이전도 그러하고 깨달은 이후도 그러합니다. 뾰족한 방법을 찾아 어찌해 보려는 그 마음이 오히려 공부를 어긋나게 하는 도적입니다.

이 공부는 둘 아닌 진실의 확인입니다. 하나를 이루는 것이 아니라 둘이라는 착각에서 벗어나는 일일 뿐입니다. 둘이 허상임을 깨달을 뿐, 얻고 취해야 할 하나는 없습니다.

그 하나라는 생각이 곧 둘입니다.

말과 생각으로 어찌해 볼 수 없는 자리에서 그저 쉬는 것, 쉬고 또 쉬어 완전히 힘이 빠져 버리는 것, 있는 그대로를 그저 받아들이는 것, 그것이 인욕입니다.

부정적인 것을 극복하여 긍정적인 것으로 변화시키는 일이 아닙니다. 부정적인 것이든 긍정적인 것이든 그것에 저항하지도 집착하지도 말고, 그것을 온전히 받아들이는 일입니다.

크게 죽은 사람이 다시 살아나면 다시는 죽는 일이 없는 것입니다.

몇 번이나 다시 태어나고 몇 번이나 다시 죽었던가?

幾廻生幾廻死

끝없는 생사의 윤회를 어찌하면 멈출 수 있을까요? 전생, 현생, 내생만이 생사의 윤회가 아닙니다. 전념(前念, 앞 생각), 당념(當念, 지금 생각), 후념(後念, 나중 생각)의 끝없는 생멸이야말로 진정한 생사의 뿌리입니다.

생사라는 모양에 속지 않으면 끝없이 이어지는 어떤 흐름만이 있습니다. 이를 일러 생사가 그대로 열반이라 합니다. 생각이 일어나고 사라지는 것에 속지 않으면 생각의 생멸과 상관없이 이어지는 것이 있습니다. 그래서 생각이 그대로 무념이라 하는 겁니다.

눈앞에 드러난 무상한 변화가 사실은 늘 변함없는 하나의 전체 속에서 벌어지고 있습니다. 눈앞의 대상경계 하나하나에 집착하면 변화만 나타날 뿐이지만, 문득 그 모든 경계가 벌어지는 한바탕을 돌아보면 영원한 현재만이 존재합니다.

바로 지금 이렇게!

삶과 죽음이 아득하여 멈춘 적 없다.
生死悠悠無定止

해운대 앞바다는 언제부터 출렁거렸을까요? 한시라도 단 하나의 물결 없이 고요한 적이 있었을까요? 그 백사장을 걸었던 많은 사람들, 그들이 남겨 놓은 발자국은 지금 어디에 있나요? 모든 것은 생겨났다가 곧 사라집니다.

이 무상함이야말로 모든 의식 있는 존재들로 하여금 영원한 것을 추구하게 만든 동력입니다. 생로병사의 굴레에서 벗어나 영원한 평화와 안식을 구하도록 사람들을 내몰았습니다. 바로 지금 여기의 무상함에서 벗어나 언젠가 도래할 영원을 구했습니다.

그러나 결론은 어떠한가요? 바로 지금 이 무상한 순간만이 영원합니다. 이 무상함이 그대로 영원불변입니다. 《반야심경》에 "늙고 죽음도 없고, 늙고 죽음이 다함도 없다." 하였습니다. 모든 것은 있는 그대로입니다. 생사도 없고 생사 없음조차 없습니다.

해운대 앞바다는 오늘도 밀려왔다가 다시 밀려갑니다.

4

다만
근본을 얻을 뿐

단박에 깨달아 태어남 없음을 깨달은 뒤로는
自從頓悟了無生

진정한 깨달음은 태어남 없음, 무생(無生)을 증득하는 것입니다. 오랜 세월의 노력과 수고를 통해 그러한 깨달음에 도달하는 것이 아니라, 어느 순간 단박에 그러한 근본적인 인식의 전환이 찾아옵니다. 그것이 바로 돈오(頓悟)입니다.

물론 깨달음에는 어떠한 내용, 별다른 이치가 없습니다. 그러나 입을 열어 설명하자면 이런 이야기 저런 이야기를 할 수밖에 없습니다. 그래서 어리석은 사람은 말의 뜻을 알아차리지 못하고 말만 기억할 뿐이고, 지혜로운 자는 말은 잊어도 그 말이 가리키는 뜻을 알아듣습니다.

깨달음은 본래 깨달을 바 없다는 사실에 대한 깨달음입니다. 생사 문제 해결은 생사를 넘어선 어떤 능력, 초월을 통한 것이 아니라, 본래 생사가 없음을 꿰뚫어 봄으로써 불생불멸을 증득하는 것입니다. 그러나 막상 그러한 깨달음, 불생불멸을 증득할 자 역시 없습니다.

돈오가 무생이고, 무생이 무아(無我)입니다. 그러나 거기에서 멈추는 것이 아니라, 무아인 곳에서 나가 출현하고, 생사와 무명의 꿈이 빚어집니다. 그리하여 무명이 그대로 깨달음이고, 생사가 그대로 불생불멸입니다. 모든 일이 벌어지지만, 아무 일도 일어나지 않았습니다.

모든 영광과 오욕에 어찌 걱정하고 기뻐하겠는가?
於諸榮辱何憂喜

깨달음은 꿈에서 깨어남입니다. 허상에 속지 않고 실상을 바로 보는 것입니다. 나를 비롯한 산하대지가 제각각 홀로 존재하는 실재가 아님을 통찰하는 것입니다. 모든 것이 '있다/없다'에 구속되지 않는 '무엇'의 현현일 뿐입니다.

꿈에 본 황금과 똥은 동일한 꿈일 뿐입니다. 황금과 똥의 실재성은 꿈의 구속력 안에서만 가능합니다. 깨고 나면 황금도 없고 똥도 없이 맑고 깨끗한 의식뿐입니다. 꿈의 여운이 가시지 않으면 어젯밤 꿈속의 황금과 꿈속의 똥에 연연하게 됩니다.

　영광도, 오욕도, 걱정도, 기쁨도 모두 수용하지만 어떤 것에도 집착하거나 저항하지 않습니다. 영광과 오욕, 걱정과 기쁨은 독립된 실체가 아닙니다. 오직 '나'라는 거대한 꿈이 존재할 때만 있는 것처럼 보일 뿐입니다. 내가 바로 영광이요, 오욕이요, 걱정이요, 기쁨입니다.

　이 '나'의 정체를 확인하는 순간, 영광은 영광이 아니요, 오욕은 오욕이 아니요, 걱정은 걱정이 아니요, 기쁨은 기쁨이 아닙니다. 그렇다고 그것들을 벗어난 다른 무엇이 있는 것도 아닙니다. 기뻐할 때는 기뻐하고, 걱정할 때는 걱정할 뿐입니다. 그뿐입니다.

깊은 산속에 들어가 고요한 곳에 머무니
入深山住蘭若

깊고 깊은 산속보다 더 깊고 깊은 곳에 들어가고, 고요하고 고요한 곳보다 더 고요하고 고요한 곳에 머물러야 합니다. 아무리 깊은 산속이라도 들어갈 길이 있고, 아무리 고요한 곳이라도 고요하다는 소음이 있습니다. 도달하려야 도달할 길조차 없고, 소리 없음조차 미치지 못하는 곳에 머물러야 합니다.

깊은 산속 고요한 토굴 속에서 일으키는 한 생각 망상은 오욕칠
정[60]이 넘실대는 세속의 저잣거리에서 한순간 무심해지는 것보다
못합니다. 금강과 같이 깨어지지 않는 선정을 성취하지 못하고서야
어찌 대승의 근기라 할 수 있겠으며 선(禪)을 안다 하겠습니까? 금
강 같은 삼매를 얻고 싶으십니까?

낮에는 열심히 일하고 저녁이면 돌아와 가족들과 맛있게 저녁밥
을 드십시오.

높은 산 깊은 골 낙락장송 아래다.
岌崟幽邃長松下

천 길 절벽으로 이루어진 바위 산 깊은 계곡에는 사람의 자취가 끊
어졌습니다. 자신의 생명을 돌아보지 않고 기어오르려는 자만이 길
없는 곳에서 길을 찾아 도달할 수 있습니다.

스스로 오르지 않고 멀리서 바라보면 길이 보이는 듯하지만, 막
상 절벽 끝에 매달려 있는 입장에서는 가야 할 길은 고사하고 지금
당장 손끝 하나 발끝 하나 옮길 곳을 찾기조차 막막할 따름입니다.

---

60 색욕, 식욕, 명예욕, 재물욕, 수면욕의 오욕(五慾)과 희노애락애오욕(喜怒哀樂愛惡
欲)의 칠정(七情). 인간의 가장 기본적인 욕망과 감정.

절벽 끝에 매달리기 전까지 마음을 시끄럽게 했던 모든 세속의 소음들이 딱 끊어지고 오로지 죽느냐 사느냐 위로 올라가는 한 길만이 남습니다. 다시 내려갈 수도 없고 여기 머물 수도 없습니다.

조심조심 한 발 한 발 아슬아슬하게 오르다 보면 어느새 문득 하늘과 맞닿은 정상에 도달합니다. 그곳에 얼마나 많은 세월을 보냈을지 모르는 한 그루 낙락장송이 그늘을 드리우고 서 있습니다.

그 그늘 아래 쉬면서 지나온 길을 내려다보면, 저 멀리 두고 떠나온 아득한 세속은 가소롭기 그지없고 사방은 탁 트여 막힘이 없습니다.

가슴속이 시원하게 뚫리면서 자기도 모르게 그윽한 미소가 입가에 머뭅니다. 홀로 있음의 즐거움이여! 더 이상 바랄 것 없이 스스로 만족함이여! 자기도 모르게 하는 한마디.

죽어도 좋구나!

한가롭게 고요히 앉아 있는 시골 승려의 움막에
優遊靜坐野僧家

마음공부는 바로 지금 이 순간의 실상을 바로 보는 것입니다. 도달할 수도 없고 달아날 수도 없이 바로 마주쳐 있어 분리될 수 없는 바로 지금 이 순간. 바로 이곳(當處), 바로 여기(卽今), 바로 이 순간(當念)에 머무는 바 없이 머물러야 합니다.

어떤 의도나 목적도 없이 할 일을 그저 하는 것이 도(道)입니다. '나'를 제외한 모든 것이 그렇게 움직이고 있습니다. '나'의 심장은 뛸 것인가 말 것인가로 고민하지 않습니다. '나'의 체세포 역시 그런 실답지 않은 번민에 사로잡히지 않습니다.

오직 헛것에 지나지 않는 '나'라는 물건만이 번뇌에 사로잡힙니다. '나'가 바로 번뇌입니다. '나'가 바로 생사의 큰 조짐입니다. 이 '나' 역시 그저 바람이 불고 비가 내리고 계절이 오가는 것과 같이 벌어지는 한 사건임을 바로 보아야 합니다.

'나'가 나타나면 시간과 공간, 행복과 불행, 기쁨과 슬픔, 생과 사가 등장합니다. '나'가 사라질 때 시간도 없고 공간도 없으며, 행복도 없고 불행도 없으며, 기쁨도 없고 슬픔도 없으며, 생도 없고 사도 없습니다. 다만 단순한 행위, 생각 없는 작용(無爲)만 있을 뿐입니다.

지금 비가 내리고, 아침이 밝아 오고, 심장이 뛰고, 숨이 드나듭니다. 아무 문제가 없습니다.

호젓하고 편안하게 머무니 실로 맑고 깨끗하다.
閑寂安居實蕭灑

바로 지금 눈앞을 보십시오. 시간과 공간, 대상사물과 사건들이 나타나 있습니다. 그러나 과연 그것밖에 없나요? 잘 살펴보십시오.

대상사물들과 사건들은 끊임없이 변합니다. 믿을 수 없는, 잠시 존재하는 듯한 것들입니다. 눈앞에서 제거해 보십시오.

시간과 공간 역시 과거, 현재, 미래로, 여기, 저기, 거기로 변화합니다. 역시 믿을 수 없습니다. 눈앞에서 제거해 보십시오.

그리고 마지막 남은, 그 모든 것을 지켜보는 '나' 역시 느낌, 감정, 생각의 변화를 겪습니다. 제거해 보십시오.

뭐가 남아 있습니까?

너무나 맑고 깨끗한, 아무런 내용물이 없는, 있다고도 할 수 없고 없다고도 할 수 없는, 나 있음 이전에 있는 것, 부모미생전 본래면목, 살아 있는 공(空), 순수의식······.

바로 지금 눈앞에 시간과 공간, 대상사물과 사건들이 모두 그것입니다. '나'까지 포함한 전체가 바로 그것입니다.

깨달으면 곧 끝마쳐서 힘을 들이지 않으니

覺卽了不施功

깨달음에는 단계나 부분이 없습니다. 한 번 깨달으면 단박에 전체를 통달합니다. 캄캄한 암흑천지가 한 번 번쩍하는 번갯불에 일시에 밝아지는 것과 같습니다. 아주 짧은 찰나의 순간 모든 것을 밝혀 마치는 것입니다.

그러나 얼핏 깨달음의 그림자 정도만 바라본 경우에는 다시 어둠이 찾아옵니다. 더 찾아야 할 것 같고 분명하지 않은 것 같아 힘이 듭니다. 그럴 경우 두 번, 세 번의 깨침이 찾아올 수도 있습니다. 그러나 그것도 결국 처음에 어슴푸레 보았던 것이 밝아질 뿐 다른 일은 없습니다.

어둠 속에서 자신의 상상만으로 만들었던 모든 것이 한 번의 번쩍임 속에 산산조각이 나서 안팎이 확연해집니다. 일순간 지평선 저 끝까지 모든 것이 한눈에 들어옵니다. 어둠 속에 갇혀 있다는 착각에서 벗어나 사방팔방으로 막힘없이 확 트여 있음을 분명히 보게 됩니다.

어둠 속에서 스스로 미혹함으로 소비되었던 에너지가 안정을 찾습니다. 어둠은 실재가 아니었습니다. 칠흑 같은 어둠 속에 있을지라도 더 이상 두렵지 않고 외롭지 않습니다.

모든 유위법과 같지 않다.

一切有爲法不同

모든 유위법(有爲法)**61**이란 무엇일까요? 눈으로 보는 일, 귀로 듣는 일, 코로 냄새 맡는 일, 혀로 맛보는 일, 몸으로 느끼는 일, 뜻으로 생각하는 일이 그것입니다. 행위의 주체와 행위의 대상과 행위 자체가 있는 모든 것이 유위법입니다.

그렇다면 무위법(無爲法)**62**은 어떤 것일까요? 눈으로 보는 일, 귀로 듣는 일, 코로 냄새 맡는 일, 혀로 맛보는 일, 몸으로 느끼는 일, 뜻으로 생각하는 일이 그것입니다. 행위의 주체도 없고, 행위의 대상도 없고, 따라서 행위 자체도 없는 것이 무위법입니다.

유위법이 그대로 무위법입니다. 유위법을 떠난 무위법이 따로 있지 않습니다. 그럼에도 불구하고 유위법은 유위법이고 무위법은 무위법입니다. 《금강경》에 "일체의 현성(賢聖)들이 무위법으로 차별을 삼는다." 하였습니다. 무위의 큰 작용을 어리석은 사람들이 유위로써 집착할 뿐입니다.

---

61 온갖 분별에 의해 인식 주관에 형성된 현상. 분별을 잇달아 일으키는 의식 작용에 의해 인식 주관에 드러난 차별 현상. 인식 주관의 망념으로 조작한 차별 현상.

62 온갖 분별이 끊어진 상태에서 주관에 명료하게 드러나는 현상. 분별이 끊어진 뒤에 명명백백하게 주관에 드러나는 현상. 분별과 망상이 일어나지 않는 주관에 드러나는, 대상의 있는 그대로의 참모습. 의식의 지향 작용이 소멸된 상태에서 직관으로 파악된 현상. 분별하지 않고, 대상을 있는 그대로 파악하는 마음 상태. 탐욕(貪)과 노여움(瞋)과 어리석음(癡)의 삼독(三毒)이 소멸된 열반의 상태.

해가 뜨고 지는 일에는 뜻이 없으나 사람마다 뜨고 지는 해를 보는 심정은 같지 않습니다.

모양에 머무는 보시는 하늘에 나는 복이지만

住相布施生天福

모양에 머무는 보시뿐만 아니라, 이른바 지계, 인욕, 정진, 선정, 반야 등 육바라밀의 공덕이 없는 것은 아니지만, 그것은 어디까지나 차별된 모양의 세계, 현상세계에 제한된 공덕일 뿐입니다.

여러 가지 수행을 통해 어떤 일정한 상태, 경지, 차원을 획득할 수는 있을지언정 그것들이 여러 다양한 것들 가운데 하나인 이상 언제나 생멸변화의 불안정 속에 있게 되는 것입니다.

오로지 모양을 벗어난 것만이 생멸변화의 불안정, 불안에서 자유로울 수 있습니다. 수행과 공부에 대한 근본적인 관점의 전환만이 존재의 혁명을 가져올 수 있습니다.

그래서 이 길은 작은 근기의 사람이 갈 수 없다고 하는 것입니다. 무상한 변화 속에 있는 모양에 집착해서는 모양을 벗어나 있는 그대로의 전체를 확인할 수가 없습니다.

불안감 속에서 벗어나려 발버둥치는 자신이 발 딛고 선 자리를 직시해야만 합니다. 불안감이라는 모양, 자신이라는 모양에 속아 허둥대지 말고 그 모든 것을 꿰뚫어 볼 용기를 내야 합니다.

어떤 것도 나를 벗어난 외부에 객관적으로 존재하지 않습니다. 관찰자와 관찰대상은 늘 함께 나타나고 함께 사라집니다. 그것들은 결코 둘이 아닙니다. 그 두 가지 모양에 속지 않는다면 진실로 존재하는 것은 무엇입니까?

마치 허공을 향해 화살을 쏘는 것과 같다.
猶如仰箭射虛空

모든 유위적인 수행은 허공을 향해 쏘는 화살과 같습니다. 일정 시간 동안은 진보 향상하는 것 같으나 시간이 지나 그 힘이 다하면 다시 지상으로 추락하고 맙니다. 바로 지금 여기 자신이 발붙이고 있는 곳을 떠나려는 모든 노력과 조작의 결과는 모두 그와 같습니다.

자신의 본래자리, 자신의 본래면목, 자신의 본래성품을 확인해야 합니다. 이 자리가 자신의 본래자리이고, 이 모습이 자신의 본래면목이고, 이 성품이 자신의 본래성품입니다. 이! 자! 리!, 이! 모! 습!, 이! 성! 품!

오지도 않고 가지도 않습니다. 생겨난 적도 없고 따라서 사라지지도 않습니다. 늘어나지도 않고 줄어들지도 않습니다. 얻을 수도 없고 버릴 수도 없습니다. 깨달을 수도 없고 깨닫지 못할 수도 없습니다. 고요하지도 않고 시끄럽지도 않습니다.

바로 이것입니다.

세력이 다하면 화살은 다시 떨어지니
勢力盡箭還墜

추락하는 것은 모두 날개를 가졌던 것들입니다. 비상을 꿈꾸었으나 결국 추락으로 귀결되는 과정에서 참다운 발심이 일어나기도 합니다. 만법의 무상함에 대한 뼈저린 각성이 영원불변한 것에 대한 불타는 갈망을 불러일으키는 것입니다.

고통, 불만족, 상실, 좌절, 실패, 포기야말로 진리의 땅에 들어가는 출입구입니다. 이 좁은 문을 거치지 않고서는 진리의 땅에 한 발짝도 내딛을 수 없습니다. 자아의 확장을 꿈꾸던 자가 자아 자체에 대한 의문으로 돌아서는 순간 진정한 탐구가 이루어집니다.

나는 누구입니까?

기쁠 때도 나요, 슬플 때도 나입니다. 깨어 있을 때도 나요, 잠들어 있을 때도 나입니다. 살아도 나요, 죽어도 나입니다. 움직여도 나요, 가만히 있어도 나입니다. 기쁨과 슬픔, 잠과 깸, 생과 사, 동(動)과 정(靜)에 물들지 않고 그 모든 상태를 아우르는 이 나는 누구입니까?

'나'라는 말, '누구'라는 말에 속지 않는다면, 나는 누구입니까? "나는 누구입니까?" 이 자체가 이름하여 '나'이고 '누구'입니다. 질문에 대한 답을 구하는 것이 아니라, 질문 그 자체가 이미 답임을 깨닫는 것입니다. 고정되어 있지 않은 '나'는 아무것도 아니면서 모든 것입니다.

나는 누구입니까?

오는 세상에 여의치 않은 일을 불러온다.
招得來生不如意

홀연히 한 생각이 일어났을 뿐입니다. 비롯함 없는 영원 속에서 문득 하나의 앎이 일어났을 뿐입니다. 스스로를 '나'라고 국집하는 순간, 수많은 '나' 아닌 것들이 동시에 일어났을 뿐입니다. 과거, 현재, 미래의 시간이 벌어지고, 여기, 저기, 거기의 공간이 생겨나자 자연스레 '나'를 주인공으로 한 스토리가 펼쳐집니다. '나'에 의한, '나'를 위한, '나'의 삶…….

스스로가 유령인지 알지 못했던 유령이 자신이 유령임을 깨닫는 순간 어떤 일이 벌어질까요? 그동안 자신의 삶 전체가 그저 꿈과 같은 환상이었다는 사실을 돌아보는 순간 어떤 일이 벌어질까요? 충격을 받을까요? 비탄에 빠질까요? 절망에 빠질까요? 그 모든 것을 느끼고 수용할 자신이 본래 존재하지 않는 존재인데요? 허깨비 같은 자신이 바로 자신의 삶 자체였던 겁니다.

오는 세상도 없고 뜻대로 되는 일도 없습니다. 그럼에도 불구하고 과거의 생, 현재의 생, 미래의 생이 엄연히 있습니다. 뜻대로 되는 일도 있고 뜻대로 되지 않는 일도 분명 있습니다. 그러나 그 모든 일들은 바로 지금 여기의 나 자신과 함께 있습니다. 어떤 것도 바로 지금 여기 나의 현존(現存), 이 인식의 공간 바깥을 벗어나 있지 않습니다. 바로 이 순간이 영원인 것입니다.

어찌함이 없는 실상의 문에서
爭似無爲實相門

이 공부의 어려운 점 하나가 바로 애초부터 찾아야 할 바, 알아야 할 바, 얻어야 할 바가 없다는 사실입니다. 어떤 것도 의도적으로 해야 할 일이 없다는 것입니다. 그것이 이 공부를 처음 접하는 사람에게나 오랫동안 한 사람에게나 어렵게 느껴지는 모양입니다. 사실은 너무나 쉬워서 어려운 것입니다.

눈만 바로 뜨면 지금 있는 그대로의 나, 눈앞의 현실이 바로 우리가 찾고자 했고, 알고자 했고, 얻고자 했던 그것입니다. 바로 지금 여기의 나, 눈앞의 현실을 떠나 찾고자 하고, 알고자 하고, 얻고자 했기 때문에 찾을 수도, 알 수도, 얻을 수도 없었습니다. 애초부터 찾을 것도, 알 것도, 얻을 것도 없다는 사실을 깨닫지 못했을 뿐입니다.

뭔가 '있다'는 허망한 분별 하나가 자신이 찾고자 하는 진리나 법이 자신에게 '없다'는 또 다른 분별을 일으켰던 것입니다. '있다'가 바로 '없다'임을, '있다'와 '없다'가 한 부모의 쌍둥이 자식임을 돌아보지 못했을 뿐입니다. 있다가 없는 모든 생멸하는 모양들 가운데 오지도 가지도 않고 늘 변함없는 모양 없는 모양, 모양 아닌 모양, 실상을 바로 보십시오.

실상을 따로 찾으면 찾을 수 없지만, 찾지 않으면 어느 것 하나 실상 아닌 것이 없습니다. 보고 있으면서도 보지를 못하고, 듣고 있으면서도 듣지를 못하고, 느끼고 있으면서도 느끼지를 못하고, 알고 있으면서도 알지를 못하니, 참으로 귀신도 곡을 할 노릇입니다.

한 번 뛰어 곧장 여래의 지위에 들어가는 것만 같겠는가?
一超直入如來地

한 번 뛸 필요조차 없습니다. 여래의 지위를 떠난 적이 없기 때문입니다. 도달해야 할 여래의 지위가 있다는 한 생각이 바로 중생의 지견입니다. 바로 그 자리에 가만히 계십시오.

올라오는 생각, 눈앞에 드러나는 경계에 속지 말고 그저 지켜보십시오. 어떤 판단도 없이 그저 지켜만 보십시오. 올라왔다가 사라지고, 드러났다가 사라집니다. 끝없이 생멸합니다.

바로 그때 그 모든 것을 지켜보는 것을 돌아보십시오. 주객으로 분리된 관찰이 아닌 찰나간에 전체를 한꺼번에 꿰뚫어 보는 경험. 화살 끝과 화살 끝이 공중에서 딱 부딪치는 것과 같습니다.

그 한 번의 순간, 한 번의 체험으로 눈앞이 밝아지게 됩니다.

다만 근본을 얻을 뿐 말단을 근심하지 말지니
但得本莫愁末

얻을 수 있는 근본이 따로 있지 않습니다. 근심할 말단(末端) 역시 따로 있지 않습니다. 근본이 그대로 말단이고, 말단이 그대로 근본입니다. 아니, 근본도 없고 말단도 없습니다. 모두가 이해를 돕기 위한 임시방편의 말일 뿐입니다.

그러나 눈앞에 하나의 근본이 뚜렷이 드러나 있습니다. 잡다한

130

말단의 형태로 근본은 드러나 있을 뿐입니다. 말단을 정확히 꿰뚫어 보면 그것이 근본을 얻은 것입니다. 각양각색의 말단이 그대로 둘 아닌 하나의 근본임을 깨닫는 것입니다.

근본과 말단, 본체와 현상의 구별은 오로지 생각 속에서만 존재합니다. 말과 생각을 잠시 밀쳐놓으면 근본도, 말단도, 본체도, 현상도 아닌 무엇, 무엇이라 할 수조차 없는 무엇의 존재를 알아차릴 수 있습니다. 존재가 바로 그 무엇입니다.

변함이 없으면서 변화하고, 고정되어 있으면서 움직이며, 시간이 없으면서 시간이 흘러갑니다. 그것에서 떨어져 나와 그것을 어찌하려 할 때에만 그것은 의식의 대상이 되고 '나'와 대립을 이루어 이렇게 해야 하나, 저렇게 해야 하나 하는 고민거리가 됩니다.

그래서 생각을 거치지 않고 문득 한 번 깨닫는 일이 소중한 것입니다.

마치 깨끗한 유리 안에 보배 달을 머금고 있는 것과 같다.
如淨瑠璃含寶月

옛날 양주 망월사에서 용성[63] 스님이 이렇게 말했습니다.

---

63 1863년~1940년. 일제강점기 승려·독립운동가. 속명은 백상규(白相奎)이다. 법명

"나의 참모습은 과거 현재 미래 모든 성인들도 보지 못함이요, 역대의 도인들도 보지 못하나니, 여기 모인 모든 대중은 어느 곳에서 산승의 참모습을 보려는고?"

그러자 운봉[64] 스님이 일어나서 말하기를, "유리 독(항아리) 속에 몸을 감췄습니다."라고 하였습니다.

여기에 현대의 어느 선사는 "도적의 몸이 드러났다."라고 평하였습니다.

아시겠습니까?

이 법은 이렇게 숨겨지지 않은 채 온 천하에 공개되어 있습니다. 보려면 바로 보면 될 뿐 이런저런 헤아림이 필요 없습니다.

모든 모양이 모양이 아님을 보면 곧바로 여래를 볼 것입니다. 그러할 때 온갖 모양 위에 밝고 밝게 이 법이 뚜렷이 드러나 있을 것입니다.

눈앞의 대상사물이나, 느낌, 감정, 생각에 속지 마십시오. 그 모

은 진종(震鍾)이며, 용성(龍成)은 그의 법호(法號)이다. 본관은 수원(水原)이고, 전라남도 장흥(長興)에서 태어났다.

64 1889년~1946년. 35세에 백양산 운문암에서 깨달음을 얻고 혜월 스님에게 인가 받았다. 법제자에 향곡 스님이 있다.

든 것과 함께 있으면서도 그것들에 제한되지 않는 한 물건을 바로 알아차리십시오. 뻔히 보고 있으면서도 보지 못하는 눈뜬장님이 되지 마십시오.

이미 이 여의주를 알 수 있다면
既能解此如意珠

사람마다 이 하나의 여의주를 부족함 없이 갖추었건만 그것을 알아보지 못하는 것은 무엇 때문일까요? 이 여의주를 아는 일보다 모르는 일이 더 신기하기 짝이 없습니다.

바로 지금 보고 듣고 느끼고 아는 이 작용이 바로 이 여의주의 신통과 묘용입니다. 너무나 당연하기에 전혀 새롭게 살펴보지 못한 까닭은 이것이야말로 여의주, 마음먹은 대로 자유자재하게 이루어지는 일이기 때문입니다.

너무나 자연스럽고 너무나 당연한 이 일이야말로 놀라운 신비이거늘, 자기 생각에 취한 사람들은 이 사실을 깨닫지 못하고, 있지도 않은 자유와 자재를 꿈꿀 따름입니다. 그 희망과 기대가 또 다른 굴레와 족쇄가 되어 자신들을 고통의 구렁텅이로 밀어 넣는다는 사실을 스스로 모르니 어리석다 하지 않을 수 없는 일입니다.

아무런 노력 없이 지금 보고 듣고 느끼고 알고 있습니다. 이 여의주의 작용 없는 작용을 마음껏 누리고 쓰며 살고 있습니다. 생각을 쉬고 이 당연한 이치 속에 머물러 보십시오. 생긴 적도 없고 사라지지도 않으며, 오지도 않고 가지도 않는 이 한 알의 여의주를 손바닥에 올려놓고 이리 굴려도 보고 저리 굴려도 보십시오.

나와 남을 이롭게 하여 끝내 다함이 없다.
自利利他終不竭

나와 남이라는 분별이 하나인 실재의 서로 다른 모습임을 깨달을 때 분별하는 그대로 분별이 아니게 됩니다. 하나의 손으로 주먹을 쥘 수도 있고 손바닥을 펴 보일 수도 있지만 모두 하나의 손을 벗어나지 않는 것과 마찬가지입니다.

생각의 굴레에 갇히지 않을 때 비로소 분별없는 행동이 나오고 그 무심한 행위가 무애자재한 작용입니다. 햇살이 대지를 비추고, 비가 내리고 바람이 불며, 온갖 생명이 태어나 자라고 소멸하는 바로 그 거대한 작용이 그렇습니다.

아무 작용 없는 곳에서 갖가지 작용이 일어나고, 아무 변화 없는 곳에서 끊임없는 변화가 펼쳐집니다. 영원한 하나의 생명, 하나의 큰 기틀이 움직이고 있습니다. 전체가 그대로 하나이고, 하나가 그대로 전체여서 분열과 분리가 없습니다.

있는 그대로 완벽하고, 지금 이 순간 완전합니다.

강에는 달 비치고 솔바람 불어오니
江月照松風吹

삼라만상과 그 변화 작용이 하나의 거대한 움직임의 현현입니다. 낱낱이 그대로 전체이고, 전체가 그대로 낱낱입니다. 나날이 짙어 가는 초목의 푸르름과 나라는 개체의 생명활동은 결코 분리되어 있지 않습니다. 매 순간 전체 생명이 살아 움직이고 있습니다.

자연을 하나의 객관대상으로 두고 관조하는 것이 결코 아닙니다. 관조의 주체 역시 관조라는 행위 안에 통합되어 있습니다. 관조의 주체와 관조의 대상, 그리고 관조의 행위는 분리될 수 없는 것입니다. 모든 것이 이 텅 비어 있는 인식의 장(場) 안에서 출몰합니다.

테두리 없고 텅 빈 맑은 거울 같은 작용이 이 형상 없는 인식의 장입니다. 이 공(空)이 바로 생명 자체입니다. 이 공이 바로 거대한 움직임 자체입니다. 이 공이 바로 삼라만상과 그 변화 작용 자체입니다. 지금 비가 내리고 바람이 부는 일이 바로 이것입니다.

긴긴 밤 맑은 하늘 무슨 할 일 있겠는가?

永夜淸霄何所爲

영원과 무한은 영원과 무한이라는 경계가 없습니다. 영원과 무한은 소극적이고 부정적이고 정적인 것이 아니라, 적극적이고 긍정적이고 동적인 것입니다. 완전과 완벽은 고정된 것이 아닙니다. 끝없는 진보와 후퇴가 그대로 완전과 완벽입니다.

끝없이 위로 향하는 한 길이 있습니다. 일 없음 속에 눌러 앉아 있는 것은 죽은 공(空)에 떨어진 것입니다. 여전히 분별의 끝자락에서 손을 놓지 못한 탓입니다. 움직임 가운데 고요함이, 고요함 가운데 움직임이 있어야 합니다. 그것이야말로 살아 있는 것입니다.

바로 지금 이 순간에도 멈추지 않고 작용하는 것을 보십시오. 움직임에도 머물지 않고 고요함에도 머물지 않습니다. 여여(如如)는 그와 같습니다.

불성계의 구슬은 마음바탕의 도장이요,

佛性戒珠心地印

불성이라는 계(戒)는 주고받을 수 있는 계가 아닙니다. 본래 갖추어져 있는 계로서 반드시 중생으로 하여금 부처라는 결과(佛果)를 얻게 합니다. 이 계는 지킬 수도 없고 범할 수도 없습니다. 행주좌와(行住坐臥), 어묵동정(語默動靜), 선악시비(善惡是非)[65]가 모두 이 계입니다.

　마음바탕과 도장은 떨어져 있지 않습니다. 이 현상세계 그대로가 마음바탕입니다. 행주좌와, 어묵동정, 선악시비 모두가 마음바탕의 도장이요, 마음바탕 자체입니다. 어느 것도 마음바탕을 벗어난 것은 없습니다. 따라서 마음바탕마저 없습니다.

안개, 이슬, 구름, 노을은 본체 위의 옷이다.
霧露雲霞體上衣

모든 것은 변합니다. 그러기에 모든 것은 무상합니다. 안개 같고, 이슬 같고, 구름 같고, 노을과 같습니다. 그것이 없다고는 할 수 없지만, 그렇다고 있다고도 할 수 없습니다. 일정하게 고정된 모습, 실체가 없기 때문입니다. 모두가 모양 없는 하나, 본체라 일컬을 수 있는 것 위에 그림자처럼 드러나는 모양에 불과합니다.

　주의를 자신의 눈앞으로 돌려 보십시오. 눈앞의 형상들, 매 순간 변화합니다. 시간의 흐름과 공간의 이동에 따라 눈앞의 형상들은

---

65 행주좌와: 걷고 머무르고 앉고 누움. 어묵동정: 말하고 침묵하고 움직이고 가만히 있음. 선악시비: 좋고 나쁨, 옳고 그름.

변합니다. 안개 같고, 이슬 같은 것들입니다. 끊임없이 들리는 소리, 그 역시 소리가 있을 때와 없을 때, 소리의 강도와 빈도, 일정하지 않습니다. 구름 같고 노을 같은 것입니다. 우리의 감각 역시 그러합니다. 우리의 생각은 두말할 필요도 없이 그러합니다.

우리 눈앞의 모든 대상들은 변합니다. 그러기에 무상합니다. 안개 같고, 이슬 같고, 구름 같고, 노을과 같습니다. 그것이 없다고는 할 수 없지만, 그렇다고 있다고도 할 수 없습니다. 그런데 과연 그것뿐일까요? 모든 것이 허망하고 무상하기만 한 것일까요? 모양을 떠나서 모양 없는 것이 있는 것은 아닙니다. 무상한 변화를 떠나서 영원불변이 따로 있는 것도 아닙니다.

안개, 이슬, 구름, 노을이 그대로 본체의 현현입니다. 본체는 그 작용과 분리되어 있지 않습니다. 작용이 본체고, 본체가 작용입니다. 하나도 아니고 둘도 아닙니다. 따로 있지 않지만 같이 있지도 않습니다. 이것이지만 이것이 아닙니다. 있지만 없고, 없지만 있습니다. 내가 있는 것이 아니라, 있는 것이 바로 나입니다. 허벅지를 꼬집어 보십시오.

용을 항복시킨 발우와 호랑이의 싸움을 말린 석장이여,

降龍鉢解虎錫

천변만화하는 용과 포악무도한 범과 같은 이 마음을 어떻게 항복시키고 어떻게 풀 수 있을까요? 용을 항복시키는 발우66와 범의 싸움을 말릴 수 있는 석장67은 어디에 있을까요?

《금강경》 사구게에 이르기를, "모든 모양이 모양이 아닌 것을 보면 곧바로 여래를 볼 것"이라 하였습니다. 모양에 속지 않고, 용이 발우이고 발우가 용이며, 호랑이가 석장이고 석장이 호랑이인 것을 볼 때, 용을 항복시키고 호랑이의 싸움을 말릴 수 있습니다.

의식의 초점이 자신도 모르게 용과 호랑이, 발우와 석장이라는 모양 쪽으로 끌려갈 때 문득 그 모든 의식 전체로 초점을 넓혀 보십시오. 변함없는 의식의 공간 속에 다양한 변화가 펼쳐지고 있습니다. 어제는 비가 내렸고 오늘은 해가 떴습니다.

---

66 발우(鉢盂)는 절에서 쓰는 승려의 공양 그릇으로, 나무나 놋쇠로 만들고 발우대, 발다라, 바리때, 바리 따위로 부른다.

67 석장(錫杖)은 일종의 지팡이로, 형태는 손잡이 끝에 탑 모양의 둥근 고리가 붙어 있고 여기에 조그만 쇠고리가 여러 개 달려 있는데, 이 쇠고리의 수에 따라 4환장·6환장·12환장 등으로 부른다. 석장이 흔들릴 때마다 고리에서 소리가 나도록 하기 위하여 단 것이며, 길을 갈 때 이 소리를 듣고 기어 다니는 벌레들이 물러가도록 하여 살생을 막는다는 의미가 포함되어 있다.

양쪽 쇠고리가 역력히 울린다.

兩鈷金環鳴歷歷

둘을 버리고 하나를 취하는 일이 아닙니다. 분명한 둘 그 자체가 본래는 하나인 사실을 깨닫는 일입니다. 아니, 둘도 아니고 하나도 아닙니다. 어쩔 수 없어서 둘을 말하고 하나를 말할 뿐입니다.

쩔렁쩔렁 석장에 매달린 쇠고리가 우는 일입니다. 오늘 아침 동쪽에서 해가 솟아오르는 일입니다. 잠자리에 일어나 각자의 일터로 바쁘게 걸음을 옮겨 놓는 일입니다.

둘을 벗어나 하나로 갈 수 없습니다. 둘 사이에서 방황하던 마음이 문득 갈 곳을 잃으면 곧장 본래 하나의 자리를 떠난 적이 없음을 저절로 깨닫습니다. 아무리 둘을 이야기해도 늘 하나일 뿐이었습니다.

이렇게도 할 수 없고 저렇게도 할 수 없음이, 이렇게 해도 되고 저렇게 해도 되는 자유입니다. 실재하지 않는 생각에 가로막히지 말고 곧장 꿰뚫고 지나가야 합니다. 뒤를 돌아보지 않고 가야 합니다.

모양을 나타내려고 헛되이 가진 것이 아니요,

不是標形虛事持

깨달음이란 내세울 만한 것이 어떠한 것도 없는 것입니다. 어떠한 견해, 어떠한 생각, 어떠한 느낌, 어떠한 감정, 어떠한 상태, 어떠한 경지도 아닙니다. 모든 견해, 생각, 느낌, 감정, 상태, 경지를 모두 포괄하고 있으나, 정작 그 어떤 것도 이것이라 가리킬 만한 것이 없습니다.

《금강경》에 이르기를, "법도 버려야 하거늘 하물며 법 아닌 것임에랴?"라고 하였습니다. 놓아 버리고 또 놓아 버리고, 비워 버리고 또 비워 버려서 더 이상 놓을 수도 비울 수도 없는 곳에 이르러 한 번 죽었다가 살아나야 겨우 부처와 조사가 거짓을 말하지 않았음을 알 수 있을 것입니다.

한 생각 일으키기 이전에 이미 뚜렷한 것입니다.

여래의 보배 지팡이 몸소 본받음이다.

如來寶杖親蹤跡

《금강경》에 이르기를, "만약 어떤 사람이 여래가 간다거나 온다거나 앉는다거나 눕는다고 말한다면, 이 사람은 내가 말한 뜻을 알지 못하는 것이니, 왜냐하면 여래란 오는 바도 없고 가는 바도 없는 까닭에 여래라 부르는 것이다."라고 하였습니다. 또한 "모든 모양이 모양 아님을 보면 곧바로 여래를 보는 것이다." 하였습니다.

여래를 아시겠습니까? 여래를 보셨습니까? 오지도 가지도 않고 모양도 아닌 이 여래의 지팡이에 나를 포함한 전체 세계가 의지해 있습니다. 이것에 의지하여 해가 떴다 지고 계절이 오가고 삶이 펼쳐집니다. 눈앞에 드러난 여섯 감각의 세계 그대로가 여래입니다. 온 세상이 하나의 참된 법의 세계입니다. 모든 것이 부처님의 몸입니다.

물속에서 물을 찾고, 허공 속에서 허공을 구하고, 마음을 가지고 마음을 깨달으려 하는 것이 밝지 못한 중생입니다. 그러나 그러한 중생이 그대로 부처일 뿐, 다른 부처는 애초부터 없었습니다. 있지도 않은 남을 따라가지 말고 자기에게 돌아오십시오.

참됨도 구하지 않고 허망함도 끊지 않나니
不求眞不斷妄

어떤 것도 나 바깥에 객관적이고 독립적으로 존재하는 것은 없습니다. 눈앞에 있는 모든 것이 참된 나의 또 다른 모습입니다. 바로 지금 여기에서 드러나는 모든 느낌, 감정, 생각 역시 그러합니다. 모든

142

것이 나이기에 따로 나라 할 만한 제한된 물건은 없습니다. 이것이 '천상천하(天上天下) 유아독존(唯我獨尊)'[68]의 소식이며 '삼계일심(三界一心), 심외무물(心外無物)'[69], 진아(眞我)가 곧 무아(無我)요, 모든 것이 의식이라는 천명(闡明)의 본뜻입니다.

어떤 노력과 이해를 통해 그렇게 만들거나 되어 가는 과정이 있는 것이 아니라, 본래 그러하기에 문득 깨달아 마치는 일이 가능합니다. 이미 아무런 문제 없이 이루어져 있기에 본래 성불해 있다, 모든 것이 완전하다, 말과 생각으로 미치지 못한다 하는 것입니다. 모든 환상과 꿈에서 깨어나는 것이지, 환상과 꿈을 이해하고 자기 입맛에 맞게 조직하는 또 다른 환상과 꿈이 아닙니다. 진실한 깨달음에는 깨달은 바가 없습니다.

어느 시인이 말했습니다. 외로우니까 사람이라고, 살아간다는 것은 외로움을 견디는 일이라고, 공연히 오지 않는 전화를 기다리지 말라고. 그러고는 눈이 내리면 눈길을 걸어가고 비가 오면 빗속을 걸으라 하였습니다. 모든 것은 이렇게 오고, 다시 그렇게 떠나갑니다. 나라는 한 물건조차 걸어잡을 수 없는 고독, 절대고독이 바로 우리 존재입니다. 어떤 것도 부여잡지 말고 어떤 것도 내버리지 마십시오. 완전한 멈춤, 휴식 속에서 끝없는 움직임, 창조를 누리십시오.

---

68 온 우주에 오로지 나 홀로 존귀하다.

69 모든 것이 하나의 마음이며, 마음 바깥에는 아무것도 없다.

두 가지 법이 텅 비어 모양 없는 줄 분명히 알았다.

了知二法空無相

주관과 객관, 이 두 가지가 그대로 있는 채로 텅 비어 없는 것과 같습니다. 주관은 주관대로, 객관은 객관대로 엄연히 눈앞에 펼쳐지지만 그것이 그대로 텅 빔(空)이요, 모양 없음(無相)입니다. 낱낱의 온갖 현상(萬法)이 생각으로 헤아릴 수 없는 전체성의 드러남입니다. 어느 것도 따로 떨어져 존재하는 것은 없습니다. 하나가 전체고, 전체가 곧 하나입니다.

우리가 살다 보면 '나'를 의식하지 못하고 살아가는 순간들이 간혹 있습니다. 깊은 잠에 빠진 것이 아닌데도 '나'를 의식하지 못하는 순간이 있습니다. 그런데 '나'를 의식하지 못하는 그 순간에는 '대상 세계' 역시 분명하지 못합니다. 그저 그 순간 생생한 깨어 있음, 살아 있음만 충만해 있습니다. 그것이 바로 의식 자체가 존재이고, 존재 자체가 바로 지복이라는 말의 뜻입니다.

그 생생함, 깨어 있음, 살아 있음이야말로 잠과 꿈과 깸이라는 의식의 세 가지 상태 저변에 늘 존재하는 실재입니다. 온갖 현상을 낱낱이 분별하는 그 순간에도 다른 자리에 있는 것이 아닙니다. 우리가 떠날 수 없는 본래 자리, 우리의 본래면목이 바로 그 생생함, 깨어 있음, 살아 있음입니다. 다만 '나'와 '세계'를 나누어 보는 분별 속에서 떨어지면 그것을 잃어버린 듯 느낄 뿐입니다.

본래 잃어버리지 않았으니 어찌 새롭게 찾는 일이 있겠습니까?

모양도 없고, 공도 없고, 공 아님도 없음이여,
無相無空無不空

법은 아무런 속성이 없습니다. 속성이 없다는 속성마저 없습니다. 그래서 법에 대한 이야기는 입을 열자마자 틀렸습니다. 우리의 언어와 사고 이전에 이미 완전무결하게 존재하는 것입니다. 그것에 대해 이렇다/저렇다, 이다/아니다, 옳다/그르다 하는 것은 모두 커다란 실수일 뿐입니다.

깨달음은 어쩌면 법이 무엇인지를 아는 것이 아니라, 법이 무엇이 아닌지를 아는 것일 것입니다. 법은 앎의 대상이 아닙니다. 그렇다고 무지(無知)가 법이라는 말 역시 아닙니다. 앎과 모름과 상관없이 초연하게 있는 것, 우리의 분별에 결코 오염될 수 없는 것. 아! 이런 말 역시 쓸데없는 말일 뿐입니다.

눈으로 사물을 보고, 귀로 소리를 듣습니다. 너무나 당연합니다. 느끼고 생각하고 움직입니다. 너무나 당연합니다. 너무나도 자연스럽고 당연한 사실. 이 무상한 변화의 끊임없는 흐름만이 모양이 없고, 텅 빈 것도 아니고, 텅 비지 않은 것도 아닌 무엇입니다. 무엇 아닌 무엇입니다. 아! 역시 쓸데없는 말일 뿐입니다.

바로 이것이 여래의 진실한 모습이다.

卽是如來眞實相

바로 이것입니다. '이것'이라는 지시 대명사가 가리키려는 대상은 '이것'이라는 말을 떠나 따로 있지 않습니다. '이것'이라는 말 바깥에 상대적으로 독립해 있는 한정된 '무엇'을 가리키는 것이 아닙니다. '이것'은 전체를 가리키고 있습니다. 전체는 곧 하나입니다. 전체 또는 하나는 제한되어 있거나 분리되어 있는 것이 아닙니다. 따라서 생각으로 헤아릴 수 있는 '대상'이 아닙니다. 전체 곧 하나야말로 진정한 주체, 참나, 나 자신의 본래면목, 진실한 여래입니다.

바로 이것이라 말을 하지만, 그 말도 이미 평지에 풍파를 일으켰을 뿐입니다. '이것'이라 입을 열기 전에도 이미 뚜렷하게 드러나 있는 것, 우리가 생각으로 헤아리기 이전에 이미 완성되어 있는 것이 참으로 '이것'이기 때문입니다. 언어와 사고 이전의 것을 우리는 결코 알 수 없습니다. 그러하기에 알려고 할수록 더욱 알 수가 없습니다. 그러나 오직 모를 뿐이라는 그 사실이야말로 분명하고 또렷한 것이 아닙니까? 그 모른다는 사실 속에 머무를 때 어떤 일이 일어날까요?

안다고 해도 30방망이요, 모른다고 해도 30방망이입니다.

5

하나의 달이
모든 물에
두루 나타나고

마음 거울은 밝아 비춤에 걸림 없으니
心鏡明鑑無碍

거울의 바탕, 거울에 비춰진 영상, 거울의 비추는 능력은 따로 떨어져 있지 않습니다. 거울의 바탕에 영상이 비춰질 뿐입니다. 마찬가지로 인식과 지각의 주체, 그 대상, 인식과 지각 능력은 분리될 수 없는 것입니다. 드러난 모든 것은 그저 분리할 수 없는 하나 자체입니다. 아무 장애 없이 비추는 거울 자체이며, 비춰진 대상 자체이며, 비추는 능력 자체입니다.

인식과 지각의 주체도 마음 거울의 바탕 자체이자 마음 거울에 비친 영상 자체이며, 인식과 지각 능력 자체입니다. 인식과 지각의 대상도 그러하고, 인식과 지각 능력 역시 마찬가지입니다. 오로지 생각 속에서만 구별되고 나누어질 뿐 사실에 있어서는 본래 나누어진 바가 없었습니다. 생각 역시 이 마음 거울의 바탕 자체이며, 영상 자체이며, 비추는 능력 자체일 뿐입니다.

어떤 것도 마음 거울을 벗어난 것은 없습니다.

툭 트여 갠지스 강의 모래알 같은 세계에 두루 밝게 사무친다.
廓然瑩徹周沙界

자신도 모르게 세워 놓았던 자기와 세계 사이의 경계, 나와 법 사이의 관문이 한순간 사라지는 일이 반드시 있습니다. 그 경계와 관문이 얼마나 굳건한 것이냐, 희미한 것이냐는 중요하지 않습니다. 말 그대로 툭 트여 모든 경계와 관문이 일시에 사라져야 합니다. 본래 없었던 것이었음을 깨달을 때에만 일시에 모든 경계와 관문이 사라집니다.

깨달음은 자신도 모르게 스스로를 가두어 두었던 생각의 틀에서 벗어나는 일일 뿐입니다. 그래서 바깥에서 얻을 수 있는 것은 없다고 하는 것입니다. 헛된 꿈이나 환상 같은 마음의 감옥에서 벗어나는 것이기에 얻는 것도 없을 뿐만 아니라 잃는 것도 없습니다. 그것을 이야기하자니 있는 그대로다, 늘 여여(如如)하다 할 뿐입니다.

스스로 사무쳐 깨달아야 할 뿐 외부의 인정이나 증거를 구하지 않습니다.

삼라만상의 그림자 그 가운데 나타나고
萬象森羅影現中

눈앞이 하나의 마음 거울의 본체이자 그 거울에 비친 그림자입니다. 거울의 본체와 거울에 비친 영상은 분리되어 있지 않습니다. 본체가 그대로 그림자이고, 그림자가 그대로 본체입니다.

지금 눈앞에 드러난 모든 경계가 그대로 마음입니다. 모든 것이 진리입니다. 고통이 비춰진다면 그것이 바로 진리입니다. 불안이 비춰진다면 그것이 진리입니다. 두려움이 비춰진다면 그것이 진리입니다.

그림자의 모양에 속지 말고 그림자 자체를 꿰뚫어 보십시오. 그림자는 고정되어 있지 않고 끊임없이 변합니다. 그러나 아무리 변하더라도 바로 지금 눈앞에 생생하게 존재하는 것일 뿐입니다.

나라는 존재도 바로 지금 눈앞에 존재하고 있습니다. 내 눈앞의 경계와 그것을 지켜보는 나는 분리되어 있지 않습니다. 주관과 객관이 모두 눈앞에 드러나고 있습니다.

모든 것이 그림자이고, 모든 것이 진리입니다. 따라서 거부할 것도 없고, 집착할 것도 없습니다.

한 덩어리 원만한 밝음은 안과 밖이 아니다.
一顆圓明非內外

이 공부를 함에 있어 제일 금기해야 할 사항은 말을 따라 생각을 일으켜 그것을 사실이라 믿는 일입니다. 이 공부는 말이나 생각과는 아무 상관이 없습니다. 한마디 이치에 맞는 말을 이해하고 할 줄 안다고 해서 공부가 되는 것도 아니고, 그런 말을 이해하지 못하고 할 줄 모른다고 해서 공부를 못하는 것도 아닙니다. 애초부터 말이나 생각 따위와는 조금도 교섭이 없는 것입니다.

한 덩어리 원만한 밝음은 안과 밖이 아니라 하지만, 그런 말에 해당하는 특별난 사실이 따로 있는 것이 아닙니다. 어쩔 수 없어서 허물을 무릅쓰고 입을 열었을 뿐입니다. 말을 통해 말 이전의 사실을 깨닫는다면 다행이지만, 그렇지 못하고 말만 기억하고 생각으로만 헤아린다면 오히려 입을 열지 아니한 것만 못합니다. 이 공부는 이미 완성되어 있습니다.

바로 지금 살아 움직이는 여기, 일정한 시공간이 아닌 나머지가 없는 전체로서의 이 순간을 어찌 벗어날 수 있겠습니까?

오늘은 날이 무덥군요. 시원한 냉수 한 잔 들이키십시오.

공空에 막힘없이 통달하여 인과가 없다고 한다면
豁達空撥因果

새는 하나의 날개로는 날지 못하고 반드시 두 날개로 날아야 합니다. 진리는 모든 대립되는 것의 통일입니다. 둘이 아니라고 하여 둘을 부정하고 따로 하나를 취하는 것이 아닙니다. 현상적인 둘을 떠난 하나를 상정하는 것이 바로 둘인 것입니다. 둘이 그대로 둘 아닌 것이지 따로 하나가 있지 않습니다.

하나의 자석에 양극과 음극이 있습니다. 양극과 음극이 둘인 채로 하나의 자석입니다. 양극만 있는 자석도 없고, 음극만 있는 자석도 없습니다. 빛과 그림자, 남성과 여성, 행복과 불행 등 모든 대립되는 것의 움직임 속에서 다양한 작용, 생멸이 일어납니다. 하나만 고집하면 모든 것은 단멸(斷滅)되고 운동 변화가 없습니다.

산은 산이 아니고 물은 물이 아니지만, 산은 푸르고 물은 흘러갑니다.

아득하고 끝없이 재앙을 부를 것이다.

茫茫蕩蕩招殃禍

모든 것이 자기가 지어 자기가 받는 것임을 알아야 합니다. 전체가 자기입니다. 어떤 것도 객관적으로 독립되어 있는 것은 없습니다. 개별성 그대로가 전체성입니다. 하나하나가 그대로 전체라는 말입니다.

꿈속에 등장하는 모든 대상경계가 그대로 꿈 전체입니다. 하나하나가 그대로 꿈입니다. 생시의 삶 역시 그러합니다. 개별적으로 존재하는 듯 보이는 모든 것이 그대로 하나의 현실, 하나의 세상입니다.

눈앞의 모든 것이 그저 무상한 꿈과 같음을 깨닫지 못하는 한, 스스로 지은 업의 과보를 스스로 받을 수밖에 없습니다. 업을 짓는 자가 있고 짓는 업이 있다고 여긴다면, 그것을 받을 자 역시 반드시 있을 수밖에 없습니다.

그러나 그 모든 일들이 그저 지난밤의 꿈과 같은 일임을 꿰뚫어 본다면, 비록 그러한 일이 있다 하더라도 없는 것과 다름없습니다. 모든 일이 다 있었지만 아무 일도 없었던 것입니다.

둘로 벌어지면 모든 일이 다 있는 것이지만, 하나인 자체로 있으면 아무 일이 없는 것입니다.

있음을 버리고 공에 집착하는 것 또한 병인 것이니

棄有著空病亦然

우리가 현실이라 믿어 의심치 않는 이것이 꿈이라고 하면, 다시 꿈이라는 것에 집착하는 수가 있습니다. 현실에의 집착에서 벗어나게 하기 위해 꿈이라 가르쳤을 뿐, 꿈이라는 가르침마저도 집착해서는 안 됩니다. 어떠한 고정된 견해를 가져서는 안 됩니다.

공부는 그런 것이 아닙니다.

중도의 실현은 생각을 통해 이루어지는 어떤 것이 아닙니다. 상호의존적인 분별적 사고에서 일시에 벗어나 생각과 상관없이 여여부동(如如不動)한 하나의 진실이 엄연히 존재하고 있었음을 깨닫는 것이 곧 중도이자 그 실현입니다. 중도는 이미 실현되어 있습니다.

어떤 통합의 과정이 있는 것이 아닙니다. 공부하는 이의 노력과 수고를 통해 불완전함에서 완전함으로 나아가는 것이 아닙니다. 그 모든 망상이 망상임을 철저하게 사무쳐 깨닫는 일일 뿐입니다. 이것은 본래 생멸이 없고, 본래 청정하고, 본래 구족(具足, 빠짐없이 다 갖추어져 있음)되어 있습니다.

진리라는 것은 사람의 이해를 구하지 않습니다.

도리어 물에 빠지는 것을 피하려다가
불 속으로 뛰어드는 것과 같다.

還如避溺而投火

이 공부는 개인의 노력과 수고를 통해 성취되는 것이 아닙니다. 그렇다고 아무런 노력과 수고 없이 저절로 이루어지는 것도 아닙니다. 그 모두가 물에 빠지고 불 속으로 뛰어드는 일입니다. 이 공부는 이것이냐, 저것이냐 하는 분별 너머에 이미 있는 것으로 전혀 뜻밖의 사실입니다.

공부를 하는 주체로서의 사람과, 공부라는 행위, 그리고 그 행위의 결과로서 성취하는 공부의 완성, 소위 깨달음이라는 것 모두가 헛된 망상의 소산입니다. 너무나 분명한 눈앞의 현상세계 전체가 환영에 불과합니다. 그렇다고 이 환영을 벗어난 진실이 따로 있는 것도 아닙니다.

어떤 실체도, 내용도, 속성도 없는 것만이 오롯이 있습니다. 있기는 있는데 어떤 흔적과 증거가 없습니다. 있는데 없고, 없는데 분명 있습니다. 알고 싶지만 알 수가 없고, 알 수가 없지만 분명히 압니다. 이 미묘한 사실을 어찌 말과 생각으로 알 수 있겠습니까?

망령된 마음을 버리고 진리를 취함이여,

捨妄心取眞理

허망한 마음을 버리고 변함없는 진리를 취하는 것이 공부가 아닙니다. 불안하고 고통스러운 마음을 떠나서 고요하고 편안한 마음을 얻는 것이 공부가 아닙니다. 그렇게 끝없이 이것과 저것을 나누어 놓는 분별심의 정체를 꿰뚫어 보고 더 이상 분별심에 속지 않게 되는 것이 공부입니다.

공부는 어떤 대상도 아닙니다. 이것은 알 수 있는 것도 아니고, 모를 수 있는 것도 아닙니다. 이것은 취할 수 있는 것도 아니고, 버릴 수 있는 것도 아닙니다. 스스로 일으킨 분별인 '나'라는 것이 어떻게도 손쓸 수 없다는 사실에 철저히 사무칠 때 비로소 쉴 수 있습니다.

하나하나 스스로 맛보아야 합니다. 공부는 달리 할 것이 없다는 것이 비록 진실이기는 하지만, 그것을 스스로 체득하기 전까지는 공부를 해야 합니다. 조급한 마음으로 공부를 성취하려는 그 생각에 스스로 속지 말아야 합니다. 공부를 빨리 끝내려는 그 생각이 바로 망상입니다.

영운 스님이 복숭아꽃을 보고 깨치고 난 후 지은 게송[70]을 보고

70 "삼십 년 동안 칼을 찾던 나그네여, 몇 번이나 낙엽 지고 또 가지가 뻗었나? 한 번 복

현사사비 스님이 이렇게 말했습니다. "지당하기는 참으로 지당하나 감히 말하노니 노형이 아직 확철하지는 못하다." 이 말씀이 얼마나 소중한 말씀인지 아시겠습니까? 비록 깨달았다 하더라도 다시 30년을 더 참구하라는 말도 마찬가지입니다.

속지 마십시오. 속지 마십시오. 공부는 그런 게 아닙니다.

취하고 버리는 마음이 교묘한 거짓을 이룬다.
取捨之心成巧僞

이름 없고, 모양 없고, 머묾 없고, 생각할 수 없는 것은 취할 수도 없고 버릴 수도 없습니다. 바로 지금 이름도, 모양도, 머묾도, 생각도 없는 것이 무엇입니까? 바로 지금 이 질문을 듣고 알아차리고 질문에 대한 답을 찾으려 당황하는 그 물건을 당장 돌아보십시오.

이름이 있습니까?
모양이 있습니까?
머묾이 있습니까?
그 자체가 생각이 있습니까?

바로 지금 당장 이것을 알아차리지 못하고, 조그마한 틈이라도

숭아꽃을 보고 난 이후로는, 곧바로 지금까지 의심하지 않았네."

벌어지면 찾는 자와 찾는 대상, 생각하는 자와 생각하는 대상, 주관과 객관으로 벌어져 취하고 버리고, 얻고 잃는 게임을 벌이게 됩니다. 끝없이 다람쥐 쳇바퀴를 돌게 됩니다.

자신의 생각에 속지 말고 생각 자체를 돌아보십시오. 《원각경》에 "가없는 허공은 깨달음이 나타난 것이다."라고 하였습니다. 바로 지금 온갖 현상들이 출몰하는 눈앞의 허공 같은 의식 공간을 살펴보십시오. 보는 자도 보이는 현상도 모두 이 깨달음의 허공이 나타난 바입니다.

배우는 사람이 잘 알지 못하고 수행 하나니
學人不了用修行

열이면 열, 백이면 백, 처음 이 공부를 하는 사람은 잘 알지 못하기 때문에 도를, 진리를, 깨달음을 찾아 나섭니다. 경전을 읽고, 법문을 듣고, 절을 하고, 단전호흡을 하고, 위빠사나를 하고, 화두를 듭니다. 어떤 행위를 통해 다른 결과를 구합니다. 이러한 행위를 통해 애초에 찾고자 했던 것들을 찾고 확인하면 다행인데, 주위를 보면 그저 오랜 세월 같은 행위를 반복하는 것으로 공부를 삼고 있는 경우가 태반입니다.

말을 배운 이후 형성된 우리의 의식구조는 기본적으로 주관과 객관, 나와 나 아닌 것의 이분법을 기초로 하고 있기 때문에 자연스레 내가 뭔가를 구한다, 내가 뭔가를 찾는다, 내가 수행해서 깨닫는다는 생각의 굴레를 벗어나기 어렵습니다. 그래서 이 공부는 사람을 만나는 것이 중요합니다. 깨달음을 찾고 구하는 수행이 어째서 잘못된 일이고 어리석은 사실인지 이미 맛본 사람의 가르침이 없다면 얼마나 많은 시행착오를 겪어야 할지 모르기 때문입니다.

이 공부는 우리의 일반적인 예상과는 전혀 다릅니다. 이 공부는 우리 의식구조의 근본적인 변화, 인식의 전환입니다. 마치 꿈이라는 허상에서 깨어나는 것과 같은 질적인 변화이기에, 깨달음이라 이름합니다. 깨어나면 꿈속의 어떤 것도 사실이 아니듯, 깨닫게 되면 깨닫기 이전의 모든 생각, 수행은 헛된 것입니다. 그래서 깨닫기 이전의 수행, 공부는 진정한 의미에서의 수행, 공부가 아니라고 하는 겁니다. 꿈속의 노력으로 꿈속의 결과를 얻는 행위 전체가 그저 헛된 꿈일 뿐, 그런 일은 실재하지 않습니다.

어리석은 사람 앞에서는 꿈 이야기를 하지 말아야 합니다. 어리석은 이는 꿈 이야기가 실제인 줄 알고 찾아 구하기 때문입니다. 어찌 알겠습니까? 오랜 노력과 수행을 통해야 얻을 것이라 예상했던 것이 이미 아무 부족함 없이 충만하다는 사실을! 갈고 닦아 얻는 것이 아니라 이미 완벽하게 구현되어 있다는 사실을! 이 불만족과 이 불완전함 그대로 진정으로 만족스럽고 완전함이라는 사실을! 오히려 찾고, 구하고, 수행하면 할수록 이 본래 갖추어진 것에서 점점 더 멀어질 뿐이라는 사실을!

어찌 알겠습니까!

참으로 도적을 아들로 삼는 짓이다.
眞成認賊將爲子

수행의 결과로 얻어진 경계나, 생각의 산물인 이해를 깨달음으로 오인하는 경우가 종종 있습니다. 어떤 특별한 상태에 대한 뿌리 깊은 집착이 그러한 과오를 불러옵니다. 깨달음은 특별한 상태가 아닙니다. 깨달음은 너무나 당연한 것, 자연스러운 것이어야 합니다. 그래야 보편타당하고, 차별 없고, 평등하고, 변함없는 깨달음일 수 있습니다.

깨닫기 전과 깨달은 후가 전혀 달라질 것이 없어야 올바른 깨달음입니다. 법이라고 할 만한 어떠한 것도 없어야 얻은 바 없는 법입니다. 어떤 느낌, 어떤 상태, 어떤 통찰, 어떤 기분이 깨달음이 아닙니다. 너무나 당연하고 자연스러운 것은 투명하고 밋밋하여 분별을 통해 알 수가 없습니다. 찾을 필요도 없이 이미 완전히 주어져 있는 것입니다.

다만 찾고, 구하고, 얻으려는 한 생각, 그 허망한 분별이 눈앞에

훤히 드러나 있는 이것을 보지 못하게 막고 있습니다. 그래서 깨달으라 하는 것입니다. 본래 있는 것이니까 찾고, 구하고, 얻으려 하지 말고 그저 깨달아 보면 된다고 하는 것입니다. 어떻게 하면 깨닫게 되는 것이 아닙니다. 바로 그 마음이 도적입니다. 한 생각 일으킬 필요가 없이 이미 분명하게 존재하는 것입니다.

지금 내가 존재하고 있다는 사실을 생각해야만 알 수 있나요? 아무 내용은 없지만 성성하게 깨어 있는 의식이 이미 있지 않나요? 이 말을 듣고 한 생각 일으키기 이전부터 늘 있어 왔지만 한 번도 돌아보지 않았던 것입니다. 모든 것을 환하게 비추고 있는 이 의식! 텅 비어 있으면서 아무것에도 물들지 않는 청정한 순수 의식! 오히려 생각을 일으키면 어두워지지만 그 순간에도 변함없이 늘 여여(如如)하게 존재하는 것! 아니, 존재 자체인 이 의식!

이래도 모르시겠습니까? 그 모른다는 생각 이전에 있었던 것은 뭘까요?

법의 재물을 덜고 공덕을 없애는 것은
損法財滅功德

법이라는 객관적 대상이 있고, 공덕이라는 독립적인 사물이 있다면, 그것의 증감과 생멸이 있을 수 있습니다. 그러나 그렇게 증감 생

162

멸하는 법과 공덕은 참다운 법과 공덕이 아닐 것입니다. 법과 공덕이란 어쩔 수 없이 가리켜 보이는 이름일 뿐 실체가 있는 것이 아닙니다. 그러나 실체가 없다고 하여 정말 없는 것으로 알아들으면 그역시 또 다른 오해입니다.

참으로 하나만 있으면 그 하나마저 없습니다. 하나만 있다면 증감 생멸 역시 없습니다. 증감 생멸이 없는 하나는 이미 본래부터 있어 온 것이어야만 합니다. 하나만 있다는 말은 전체라는 말입니다. 전체는 생각의 대상이 될 수 없습니다. 따라서 생각으로는 알 수 없는 것입니다. 생각은 둘이 전제되어야 가능한 작용인데, 하나는 둘이 아니기 때문입니다.

이 법과 이 공덕은 사람의 생각으로 어찌할 수 없는 것입니다. 생각 이전에 이미 분명한 것만이 진실입니다. 오히려 생각을 일으켜 파악하려 하기에 어두워지는 것입니다. 생각을 믿지 말고 생각 이전에도 분명한 것을 깨달으십시오. 생각을 거치지 않고 직접 확인될 때 비로소 스스로 긍정하고 쉴 수 있게 될 것입니다.

어떤 실체도 없어 텅 비어 있지만 생생하게 살아 있는 이 성품!

허벅지를 꼬집어 보십시오. 감각 이전에도, 감각이 일어날 때도, 감각이 사라진 뒤에도 변함없는 것. 이 변함없는 것은 변함이 없기에 느껴서 아는 것이 아닙니다. 그렇게 알려 하지 않아도 저절로 알

아지지 않습니까? 아무 내용 없이 맹숭맹숭한 깨어 있음이랄까? 텅
비어 있지만 인연에 즉각즉각 반응하는 각성이랄까?

다시 허벅지를 꼬집어 보십시오.

이 분별하는 마음으로 말미암지 않음이 없다.
莫不由斯心意識

심의식(心意識)은 흔히 8식(아뢰야식)**71**, 7식(말나식)**72**, 6식(의식)**73**을
가리키지만 뭉뚱그려 '분별하는 마음'을 말하는 것입니다. 더 간단
히 말하면 생각을 가리킵니다. 우리가 도(道)를 깨닫지 못하는 까닭
은 이 심의식(생각)으로 도를 알려고 하거나, 이 심의식(생각)을 도라
고 착각하기 때문입니다. 도는 그런 것이 아닙니다.

생각 이전, 분별 이전, 심의식 이전에 이미 있는 것이 도입니다.
그래서 이것은 '있다/없다', '안다/모른다'라는 생각, 분별에서 벗어

---

71 과거의 인식·행위·경험·학습 등에 의해 형성된 인상(印象)·잠재력, 곧 종자(種
子)를 저장하고, 육근(六根)의 지각 작용을 가능하게 하는 가장 근원적인 심층 의식.
장식(藏識)이라고도 함.

72 아뢰야식(阿賴耶識)을 끊임없이 자아(自我)라고 오인하여 집착하고, 아뢰야식과
육식(六識) 사이에서 매개 역할을 하여 끊임없이 육식이 일어나게 하는 마음 작용으
로, 항상 아치(我痴)·아견(我見)·아만(我慢)·아애(我愛)의 네 번뇌와 함께 일
어남. 아뢰야식에 저장된 종자(種子)를 이끌어 내어 인식이 이루어지도록 하고, 생각
과 생각이 끊임없이 일어나게 하는 마음 작용.

73 의식 기능(意)으로서 의식 내용(法)을 식별·인식하는 마음 작용.

나 있는 것입니다. 눈을 뜨고 있으면 눈앞의 대상이 저절로 보입니다. 이것이 생각해서 보는 것인가요? 분별해야만 보이는 것인가요? 소리가 들리고 감각이 느껴지는 이것이 생각인가요, 분별인가요?

무엇이 보이고, 무엇이 들리고, 무엇이 느껴지는 것인가는 생각과 분별의 소산이지만, 그저 보이고, 들리고, 느껴진다는 자체, 그 작용은 생각하거나 분별하지 않아도 명확한 것이 아닌가요? 그것이 살아 있음이요, 깨어 있음이요, 알아차림이요, 성성함이요, 적적함 아닌가요? 그런 말을 다 쓸어 버려도 텅 빈 채로 물들지 않는 것 아닌가요?

바로 지금 이 순간, 생각과 분별을 쉬고 매 순간 그저 존재해 보십시오. 어떻게 하려 하지 말고 이미 있는 그대로 가만히 있어 보십시오. 생각이 없을 때도 늘 있었던 것을 문득 만나게 되면, 비로소 이것이 언제나 나를 떠나 있던 것이 아니었음을, 이것을 가지고 이것을 찾고 있었다는 사실에 실소(失笑)를 금치 못할 것입니다.

그러므로 선문禪門에서는 마음을 물리치고
是以禪門了却心

선(禪)의 문(門)은 문 없는 문입니다. 특정한 문이 정해져 있지 않기에 막상 들어갈 곳을 찾기가 어렵지만, 따로 문이 없기 때문에 어느 곳으로든 들어갈 수가 있는 것입니다. 그러나 정작 들어와 보면 애초에 문이 없었기에 밖에 나갔던 적이 없고 애써 들어온 적도 없는 일이 됩니다. 안팎이 없는 한 마음 안에서 스스로 일으킨 분별에 속았을 뿐입니다.

마음을 가지고 마음을 찾고, 마음을 가지고 마음을 물리치려는 것이 분별이요, 망상입니다. 주관인 마음도, 객관인 마음도 모두 허깨비입니다. 그 모든 허깨비가 출몰하는 텅 빈 바탕만은 본래 온 적도 없고 가지도 않습니다. 생사를 벗어난 어엿한 한 물건은 주관도 아니고, 객관도 아닙니다. 상대를 벗어나 있기에 짐짓 이름하여 절대라 하지만, 그 역시도 허망한 이름에 불과합니다.

무상한 변화와 상관없이 늘 또랑또랑하게 깨어 있는 것. 아무 내용도, 속성도, 특징도 없이 맹숭맹숭하지만 결코 부정할 수는 없는 것. 나타났다 사라지는 경계, 오고 가는 체험 전후에 변함없이 있는 것. 존재 자체이며 의식 자체인 것. 모르시겠습니까? 그렇다면 몰라도 그대로인 이것은 어찌하실 것입니까? 모르겠다고 알고 있는 이 사실!

생겨남 없는 지견知見의 힘으로 단박에 들어간다.
頓入無生知見力

이것은 새롭게 알고, 보고 할 대상이 결코 아닙니다. 본래 있어 왔기에 생겨남이 없고, 따라서 사라짐이 없습니다. 그래서 늘 변함없다, 여여(如如)하다고 합니다. 이것이 애써 구하고 찾고 얻어야 할 대상이 아니라는 사실을 문득 깨닫는 순간, 잃어버렸던 기억을 되찾듯 이것을 알게 됩니다. 너무나 친근하고 당연한 이것을 그동안 어떻게 모를 수 있었는지 황당하기 그지없습니다.

세수하다 코 만지기보다 쉽고, 손바닥을 뒤집는 것보다 수월합니다. 눈을 깜빡이는 노력조차 필요 없고, 손가락 하나 까딱하는 수고조차 필요 없습니다. 스스로 헐떡이며 찾아 구하는 그 마음을 쉬는 것이 어려울 뿐입니다. 자기가 자기를 가로막고 있었을 뿐입니다. 스스로 자기라고 믿고 있던 것이 사라진 뒤에도 남아 있는 것만이 진실한 자기입니다.

내가 나를 알 수는 없습니다. 알 수 없는 내가 바로 진실한 나입니다.

167

대장부가 지혜의 검을 잡으니

大丈夫秉慧劍

지혜의 검을 잡으려면 스스로 쥐고 있던 모든 것을 내려놓아야 합니다. 그 어떤 것도 손에 쥐고 있다면 지혜의 검을 잡을 수가 없습니다. 자신의 정체성마저 내려놓아야 하기에 지혜의 검은 대장부만이 잡을 수 있습니다. 몸과 마음을 돌아보지 않고 오직 알 수 없는 심연으로 스스로를 들이밀 수 있는 사람이 장부입니다.

그러므로 옛사람들은 "벼랑 끝에서 손을 놓는 것이 바로 장부이다."라고 말했습니다.

주저하고 머뭇거리지 말고 곧장 행할 뿐입니다. 세존이 영산회상에서 한 송이 꽃을 들어올리고, 임제가 크게 소리를 지르고, 덕산이 몽둥이를 휘두르는 것이 지혜의 칼을 보인 것입니다. 모든 관념과 허상, 시비 분별이 추풍낙엽처럼 사라집니다. 바로 지금 눈앞에 단 하나의 물건도 세우지 않고 몽땅 치워 버리고 나면 무엇이 남겠습니까?

그 한 생각마저 내려놓으십시오.

반야의 칼날이요, 금강의 불꽃이다.

般若鋒兮金剛燄

이것은 다른 모든 것을 잘 분별하지만 스스로는 분별되지 않습니다. 마치 칼날이 모든 것을 잘 나눌 수 있지만 스스로는 나눌 수 없는 것과 같습니다. 이것은 다른 모든 것을 빚어내고 녹여 낼 수 있지만 자기 스스로는 빚어내거나 녹여 낼 수 없는 대장간의 용광로와 같습니다.

바로 지금 눈앞을 벗어나서는 반야의 칼날도, 금강의 불꽃도 얻을 수 없습니다. 바로 지금 눈앞에 엄연히 드러나 있는 변함없는 이것이 곧바로 반야의 칼날이요, 금강의 불꽃입니다. 어떻게도 손을 댈 수 없는 이것! 분명하지만 분별하여 잡아낼 수는 없고, 애매모호하지만 그렇다고 없다 부정할 수 없는 것입니다.

온갖 분별을 일으키던 생각의 흐름이 한순간 멈출 때 문득 이것이 드러납니다. 언제나 드러나 있었지만 미처 알아차리지 못했던 것임을 그 순간 깨닫게 됩니다. 눈앞에 두고서 헛되이 찾아 헤맸다는 사실에 다소 허탈할 수도 있지만, 마침내 집으로 돌아온 듯한 안도감이 찾아옵니다. 시간이 지날수록 이것에 대한 초점과 안목이 뚜렷해지면서 찾는 마음을 완전히 쉬게 됩니다.

외도의 마음만 꺾을 뿐 아니라
非但能摧外道心

이미 있는 자신을 돌아보지 않고, 스스로 분열되어 꿈같고 환상 같은 대상경계 가운데에서 도(道)를 찾는 것이 외도입니다. 도에는 안팎이 없는데 이것이 도라고 한정 짓는 것이 외도입니다.

알 수 없고, 찾을 수 없고, 얻을 수 없습니다.

알 수 없다는 사실을 깨닫는 것이 참으로 아는 것이고, 찾을 수 없다는 사실을 깨닫는 것이 참으로 찾은 것이고, 얻을 수 없다는 사실을 깨닫는 것이 참으로 얻은 것입니다.

알려 하고, 찾으려 하고, 얻으려 하는 그 마음이 쉬어질 뿐 어떤 다른 일이 있는 것이 아닙니다.

일찍이 천마의 간담을 떨어뜨렸다.
早曾落却天魔膽

둘 없는 지혜의 칼날이 번쩍일 때, 마구니뿐만 아니라 부처와 조사도 몸과 목숨을 잃습니다. 그러나 이 무자비한 칼날이 사람을 죽이기도 하지만 도리어 죽은 사람을 살리기도 합니다. 한 점 티끌 없이 깨끗한 이 자리에서 만법이 저절로 출몰합니다. 마른 나무에서 꽃이 피고 비어 있는 나무 구멍에서 용의 울음소리가 울려 퍼집니다.

죽은 사람을 완전히 죽여야 비로소 산 사람을 볼 것이고, 산 사람을 완전히 살려야 비로소 죽은 사람을 볼 것입니다. 어디에도 머물지 않는 마음으로, 끝없이 위로 향하는 한 길을 한 걸음 한 걸음 걸어가십시오. 한 생각 일어나니 삼천대천세계가 붉은 불무더기요, 한 마음이 깨끗하니 불 속에서 연꽃이 피어납니다.

법의 우레 진동하고 법의 북을 두드리니
震法雷擊法鼓

늘 보고 있으면서도 보지 못하고, 늘 듣고 있으면서도 듣지 못하며, 늘 느끼고 있으면서도 느끼지 못하고, 늘 알고 있으면서도 알지 못합니다. 보기 이전에 이미 있었고, 듣기 이전에 이미 있었고, 느끼기 이전에 이미 있었고, 알기 이전에 이미 있었습니다. 무엇인가 하고 찾으면 이미 어긋났으니 참으로 답답한 노릇입니다. 그러나 찾기 이전에 이미 드러나 있는 이것을 어찌할 수 있겠습니까?

붕어빵에는 붕어가 없고, 칼국수에는 칼이 없습니다. 말마디에 속아 그러한 말에 해당하는 무언가를 찾고 구하니 아무리 찾고 구해도 그런 물건은 없습니다. 그러므로 경에 이르기를, "나의 창고에 그러한 칼은 없다."⁷⁴ 하였습니다. 한 생각 일으켜 그것을 좇아 나가기 이전에 분명하게 있는 이것을 돌이켜 보십시오.

천둥소리, 북소리가 모두 이 소리 없는 소리입니다.

자비의 구름을 펴고 감로수를 뿌린다.
布慈雲兮灑甘露

이것을 자비라 하기도 하고, 지복이라 하기도 하고, 사랑이라 하기도 합니다. 일면 타당하기도 하지만 이것은 그 어떤 말과 개념에도 묶이지 않습니다.

눈을 뜨고 사물을 보는 이것이 바로 자비입니다. 귀를 통해 소리를 듣는 이것이 바로 지복입니다. 느끼고 생각하는 이 사실이 바로 사랑입니다.

자비는 자비가 아니고, 지복은 지복이 아니며, 사랑은 사랑이 아닙니다. 억지로 이야기하자면, 있는 이대로가 자비이고, 지복이고, 사랑입니다.

---

74 말과 생각으로 법을 구하는 것을, 누군가 잠꼬대하면서 말한 칼을 실재라 믿고 찾고 구하는 어리석음에 비유한 이야기로 《열반경》에 나온다.

존재 자체가 자비입니다. 이러함이 지복입니다. 있음이 사랑입니다. 아무 내용이 없는데 완전히 없는 것은 아닌 것, 이것이 마르지 않는 영원한 생명의 감로수입니다.

용과 코끼리 차고 밟아 윤택함이 끝이 없으니
龍象蹴踏潤無邊

문득 눈앞의 이것이 밝혀지는 순간, 홀연 일망무제(一望無際)[75]로 모든 경계가 사라집니다. 세계가 한 덩어리, 한 송이의 꽃이라는 표현에 깊은 공감을 느낍니다. 눈앞의 이대로가 알 수 없는 안정감, 결코 흔들릴 수 없는 금강의 삼매임이 저절로 밝혀집니다.

용과 코끼리처럼 거침없이 작용할 뿐 주저함이 없습니다. 표면적인 생각의 구속과 굴레를 벗어나 어디에도 걸림 없는 자유를 맛보게 됩니다. 애를 써서 성취할 것도, 잃어버리지 않기 위해 챙겨야 할 것도 없습니다.

언제나 늘 있는 이대로입니다.

---

75 아득하게 끝없이 멀어 눈을 가리는 것이 없음.

삼승과 오성이 모두 깨어난다.

三乘五性皆惺悟

성문(聲聞)[76], 연각(緣覺)[77], 보살[78]의 삼승(三乘)[79], 그리고 범부, 이
승(二乘)[80], 보살, 부정(不定)[81], 외도의 오성(五性)[82]이 모두 깨어납니
다. 애초에 삼승과 오성이라는 구분이 헛된 망상의 소산이기에 한
순간 문득 꿈에서 깨어나듯 정신을 차릴 수 있습니다.

내가 어떻게 하면 나 아닌 다른 무엇이 될 수 있을까 골몰하는 것
이야말로 망상 가운데 가장 큰 망상입니다. 부처는 중생의 헛된 꿈
이요, 중생은 부처가 끊지 못한 망상일 뿐입니다. 부처도 없고, 따라
서 중생도 없습니다.

자신의 경험이 일어나는 텅 빈 배경을 살펴보십시오. 그 어떤 경
험이 일어날지라도 그 경험만 홀로 있지는 않습니다. 그 경험과 함

---

76 부처의 가르침을 듣고 아라한(阿羅漢)의 경지에 이르기 위해 수행하는 자. 자신의
깨달음만을 위해 부처의 가르침에 따라 수행하는 자.

77 스승 없이 홀로 수행하여 깨달은 자. 가르침에 의하지 않고 독자적으로 깨달은 자. 자
신의 깨달음만을 위해 홀로 수행하는 자. 독각(獨覺)·벽지불(辟支佛)이라고도 함.

78 깨달음을 구하면서 중생을 교화하는 수행으로 미래에 성불(成佛)할 자. 자신도 깨달
음을 구하고 남도 깨달음으로 인도하는 자리(自利)와 이타(利他)를 행하는 자. 보살
승(菩薩乘)의 준말.

79 부처가 중생의 능력이나 소질에 따라 설한 세 가지 가르침.

80 성문과 연각.

81 선천적으로 성문·연각·보살 가운데 어떤 소질인지 정해지지 않은 자.

82 선천적으로 정해져 있는 중생의 소질을 다섯 가지로 차별한 것.

174

께, 그 경험이 일어나는 막연한 배경이 있습니다. 변함없는 배경. 그 배경이 경험을 알아차리고 있고, 그 배경이 스스로를 살펴보고 있었습니다.

바로 지금 이것이 바로 그 배경입니다.

설산의 비니초는 조금도 잡스러움이 없어
雪山肥膩更無雜

노지백우(露地白牛), 곧 울타리 없이 텅 트인 땅의 흰 소는 설산의 비니초라는 풀만 먹는다고 합니다. 가장자리 없이 텅 비고 아무런 속성이 없는 우리의 자성(自性)은 둘이 아닙니다. 만법이 자성을 벗어나 있지 않습니다. 다음의 공안(公案)[83]을 보십시오.

문수(文殊)가 어느 날 선재(善財)에게 약을 캐 오라고 시키면서
말하였다.
"약 아닌 것을 캐 오너라."
선재가 말하였다.
"산 중에 약 아닌 것이 없습니다."

---

83 깨달음을 구하기 위해 참선하는 수행자에게 해결해야 할 과제로 제기되는 부처나 조사의 파격적인 문답 또는 언행(言行). 큰 의심을 일으키게 하는 부처나 조사의 역설적인 말이나 문답.

문수가 다시 말하였다.

"약이 되는 것을 캐 오너라."

선재가 땅 위에서 한 줄기의 풀을 집어 올려 문수에게 주니, 문수가 받아 들고는 대중들에게 보이면서 말하였다.

"이 약은 사람을 죽이기도 하고 살리기도 하리라."

아시겠습니까?

비록 그렇다 하더라도 저로서는 그것을 긍정할 수 없으니 어째서 그럴까요?

순수한 제호를 내니 내가 항상 마신다.
純出醍醐我常納

분별에 물들지 않은 순수한 의식을 옛사람들은 제호[84]나 감로수, 청량산[85]에 빗대었습니다. 사람들로 하여금 갈증과 고통에서 벗어나게 해 주기 때문입니다. 사실 그 속에 머리꼭지까지 담그고 있는데, 자기 생각에 사로잡힌 사람들은 물속에서 따로 물을 찾는 어리석음을 범하고 있을 뿐입니다.

---

84 우유를 가공한 식품 가운데 가장 맛이 좋은 최상품. 주로 최상·불성·열반 등을 비유함.
85 열을 내리는 약.

우리가 매 순간 경험하고 있는 것이 바로 그것입니다. 의식적인 경험뿐만 아니라 무의식적인 경험, 경험 아닌 경험, 우리 존재 자체가 바로 그것입니다. 아무 내용도, 속성도 없는 텅 빈 바탕과도 같은 의식. 모든 자극, 모든 경험이 사실은 이 텅 빈 바탕 의식 속의 일일 뿐입니다.

우리 의식이 지어내는 꿈처럼 여러 가지 사건들이 벌어지지만, 실제로는 그런 일들이 벌어진 적이 없습니다. 우리가 우리의 느낌, 감정, 기억, 생각에 집착하고 그것을 우리 자신으로 동일시할 때 꿈과 환상은 거부할 수 없는 현실감을 획득하게 됩니다. 자신의 꿈에 사로잡히게 됩니다.

늘 경험하고 있는 이것을 돌아보십시오. 얻을 수 없고 잃어버릴 수 없는 것! 온갖 분별, 생각이 일어나는 당처(當處)! 결코 알 수 없지만 부정할 수 없는 것! 그저 존재하는 것! 있음! 없음마저 포함하고 있는, 아!

하나의 성품이 일체의 성품에 원만히 통해 있고
一性圓通一切性

하나의 성품은 따로 있지 않습니다. 일체의 모든 성품이 바로 이 하나의 성품일 뿐입니다. 기쁨이 이 하나의 성품이고, 슬픔이 이 하나의 성품입니다. 번뇌가 이 하나의 성품이고, 안락함이 이 하나의 성품입니다. 바로 지금의 내 의식 상태가 그대로 이 하나의 성품입니다. 어떤 것도 이 하나의 성품을 벗어난 것은 없습니다.

따라서 따로 이 하나의 성품을 구해서는 안 됩니다. 바로 지금 여기에 있는 이 성품을 떠난 다른 성품은 허망한 생각에 불과합니다. 그 허망한 생각 자체가 바로 지금 여기의 이 성품일 뿐입니다. 어떤 것도 이 하나의 성품 안에서, 이 하나의 성품 자체에서 일어났다 사라집니다. 그러나 이 하나의 성품은 일찍이 일어난 적도 없고, 사라지지도 않습니다.

이 부정할 수 없는 성품을 어찌 찾을 수 있겠습니까? 그렇다고 또한 어찌 잃어버릴 수 있겠습니까? 바로 지금 이것은 무엇입니까?

하나의 법이 두루 모든 법을 포함한다.
一法徧含一切法

하나의 법이 어디 있습니까? '하나의 법'이라는 한 생각을 일으키는 것이 곧바로 이 하나의 법 아니겠습니까? 이 법은 내용이 없습니다. 그러하기에 모든 법을 포함할 수 있는 것입니다. 큰 법과 작은 법, 아름다운 법과 추한 법, 착한 법과 나쁜 법, 이 모든 것을 포함하고 있는 이 모양 없는 하나의 법! 하나의 법은 하나이기에 하나조차 얻을 수 없습니다.

하나의 법을 찾으려는 자를 돌아보십시오. 하나의 법 안에 어찌 법과 법을 구하는 자, 주관과 객관이 따로 떨어져 있겠습니까? 법도 망상이요, 법을 구하는 나 자신도 망상이요, 주관도 망상이요, 객관도 망상입니다. 모든 것이 망상이라면 실다운 하나의 법은 어디 있겠습니까? 어떤 망상도 이 하나의 법을 벗어나지 못했습니다.

언제나 있는 이대로일 뿐입니다.

하나의 달이 모든 물에 두루 나타나고
一月普現一切水

하나의 달을 찾기 위해 모든 물에 비친 달그림자를 일일이 다 확인할 필요가 없습니다. 물에 비친 달그림자가 나타났다면 하늘에 하나의 달이 있다는 분명한 증거입니다. 이것인가, 저것인가 찾고 있다는 사실이 이것도 아니고, 저것도 아닌 것이 존재한다는 분명한 증거입니다.

하나의 달을 찾았다면 그 역시 물에 비친 달그림자일 뿐입니다. '이것이구나!' 하고 깨달았다면 그 역시 또 다른 망상일 뿐입니다.

알 수 없고 깨달을 수 없다는 사실이 이렇게 분명할 따름입니다. 여전히 어떤 부분으로서의 대상을 찾으려 하고 얻으려 하는 한, 이 헛된 노력을 멈출 수 없습니다.

너무나 분명하고 당연한 사실로 돌아오십시오. 결코 부정할 수 없는 사실! 내가 이렇게 있다는 이 사실! 세계가 내 눈앞에 이렇게 펼쳐져 있다는 이 사실! 나와 세계가 나의 생각이나 의지와 상관없이 드러나 있다는 이 사실을 바로 보십시오.

보는 나도, 보이는 나와 세계도 그저 허망한 분별일 뿐입니다. 나를 포함한 두두물물이 모두 모든 물 위에 비친 달그림자와 같습니다. 그렇다면 하나의 달은 어디에 있을까요? 달그림자가 그대로 달일 뿐, 따로 달이 있지 않습니다. 전체가 하나의 달일 뿐입니다.

모든 물의 달을 하나의 달이 거두어들인다.
一切水月一月攝

세존께서 한 송이 꽃을 들어 보이셨습니다. 다자탑에서 가섭과 자리를 나누어 앉으셨고, 사라쌍수 아래서 열반에 드시고는 관 밖으로 두 발을 내보이셨습니다. 그뿐만 아니라《금강경》에서는 밥 먹을 때가 되어 옷을 입고 발우를 들고 사위성 안에 들어가 차례로 밥을 빌고 돌아와 식사를 하시고 옷과 발우를 거두고 발을 씻고 자리에

180

앉으셨습니다.

이 모든 것이 무엇을 드러내 보이신 것일까요?

어젯밤 꾸었던 꿈을 생각해 보십시오. 꿈속의 나도 꿈이요, 꿈속의 산하대지도 꿈이요, 꿈속의 시간도 꿈이요, 꿈속의 상대방도 꿈이요, 꿈속의 대화도 꿈이요, 꿈속의 감각도 꿈이요, 꿈속의 생각도 꿈이어서, 꿈 아닌 것이 없습니다. 모든 것이 하나의 꿈이었을 뿐입니다. 제각각 따로 있다고 생각했던 모든 것이 그저 하나의 꿈, 하나의 마음 작용에 불과했습니다.

바로 지금 눈앞의 사실은 어떻습니까?

나도 있고, 산하대지도 있고, 시간도 있고, 사람들도 있고, 대화도 나누고, 감각도 느끼고, 생각도 합니다. 모두가 제각각 따로 있는 것 같습니다. 그런데 이 모든 것이 다 무엇일까요?

6

바로 지금
이 자리를
떠나지 않고

모든 부처의 법신이 나의 성품에 들어오고
諸佛法身入我性

모든 부처의 법신이 어디에 있을까요? 바로 지금 눈앞에 펼쳐져 있습니다. 이 눈앞의 세계가 곧 모든 부처의 법신입니다. 그렇다면 나의 성품은 어디에 있을까요? 역시 바로 지금 눈앞에 펼쳐져 있는 세계가 나의 성품 자체입니다. 모든 부처의 법신이 그대로 나의 성품입니다. 바로 지금 눈앞의 세계가 바로 그것입니다.

한 생각 일으켜 보십시오. 그 생각이 어디에서 일어났습니까? 다시 다른 한 생각을 일으켜 보십시오. 이전의 생각은 어디로 사라졌습니까? 생각이 일어나고 생각이 사라지는 바로 그 자리에 일어난 적도 사라지지도 않는 하나의 투명한 물건이 있습니다. 그것이 바로 부처의 청정한 법신이요, 나의 물들지 않는 성품입니다.

따로 찾지 마십시오. 바로 지금 벗어날 수 없는 이것만이 유일한 것입니다. 찾기도 전에 발견해 있었고, 구하기 전에 이미 가지고 있었습니다.

나의 성품이 다시 여래와 더불어 합해진다.

我性還共如來合

나의 성품은 나와 별개인 물건이 아닙니다. 나와 세계의 실상이 나의 성품, 의식 자체입니다. 나를 포함한 두두물물이 객관적으로 존재하는 대상들이 아니라 모두 하나의 성품, 의식의 소산입니다. 어젯밤 꿈처럼 마음이라는 바탕 위에 그려진 이미지들입니다. 어떤 이미지들이 생멸하더라도 그 이미지들의 생멸과 상관없이 변함없는 바탕을 일러 마음, 나의 성품, 곧 여래라고 할 뿐입니다.

나의 성품이 그대로 여래입니다. 오는 듯 가는 듯 보이지만, 오지도 가지도 않는 것이 바로 나의 성품, 여래입니다. 바로 지금 눈앞이 여래의 청정법신입니다. 중생의 오탁악세(五濁惡世)[86]가 그대로 여래의 정토(淨土)[87]입니다.

---

86 5가지 더러움이 가득 차 있는 세상. 5가지 더러움은, 겁탁(劫濁: 시대의 더러움), 견탁(見濁: 사상, 견해가 사악한 것), 번뇌탁(煩惱濁: 탐진치로 마음이 더러운 것), 중생탁(衆生濁: 함께 사는 이들의 몸과 마음이 더러움), 명탁(命濁: 인간의 수명이 짧아지는 것) 등이다.

87 청정한 국토라는 의미로, 보살로서 중생을 구제한다는 서약을 맺고 깨달음에 이른 부

한 지위에 모든 지위를 구족하니
一地具足一切地

바로 지금 내가 있는 곳만이 존재하는 유일한 차원, 유일한 지위입니다. 생각의 확인을 거치지 않고 직접 확인되는 차원, 바로 지금 여기입니다. 책상을 탕! 쳐서 가리켜 보이고, 손가락 하나를 들어 가리켜 보이고, "바로 이겁니다!"라는 말로 가리켜 보이는 곳이 바로 그곳입니다.

오직 생각 속에서만, 육체와 그 안에 갇혀 있다고 '생각'하는 의식만을 '나'라고 여기고, 그것을 기준으로 '나 아닌 것'들을 구별합니다. 그 분별 속에서 시간과 공간이 벌어지고, 행복과 불행, 좋음과 나쁨의 상대적 세계가 나타납니다.

우리는 이미 오지도 가지도 않는 여래의 지위에 있습니다. 나라고 여기는 한 물건, 내가 아니라고 여기는 바깥세계 역시 바로 지금 여기에 같이 있습니다. 나도 모르게 일으킨 한 생각 분별을 잠시 쉬고 보면, 모든 것은 나뉘지 않은 채로 늘 바로 지금 여기 있습니다.

과거도 여기, 현재도 여기, 미래도 여기! 저기도 여기, 여기도 여기, 거기도 여기! 저것도 여기, 이것도 여기, 그것도 여기! 나도 여

처가 사는 청정한 국토로, 번뇌로 부정해진 범부가 사는 부정한 땅, 즉 현실세계에 대비해서 말한다.

기, 너도 여기, 그도 여기! 부처도 여기, 중생도 여기, 마구니도 여기! 깨달음도 여기, 깨닫지 못함도 여기, 모름도 여기! 모든 것이 바로 지금 여기 있습니다.

분명하지 않습니까?

색도 아니요, 마음도 아니요, 행업도 아니다.
非色非心非行業

이것은 색(물질, 형상)도 아니고, 마음(의식, 감정)도 아니고, 행업(행위, 인과)도 아니지만, 색도 이것이요, 마음도 이것이요, 행업도 이것입니다. 이것 아닌 것이 없기에, 따로 이것이라 할 것이 없습니다. 오로지 한 물건만 있으면, 한 물건마저 없는 셈입니다. 이것이 불이(不二)의 참 뜻이며, 유심(唯心)의 도리입니다.

'이것'은 지시 대명사가 아닙니다. '이것'이 가리키는 대상을 찾으려 하니까 이 말귀를 못 알아듣는 것입니다. '이것'이라는 말 자체가 바로 낙처, 귀결점입니다. '이것'이라는 말도 군더더기입니다. 뜻을 알았으면 말을 버리십시오. '이것'을 바로 알아들었다면 '이것'마저 내버리십시오. '이것'은 '이것'이 아닙니다.

한 생각 일으키기 이전에 분명한 '이것'이, 한 생각 가운데서도

188

분명하더니, 그 한 생각이 사라진 뒤에도 변함이 없습니다.

손가락 튕기는 사이에 팔만 사천 법문을 원만하게 이루고
彈指圓成八萬門

이 법은 한순간에 문득 깨닫는 것입니다. 결코 오랜 시간 동안 점차적인 노력을 통해 어떤 결과를 성취하는 일이 아닙니다. 설사 그러한 시간과 노력을 들였다 할지라도 올바른 깨침의 순간 그 모든 과정이 하나의 꿈처럼 허망한 일이었음을 깨달아야만 합니다.

　문득 깨달음, 즉 돈오(頓悟)는 둘 아님, 불이(不二)이기 때문에 가능한 것입니다. 의식의 분리, 주객의 분열이 곧 시간, 노력, 과정, 생멸입니다. '나'라는 헛된 자아의식이 곧 분리이자 분열입니다. 이 '나'라는 것이 근본적으로 하나의 착각에 불과한 것임을 문득 깨닫는 것이 공부입니다.

　어떠한 '있음', '존재'의 느낌을 아무 의심 없이 하나의 인식 주체인 '나'로 귀결시키는 것을 돌아보십시오. 특정 육체, 특정 지각, 특정 감정, 특정 생각의 주체를 '나'라고 무의식적으로 인정하지만, 그 '나' 역시 또 다른 인식의 대상 아닌가요? 다시 말해, 내가 '나'를 의식하고 있다는 말입니다.

'나'라는 인식 대상, 하나의 이미지를 살려내고 있는 바탕의식이야말로 진정한 참나가 아닐까요? 잠과 깸이라는 경계의 변화에 따라 '나'는 의식 속에 드러났다가 무의식 속으로 사라집니다. 그러나 '나'의 출몰과 상관없이 늘 변함없는 바탕의식, 생명의 흐름은 있지 아니한가요?

어떤 대상으로 파악하기 곤란한 '있음' 자체, '존재' 자체, 바로 지금 눈앞에 다양한 현상들로 드러나 있는 이것 말입니다. '알겠다'는 생각이나, '모르겠다'는 생각의 분별과 상관없이 늘 당연하게 있는 이것 말입니다. 언제나 이것이었기에 이 당연한 것을 그동안 돌아보지 않고 살아왔던 것입니다.

이것이 물속에서 물을 찾는 물고기의 어리석음이자, 그 깨달음입니다.

찰나에 삼아승지겁을 없애 버린다.
刹那滅却三祇劫

찰나가 바로 영원입니다. 영원은 아주 긴 시간이 아니라 시간의 소멸입니다. 오직 찰나만이 있을 때, 찰나마저 없습니다. 그것이 영원입니다. 바로 지금 이 순간이 영원입니다. 과거도 없고, 현재도 없고, 미래도 없습니다. 삼아승지겁[88]이 없습니다.

마땅히 머무는 바 없이 그 마음을 내십시오. 어디에도 머물지 않는 마음, 바로 눈앞의 이 마음입니다. 바로 지금 이 순간이 바로 머묾 없고 집착 없는 마음입니다. 마음 아닌 마음, 마음 없는 마음, 평상(平常)의 마음입니다. 있지도 않고 없지도 않은 마음입니다.

바로 이 마음에서 과거도 나오고, 현재도 나오고, 미래도 나옵니다. 산하대지, 삼라만상이 모두 이 마음의 현현입니다. 현상계 그대로가 하나의 참된 법의 세계입니다. 이것이 바로 마음입니다. 마음밖에 없습니다. 그래서 마음이 따로 없습니다.

그럼에도 불구하고 이렇게 분명하게 있는 이것은 무엇이겠습니까?

일체의 차별법상과 차별법상 아님이
一切數句非數句

이것은 있는 것도 아니고, 없는 것도 아니며, 있기도 하고 없기도 한 것도 아니고, 있지도 않고 없지도 않은 것도 아닙니다. 그러므로 모든 차별상을 떠났으며, 모든 차별상이 아닌 것마저도 떠났습니다.

---

88 도저히 헤아릴 수 없는 긴 시간을 말한다. 보살이 부처님이 되기 위해서 수행하는 아주 긴 시간.

그와 동시에 이것은 있는 것이기도 하고, 없는 것이기도 하며, 있기도 하고 없기도 한 것이고, 있지도 않고 없지도 않은 것이기도 합니다. 그러므로 모든 차별상을 떠나지 않았으며, 모든 차별상이 아닌 것마저도 떠나지 않았습니다.

이것은 모든 차별상과 차별상 아닌 것의 근원이기에, 여기에서 모든 차별상과 차별상 아닌 것이 일어났다 사라집니다. 그러나 본래 스스로 그러한 이것은 모든 차별상과 차별상 아닌 것에 영향 받지 않습니다.

색도 이것이고, 공도 이것입니다. 색이 공과 다르지 않고, 공이 색과 다르지 않으며, 색이 그대로 공이고, 공이 그대로 색입니다. 세존이 영산회상에서 꽃을 들어 보이셨습니다. 차별상입니까, 차별상이 아닙니까? 색입니까, 공입니까?

파안미소(破顏微笑)한 가섭은 흙덩이를 쫓는 강아지에 불과하고, 잠자코 있던 나머지 대중들이야말로 사람을 무는 사자였습니다.

나의 신령스러운 깨달음과 무슨 관계가 있겠는가?
與吾靈覺何交涉

이 일은 몹시 미묘한 사실이기에 잘 살펴보아야 합니다. 너무나 단

192

순한 이 사실을 대부분의 사람들이 쉽게 믿지 못합니다. 그래서 깨달음을 이룬 석가모니조차 다음과 같이 말씀하시고는 법을 설하지 않으려 했습니다.

어렵게 나는 증득했나니
이제 드러낼 필요가 있을까.
탐욕과 성냄으로 가득한 자들이
이 법을 실로 잘 깨닫기란 어렵다.

흐름을 거스르고 미묘하고 깊고
보기 어렵고 미세한 법을
어둠의 무더기로 덮여 있고
탐욕에 빠진 자들은 보지 못한다.[89]

그러나 석가모니께서는 범천(梵天)의 간곡한 청법(請法)으로 인해 중생을 연민하는 마음으로 법을 설하기로 결심하셨습니다.

육조 혜능도 이 미묘한 법을 깨닫고 나서 다음과 같이 말했습니다.

자성이 본래 스스로 맑고 깨끗한 것인 줄
어찌 생각이나 했겠습니까?
자성이 본래 생겨나고 사라짐이 없는 것인 줄

---

[89] 《상윳따 니까야》〈권청경〉

어찌 생각이나 했겠습니까?

자성이 본래 스스로 갖추어져 있는 것인 줄

어찌 생각이나 했겠습니까?

자성이 본래 흔들림이 없는 것인 줄

어찌 생각이나 했겠습니까?

자성이 능히 온갖 현상(萬法)을 만들어 내는 것인 줄

어찌 생각이나 했겠습니까?[90]

   나의 신령스러운 깨달음이 이와 같을 줄 어찌 상상이나 했겠습니까? 그래서 이 법을 위없이 깊고 깊은 미묘한 법(無上深深微妙法)이라 하는 것입니다. 참으로 놀랍지 않습니까?

헐뜯을 수도 없고 찬탄할 수도 없으니
不可毀不可讚

철학자 비트겐슈타인은 이렇게 말했습니다. "말할 수 없는 것에 대해서는 침묵해야 한다." 그러나 그는 미처 알지 못했을 겁니다. 침묵 역시 또 다른 장광설이라는 사실을. 노자 역시 "아는 자는 말하지 않고, 말하는 자는 알지 못한다."라고 했습니다만, 그 또한 여기에서 다시 한 방망이를 면할 수는 없는 노릇입니다.

---

[90] 덕이본《육조단경》

말 있음과 말 없음이 다르지 않습니다. 말 있음으로도 온전하지 못하고, 말 없음으로도 온전하지 못합니다. 말 아닌 말을 하고, 말을 넘어선 말을 들어야 합니다. 말을 하든, 침묵을 지키든 끝없는 웅변이 도도(滔滔)합니다. 여기에 이르러서는 어떤 말도 용납되지 않지만, 동시에 어떤 말도 이 밖을 벗어나지 않습니다.

아시겠습니까?

이것이 말입니까, 말 아닙니까?

미소.

본체는 허공과 같아서 가장자리가 없다.
體若虛空勿涯岸

본뜨려야 본뜰 수 없고, 그리려야 그릴 수 없습니다. 금강으로 만든 감옥이요, 밤송이 가시 몽둥이입니다. 구멍 없는 쇠망치요, 은(銀)으로 된 산과 강철로 만든 벽입니다.

바로 지금 이것입니다.

이것이 본체이고, 이것이 작용입니다. 이것이 허공이고, 이것이 사물입니다. 이것이 중심이고, 이것이 가장자리입니다. 이것이 이것입니다.

이것이라는 말에 해당하는 대상을 찾는다면 자기 꼬리를 쫓는 강아지 꼴입니다. 다만 이것입니다. 모든 것이 이것입니다. 영리한 사자는 이 한마디에 단박 자기가 자기를 삼켜 버립니다.

몸과 목숨을 한 번 놓아 버려야만 다시 살아날 수 있습니다. 모든 생각, 관념, 알음알이, 선입견을 털어 버리고 눈앞의 단순한 사실을 바라보십시오.

한 티끌이 눈에 있음에 허공 꽃이 어지러이 떨어집니다.

바로 지금 이 자리를 떠나지 않고 항상 맑고 깨끗하니
不離當處常湛然

이 법은 바로 지금 이 자리에서 딱 마주하고 있는 것입니다. 어쩔 수 없어서 마주한다는 말을 쓸 뿐 마주할 대상이 따로 있는 것이 아닙니다. 바로 지금 이 자리에서 우리는 자기 자신을 마주하고 있습니다. 눈앞의 현상세계를 마주하고 있습니다. 주관과 객관을 동시에 마주하고 있습니다. 모든 사건들을 바로 지금 이 자리에서 마주하고 목격하고 있습니다. 과거도, 현재도, 미래도, 현상도, 느낌도, 감

196

정도, 생각도, 바로 지금 이 자리에서 마주하고 경험하고 있습니다.

그러나 그것을 하나의 대상으로, 하나의 모양으로 걷어잡을 수가 없습니다. 그래서 텅 비어 있다, 맑고 깨끗하다, 청정하다 하는 것입니다. 분별의 대상이 아니기에 알 수 없고 볼 수 없지만, 알 수 없다는 사실을 깨닫고, 볼 수 없다는 사실을 깨닫는 것입니다. 모양으로 분명하고 역력한 것이 아니라, 모양이 아닌 것으로 분명하고 역력한 것입니다. 오직 스스로 묵묵히 계합할 뿐 뭐라 설명할 수는 없는 일입니다.

《법화경》〈방편품〉에 다음과 같은 말이 있습니다.

부처님께서는 또 사리불에게 '그만두어라.' 하시면서 말씀하셨습니다.

"만약 이 일을 말한다면 모든 세간의 천신과 인간 사람과 아수라들이 모두 놀라고 의심하며 매우 교만한 비구들이 큰 구렁텅이에 떨어지리라."

이때 부처님은 다시 게송으로 말씀하셨습니다.

"그만두어라, 그만두어라. 더 이상 말하지 말자.

나의 법은 미묘하고 불가사의하여

뛰어난 체하여 너무 교만한 사람들이 들으면

반드시 공경하지도 않고 믿지도 않으리라."

찾으면 그대가 볼 수 없음을 알라.
覓則知君不可見

'안다'는 말 한마디의 진실한 뜻을 바로 깨달아야 합니다. 여기서 '안다'는 '안다/모른다'의 분별적인 앎이 아니라, '모른다'까지 포함한 전체로서의 앎입니다. '아는 자'와 '앎의 대상' 역시 이 앎이라는 바탕 위에 드리워진 그림자입니다. '내가 무엇을 안다'는 개개의 사실이 있는 것이 아니라 그러한 앎이 있을 뿐입니다.

그러나 이러한 앎 역시 찾으면 볼 수는 없습니다. 이 앎은 대상이 아닙니다. 앎만이 있습니다. 그러므로 앎이 바로 존재입니다. 단순한 있음이 곧 이 앎입니다. 텅 비어 있으나 신령스럽게 아는 한 물건이 바로 우리의 존재 자체입니다. 낱낱의 사물 사물이 바로 이 앎이 드러난 바입니다. 《원각경》에 이르기를, "가장자리 없는 허공은 깨달음이 드러난 바"라고 하였습니다.

취할 수도 없고 버릴 수도 없으니
取不得捨不得

한편으로는 취할 수 없다, 잡을 수 없다, 알 수 없다, 얻을 수 없다고 하고, 다른 한편으로는 버릴 수 없다, 놓칠 수 없다, 모를 수 없다, 이미 가지고 있다고 말합니다. 이 모순된 진술이 가리키는 바가 무엇일까요?

바로 지금 이 사실, 아무 애씀 없이 펼쳐져 있는 이 눈앞의 사실을 가리키는 말이 아닐까요? 군더더기 말이지만 이를 이른바 '있는 그대로', '여여(如如)'라고 일컫는 것이 아닐까요? '둘 아님', '하나'라고 하는 바 역시 바로 지금 여기의 단순한 사실을 드러낼 뿐입니다.

'나'라는 한 생각이 홀연히 일어나 '나 아닌 것'과 스스로를 구별지으면서 천 갈래, 만 갈래로 벌어졌을 뿐입니다. 환상처럼 실체가 없는 생각을 믿고 의지하는 바람에 그 생각이 일어나고 사라져도 아무런 영향을 받지 않는 바탕을 깨닫지 못할 뿐입니다.

미혹 자체를 돌이키면 그대로 깨달음입니다. 깨달음은 바로 지금 여기 눈앞에 나와 현상세계 전체로 뚜렷하게 드러나 있습니다.

얻을 수 없는 가운데 이렇게 얻을 뿐이다.
不可得中只麽得

다만 알지 못하는 줄 아는 것이 견성입니다. 한 법도 얻을 바가 없다는 것을 깨달은 것이 참으로 얻은 것입니다. 옛사람이 말하기를, 주장자가 없다고 하면 빼앗을 것이요, 주장자가 있다고 하면 줄 것이라 하였습니다.

물속에서 물을 찾고, 소를 타고 소를 찾는 꼴입니다. 머리를 가지고 머리를 찾고, 눈을 가지고 눈을 찾고 있을 뿐입니다. 깨닫지 못했을 때도 '이 물건'이요, 깨닫고 나서도 오로지 '이 물건'뿐입니다.

둘이 아니니, 다만 '이것'뿐입니다. 잃어버린 적이 없었으나 '이것'인 줄 까맣게 몰랐다가 새삼 확인할 뿐이니 이 어찌 새로 얻은 것이겠습니까? 본래 이러하였습니다. 바깥으로 찾아 구하는 미친 마음을 잠시 쉬고 그저 이렇게 있는 요지부동의 한 물건을 알아차리십시오.

결코 눈앞을 떠나 있지 않습니다.

말 없을 때 말하고, 말할 때 말 없으니
默時說說時默

침묵 속에서 말하고, 말하면서도 침묵합니다. 말과 침묵에 속하지 않는 한 물건이 있습니다. 말 아닌 말이요, 침묵 아닌 침묵입니다.

뜰 앞에 핀 한 송이 꽃…… 말입니까, 침묵입니까? 무더위 가운데 불어온 한 줄기 서늘한 바람…… 말입니까, 침묵입니까? 이른 아침 창가에 아름다운 새의 노랫소리…… 말입니까, 침묵입니까?

시끌벅적한 장터에서 외치는 장사꾼의 고함, 사랑하는 연인끼리 나누는 귓속말, 비리에 연루된 정치인에게 질문하는 기자와 답변하는 일…… 이것 모두가 말입니까, 침묵입니까?

말하는 가운데도 고요한 것이 있고, 고요한 가운데도 뚜렷이 말하는 것이 있습니다. 아무리 말을 해도 말로 할 수 없는 것이 있고, 아무 말 없이 입 다물고 있어도 이미 다 말해 버린 것이 있습니다.

시계가 똑딱똑딱 합니다!

크게 베푸는 문을 여니 옹색함이 없다.
大施門開無壅塞

크게 베푸는 문이자 크게 받아들이는 문이 언제나 열려 있습니다. 모든 것을 주고 모든 것을 받아들입니다. 본래 막힘없이 열려 있어 출입이 자재합니다. 생사의 큰 인연마저 이렇게 베풀어지고 이렇게 받아들여집니다.

오는 인연을 막지 말고 가는 인연을 붙잡지 마십시오. 다만 오지도 가지도 않으면서 모든 것을 베풀고 허용하는 허공처럼 머무십시오. 꼭 필요한 일들만 일어날 뿐, 일어나지 말아야 할 일들이란 애당초 없었습니다.

페르시아의 신비주의자 시인 루미[91]는 이렇게 노래했습니다.

인간이란 존재는 여인숙과 같아서
아침마다 새로운 손님이 도착한다.

기쁨, 우울, 야비함,
그리고 어떤 찰나의 깨달음이
예기치 않은 손님처럼 찾아온다.

그 모두를 환영하고 잘 대접하라.
설령 그들이 그대의 집 안을
가구 하나 남김없이 난폭하게 휩쓸어 가 버리는
한 무리의 아픔일지라도.

그럴지라도 손님 한 분 한 분을 정성껏 모셔라.
그는 어떤 새로운 기쁨을 위해
그대의 내면을 깨끗이 비우는 중일지도 모르니.

어두운 생각, 부끄러움, 미움,
그 모두를 문 앞에서 웃음으로 맞아
안으로 모셔 들여라.

---

91 1207년~1273년. 페르시아의 시인으로 페르시아 문학의 신비파를 대표한다.

어떤 손님이 찾아오든 늘 감사하라.

그 모두는 그대를 인도하러
저 너머에서 보낸 분들이니.

어떤 사람이 나에게 어떤 종취宗趣를 알았느냐 묻는다면
有人問我解何宗

'깨달음'을 구하는 많은 이들은 자신이 갈구하는 '그것'을 스스로 아직 얻지 못했다고 생각하고 있습니다. '바로 지금 여기의 현실'은 내가 구하는 '그것'이 절대 아니라고 생각하고 있습니다. '그것'은 무엇인가 '특별하고 대단한 것'이리라는 막연한 무의식적 '기대'를 가지고 있습니다.

얼마나 어리석은가요, 사람들이란! 얼마나 더 실패를 경험해야 깨달을까요, 이 단순한 사실을!

'소유'보다 '존재'가 앞섭니다. 그들이 그토록 구해마지 않던 '깨달음'은 말하자면 '존재' 자체입니다. 이렇게 있음, 존재함입니다. 이 단순한 '존재'라는 바탕이 없다면, '나'를 비롯한 이 모든 상대적 현상세계가 어디에 발 딛고 서 있을 수 있겠습니까?

'소유'는 허구입니다. 실체가 없는 '나'가 거짓 실체감을 얻기 위해 펼치는 모략입니다. '나의 육체', '나의 느낌', '나의 감정', '나의 생각'을 떠난 '나'라는 실체가 따로 있습니까? '나'는 허구적 존재감을 얻기 위해 '대상'들을 '소유'합니다. 가능한 많이 '소유'할수록 가능한 온전히 '존재'할 수 있다고 착각할 뿐입니다.

그러나 실제로 존재하는 것은 '존재' 자체이지 '나'의 존재, '나'라는 존재가 아닙니다.

많은 이들이 '기대'하며 기다리고 있는 '깨달음'은, 아무리 기다려도 오지 않는 '고도(Godot)'⁹²와 같습니다. 그는 결코 오지 않습니다. 왜냐하면 애초부터 그런 것은 존재하지 않았으니까요. 그런 것은 하나의 이름, 소문에 지나지 않습니다. 존재만 존재하지, 기다리는 '나'도, 내가 기다리는 '깨달음'도 따로 존재하지 않습니다.

이 사실이 문득 저절로 이해되는 순간이 말하자면 '깨달음'이라 할 수 있을지도 모르겠습니다.

---

92 아일랜드 출신의 극작가 사무엘 베케트(Samuel Barclay Beckett, 1906~1989)가 1952년 발표한 《고도를 기다리며》에서 블라디미르와 에스트라공이라는 두 사내가 하염없이 기다리는 실체가 없는 인물이다. 시시포스의 신화에서 시시포스가 신의 형벌을 받아 평생 바위를 산 정상을 향해 밀어 올리는 것처럼, 두 부랑자 블라디미르와 에스트라공은 50년 동안이나 오지도 않는 고도를 계속 기다리고 있다. 이를 통해 베케트는 인간의 삶을 단순한 '기다림'으로 정의를 내리고 이런 기다림 속에서 인간존재의 부조리성을 보여 준다.

존재가 존재로 돌아오는 데 얼마나 많은 시간과 노력이 필요할까요? 바로 지금 여기서 보고 듣고 느끼고 알고 있는 이 '눈앞'으로 돌아오는 데 얼마나 많은 수행을 닦아야만 할까요? 아무리 기다려도 오지 않는 '그' 때문에 빚어 놓은 온갖 '상상'과 '기대'를 싹 치워 버리면 뭐가 남아 있을까요?

이 상황에서 할 수 있는 가장 솔직한 말은 '모른다'입니다. 깨달음? 모른다. 나? 모른다. 존재? 모른다. 바로 지금 여기? 모른다. 모른다? 역시 모른다. 모른다. 모른다. 모른다. 모른다. 모른다. 모른다. 모른다. 모른다. 모른다. 모른다. 모른다…… 이 '모른다'마저 사라졌을 때도 남아 있는 것, 그게 뭘까요?

모릅니다.

마하반야의 힘이라 말해 주리라.
報道摩訶般若力

마하는 한량없이 큰 것입니다. 반야는 둘이 아닌 것입니다. 그래서 마하가 반야고, 반야가 마하입니다. 마하 아닌 것이 없고, 반야 아닌 것이 없습니다. 그러므로 마하도 없고 반야도 없어야 참으로 마하반야입니다.

눈앞의 시공간, 나와 남, 산하대지, 사건과 사건이 모두 마하 반야의 힘이 드러난 것입니다. 나라는 존재의 생과 사라는 인생 전체가 마하 반야의 힘으로 지어진 환영과도 같습니다. 이 현실은 마하 반야의 힘으로 꾸는 꿈입니다.

그러므로 《금강경》에 "모든 모양이 모양이 아닌 것인 줄 알면 바로 여래를 본다."라고 한 것입니다. 두두물물 사사건건 모든 차별된 모양이 차별 없는 마하 반야의 힘입니다. 보는 자와 보이는 대상, 경험하는 자와 경험이 본래 둘 아닌 마하 반야의 힘입니다.

바로 지금 이 글을 읽고 있는 그것이 마하 반야의 힘입니다.

혹은 옳기도 하고 혹은 그르기도 함을 사람들은 알지 못하고
或是或非人不識

이 법은 미묘하여 정해진 모양이 없습니다. 그러나 사람의 분별심은 이 법을 하나의 대상으로 고정하여 파악하려고 합니다. 분별은 반드시 둘을 이루어야만 가능하기 때문입니다. 주관과 객관, 아는 자와 아는 대상, 보는 자와 보이는 대상 등등.

하지만 이 법은 본래 둘 아닌 하나, 상대가 끊어진 절대의 소식이기에 결코 앎의 대상이 될 수 없습니다. 알 수도 없지만, 모를 수도 없습니다. 옳은 것도 아니고, 그른 것도 아닙니다. 부분 없는 전체이기에 그 바깥이 있을 수 없습니다.

인식의 초점이 다양한 인식의 대상들로부터 문득 인식하고 있음 자체로 돌아온다면 어떨까요? 그것을 또 다른 인식 대상으로 만들지 않고 바로 지금 여기 이 순간 있는 그대로의 상태를 확인한다고 할까요? 그것은 어떤 다른 상태가 아니라 늘 그러했던 상태입니다.

바로 지금 어떤 의도나 조작이 들어가지 않아도 펼쳐져 있는 '이 상태'입니다. 모든 변화와 작용이 '이 상태' 안에서 벌어지고 사라지지만 그 모든 변화 작용이 벌어지는 '이 상태'는 늘 변함이 없었습니다. 있다고 하기엔 실체가 없고, 없다고 하자니 부정할 수는 없습니다.

그래서 사람들은 모른다고 착각할 뿐입니다.

역행하기도 하고 순행하기도 하는 것은
하늘도 헤아리지 못한다.
逆行順行天莫測

때로는 있다고 하고, 때로는 없다고 하는 것이 정해진 바 없는 법입니다. 때로는 긍정하고, 때로는 부정하는 것이 정해진 바 없는 법입니다. 때로는 주고, 때로는 빼앗는 것이 정해진 바 없는 법입니다.

때로는 세우고, 때로는 무너뜨리는 것이 정해진 바 없는 법입니다. 때로는 죽이고, 때로는 살리는 것이 정해진 바 없는 법입니다.

　모양 없고(無相), 머묾 없고(無住), 생각 없는(無念) 것이 바로 이 정해진 바 없는 법입니다. 이 정해진 바 없는 법은 알 수 없고, 잡을 수 없고, 얻을 수 없습니다. 그 알 수 없음, 잡을 수 없음, 얻을 수 없음에 사무쳐 스스로 문득 깨달은 바가 있어야 비로소 아는 바 없이 아는 것이고, 잡은 바 없이 잡은 것이고, 얻은 바 없이 얻은 것입니다.

　《선문염송》에 다음과 같은 공안(公案)이 있습니다.

　바라문인 흑씨(黑氏)가 신통력을 부려 좌우의 손에 합환오동(合歡梧桐) 꽃 두 송이를 들고 와서 세존께 공양하였다. 세존께서 "선인(仙人)이여!"하고 부르니, 바라문이 "예!"하고 대답하였다. 이에 세존께서 말씀하셨다.

　"놓아 버려라!"

　바라문은 이에 왼손에 쥐고 있던 꽃 한 송이를 놓아 버렸다. 세존께서 다시 말씀하셨다.

　"선인이여, 놓아 버려라!"

바라문은 오른손에 쥐고 있던 꽃 한 송이도 마저 놓아 버렸다.
세존께서 또 말씀하였다.

"선인이여, 놓아 버려라!"

이에 바라문이 말했다.
"세존이시여, 저는 지금 빈 몸으로 있거늘, 또 무엇을 놓아 버리라 하십니까?"

"나는 그대에게 그 꽃을 놓아 버리라고 한 것이 아니다. 그대는 밖의 육진(六塵)과 안의 육근(六根)과 중간의 육식(六識)을 놓아 버려야 할 것이니, 일시에 놓아 버리면 도리어 놓아 버릴 곳이 없게 되니 이것이 바로 그대가 생사를 면할 수 있는 곳이다."

이 말을 듣고 바라문은 무생법인(無生法忍)을 깨달았다.

놓아 버리고 놓아 버려도 결코 놓아 버릴 수 없는 것. 놓아 버리십시오.

나는 일찍이 오랜 세월 수행하며 지냈으니

吾早曾經多劫修

수행하는 것은 수행하지 않는 것이요, 수행하지 않는 것이야말로 참으로 수행하는 것입니다. 닦아도 닦은 바가 없어야 진실한 수행인 것입니다. 닦지 않는 것이 늘 닦는 것이고, 늘 닦아도 한 법도 닦은 것이 없습니다. 이것이 모든 수행을 닦아 마친 것입니다.

다음 인연을 보십시오.

장사경잠[93] 선사가 시자를 시켜 여회[94] 화상에게 보내어 물었다.
"화상께서 남전 선사를 만나기 전에는 어떠하였사옵니까?"

그러자 여회 화상은 말없이 있었다.

시자가 다시 물었다.
"만난 후에는 어떠하였사옵니까?"

여회 화상이 말했다.
"별다른 것이 있을 수 없느니라."

---

93 당나라 때의 선승. 어릴 때 출가하여 남전보원을 만난 뒤 그 법을 이었다.
94 당나라 때의 선승. 마조도일의 제자이나 남전보원의 도움으로 깨달음을 얻었다.

시자가 돌아와 선사에게 그대로 말하자 선사가 다음의 게송을 읊었다.

백 척 장대 끝에 앉은 이가
깨달아 들기는 하였으나 참이 아니로다.
백 척 장대 끝에서 한걸음 나아가야
시방세계가 곧 온몸이어라.

시자가 물었다.
"백척간두에서 어떻게 한걸음 나아가옵니까?"

선사가 말했다.
"낭주(朗州)의 산이요, 예주(澧州)의 물이니라."

시자가 말했다.
"모르겠사옵니다."

선사가 말했다.
"사해(四海)와 오호(五湖)가 왕의 덕화(德化) 속에 있느니라."

아시겠습니까? 비록 여기서 척 알았다 하더라도 다시 30년을 더 참구하시기 바랍니다. 듣지 못했습니까? 석가와 달마도 아직 수행 중이라는 말을!

부질없이 서로 속여 미혹케 하는 것이 아니다.

不是等閑相誑惑

이 하나의 진실은 참으로 믿기 어렵습니다. 우리의 생각과는 전혀 어긋나 있기에 생각이라는 수단을 통해서는 이것을 밝히기가 어렵습니다. 이 일을 밝히고 나서야 비로소 생각 속에 빠져 있는 사람들은 꿈과 같은 생각 속에 전도(顚倒)되어 있다는 사실을 깨닫게 됩니다.

내가 세계 속에 있는 것이 아니라, 세계가 내 속에 있습니다. 나 바깥에 객관적인 물리적 시공간이 펼쳐져 있는 것이 아니라 그 모든 것이 그대로 마음입니다. 모든 사물들과 사건들이 제각각 따로 떨어져 있는 것이 아니라 그것들 그대로 한 덩어리를 이루고 있습니다.

나도 없고, 세계도 없습니다. 안도 없고, 바깥도 없습니다. 번뇌도 없고, 깨달음도 없습니다. 중생도 없고, 부처도 없습니다. 마음도 없고, 마음 아닌 것도 없습니다. 있는 것도 없고, 없는 것도 없습니다. 이렇게 모든 것을 깡그리 부정해 버려도 부정할 수 없는 것은 무엇일까요?

그것마저도 아닙니다.

212

7

있음과 없음을
모두 버리니

법의 깃발을 세우고 종지를 세우는 것은
建法幢立宗旨

법의 깃발을 세우는 것은 멀쩡한 살을 긁어 상처를 내는 것이요, 종지를 일으키는 것은 평지에서 풍파를 일으키는 일일 뿐입니다. 법도 없고 종지도 없으니, 그것이 법이고 종지일 따름입니다. 모든 것이 있는 바 그대로입니다. 한 법도 집착할 것이 없고, 한 법도 거부할 것이 없습니다.

석가가 공연히 한 송이 꽃을 들어 보여 뭇 세상 사람들을 속였습니다. 달마가 부질없이 서쪽에서 와서는 여러 사람들의 눈을 멀게 했습니다. 법이라는 티끌과 종지라는 허물을 더하여 가뜩이나 헤매는 사람들을 더욱 미혹하게 만들었을 뿐입니다.

본래 있는 그대로의 자기로 돌아오십시오. 한 번도 떠난 적이 없는 그 자리에 머무십시오. 절대로 남을 따라가지 마십시오. 그 추구하는 마음이 저절로 한 번 멈출 때 그때에야 비로소 알게 될 것입니다. 법은 토끼 뿔이요, 종지는 거북 털[95]이나, 눈앞 가득 언제나 토끼 뿔이요, 거북 털이라는 사실을!

밝고 밝은 부처의 명령이며 조계가 바로 그것이다.
明明佛勅曹溪是

밝음도 밝고 밝고, 어둠도 밝고 밝습니다. 아는 것도 밝고 밝고, 모르는 것도 밝고 밝습니다. 편안함도 밝고 밝고, 불편함도 밝고 밝습니다. 있는 것도 밝고 밝고, 없는 것도 밝고 밝습니다. 고요한 것도 밝고 밝고, 시끄러운 것도 밝고 밝습니다. 밝고 밝다는 것은 의심이 없다는 것이지 따로 밝고 밝은 모양이 있는 것은 아닙니다.

이것이 부처의 불법(佛法)이며, 이것이 육조의 선법(禪法)입니다.

불법과 선법은 바로 지금 눈앞의 일상사를 벗어나 있지 않습니다. 있는 그대로의 일상사가 불법과 선법일 뿐 별다른 불법, 특별한 선법은 없습니다. 불법과 선법은 불법과 선법이 아니라 그 이름이 불법과 선법입니다. 물결이 물에서 일어나 물로 돌아갑니다. 바람

---

95 토끼 뿔과 거북 털은 말은 있지만 그에 해당하는 실체는 없는 것을 비유하는 말.

이 허공에서 일어나 다시 허공으로 돌아갑니다. 일어났으나 일어난 바 없고, 사라졌으나 사라진 바 역시 없습니다.

그럼에도 불구하고 오늘도 여전히 물결은 일어나고 바람은 불어 옵니다.

첫 번째로 가섭이 맨 먼저 등불을 전하니
第一迦葉首傳燈

옛날 영산회상에서 세존이 말없이 꽃 한 송이를 들어 보였습니다. 거기 모여 있던 수많은 대중들은 무슨 영문인지 몰라 침묵하고 있었는데 오직 가섭만 빙그레 미소를 지었습니다. 그러자 세존은 "내게 정법안장, 열반묘심, 실상무상인 미묘한 법문이 있으니, 문자에 의지하지 않고 교설 바깥으로 따로 전하여 마하가섭에게 부촉하노라."라고 하였습니다. 이것이 최초의 전법, 깨달음의 등불을 처음 전한 사건입니다.

이 사건에 대해 무문혜개[96] 선사가 평하기를, "만약 그때 대중이 모두 웃었다면 정법안장을 어떻게 전했을까? 만일 가섭이 웃지 않았다면 정법안장은 또 어떻게 전했을까? 만약 정법안장이 전해 줄

---

96 송나라 때의 임제종(臨濟宗) 양기파(楊岐派) 승려로 48칙의 공안을 모아 《무문관(無門關)》을 지었다.

수 있는 것이라면 누런 얼굴의 늙은이가 세상 사람들을 속이는 것이고, 만약 정법안장이 전해 줄 수 없는 것이라면 어째서 가섭 한 사람에게만 허락하였는가?"라고 하였습니다.

듣지 못했습니까? 석가도 몰랐거늘 가섭인들 어찌 전할 수 있겠느냐는 말을!

꽃을 들어 보이고 빙그레 웃는 일이 도대체 무엇을 드러내 보이는 것일까요? 흙덩이를 쫓아가는 어리석은 강아지 꼴이 되어서는 안 됩니다. 문득 돌아서서 그 흙덩이를 던진 사람을 무는 영리한 사자가 되십시오. 말없이 앉아 있던 대중은 모두 흙덩이를 쫓은 강아지요, 홀로 빙그레 미소 지은 가섭은 흙덩이를 던진 사람을 문 사자입니다. 바로 지금 이 흙덩이를 던지고 있는 그 사람을 덥석 무십시오!

예전 수덕사 금선대에 머물던 만공[97] 선사께 설봉[98] 선사가 찾아와 세존이 꽃을 들어 보인 소식을 물었습니다. 만공 선사는 말없이 손가락 하나를 들어 보였습니다. 설봉 선사가 절을 하자 만공 선사가 물었습니다. "자네가 무슨 도리를 보았기에 절을 하는가?" 그러자 설봉 선사는 "두 번 범하지 않겠나이다."라고 하였습니다. 세존은 꽃을 들어 보이고 만공 선사는 손가락을 들어 보였으나 그 뜻은 꽃에도 손가락에도 있는 것이 아닙니다.

---

97 1871년~1946년. 조선말과 일제 강점기의 선승으로 경허의 법을 이었다.
98 1890년~1969년. 만공 스님의 법을 이었다.

가섭존자의 전법 게송은 다음과 같습니다.

　　법이라는 법의 본래 법은

　　법도 없고 법 아님도 없으니

　　어찌 하나의 법 가운데

　　법이 있고 법 아님이 있겠는가?

28대는 서천西天의 기록이다.
二十八代西天記

세존이 마하가섭에게 법을 전하여 마하가섭은 서천 제1대 조사가 되었습니다. 마하가섭이 다시 아난에게 법을 전한 것이 대대로 내려와 보리달마에 이르러 28대가 됩니다. 이것은 서천의 계보입니다.

　그러나 누가 무엇을 누구에게 전한단 말입니까?

　세존은 무엇이고, 세존이 전한 정법안장, 열반묘심, 실상무상의 미묘한 법은 또 무엇이며, 그것을 대대로 이어받은 조사들은 다시 무엇입니까?

　청천백일에 꿈 이야기를 하지 말아야 합니다.

아난존자의 전법 게송에 다음과 같이 말했습니다.

본래 부촉할 때엔 법이 있었는데
부촉한 뒤에는 법이 없다고 말하네.
각각 스스로 깨달아야 하니
깨달은 뒤에는 법 없음도 없네.

법이 동쪽으로 흘러 이 땅에 들어와서는
法東流入此土

흔히 서천의 28대조인 보리달마가 동쪽의 중국에 옴으로 해서 선법이 전해졌다고 합니다. 그래서 "조사가 서쪽에서 온 뜻이 무엇이냐?"라는 질문은 "조사가 전한 불법, 선, 진리가 무엇이냐?"라는 관용적 표현이 되었습니다. 그러나 참으로 진실한 입장에서 보자면, 조사는 서천에서 중국 땅으로 온 적이 없습니다. 따라서 조사가 전한 불법이나 선, 진리 역시 없습니다.

보지 못했습니까?

《금강경》에 이르기를, "수보리야, 어떤 사람이 여래가 오기도 하고 가기도 하며 앉기도 하고 눕기도 한다고 말한다면, 그 사람은 내가 말한 뜻을 알지 못한 것이다. 왜냐하면 여래란 오는 바도 없고 가는 바도 없기 때문이니, 이를 일러 여래라고 하느니라." 하였습니다. 또, "어떤 사람이 여래께서 말씀하신 법이 있다고 하면 이는 부처님을 비방하는 것이며, 내가 말한 것을 이해하지 못하고 있기 때문이다."라고 하였습니다.

부처조차 온 바도 간 바도 없고, 말씀하신 법이 없거늘, 하물며 조사가 어찌 서천에서 중국 땅으로 들어왔겠으며, 불법을 전한 바 있겠습니까? 그러나 저 대장경 속의 팔만 사천 법문과 역대 전등 조사와 선사의 장광설은 또 무엇입니까? 다시 《금강경》에 "만약 모습으로 나를 보려 하거나 음성으로 나를 구한다면, 이 사람은 삿된 도를 행하는 것이니 여래를 보지 못할 것이다."라고 하였음을 명심하십시오.

바로 지금 눈앞의 모양 없고, 머묾 없고, 생각으로 걸어잡을 수 없는 이것의 거짓 이름이 '법'이거늘, 이것이 어찌 오고, 가고, 전해지고, 찾아 구할 수 있는 것이겠습니까? 망상하지 마십시오, 망상하지 마십시오!

듣지 못했습니까?

옛 부처님 태어나기 전
뚜렷이 한 모양이 원만하였으니,
석가도 오히려 알지 못했거늘

221

가섭인들 어찌 전할 수 있겠는가?[99]

보리달마가 초조가 되었다.
菩提達磨爲初祖

보리달마가 지금 어디에 있습니까?

생각이란 실체가 없는 헛된 것을 말합니다. 눈앞에서 확인되는 것들 가운데 생각을 거치지 않고 즉각 확인되는 것과, 우리가 미처 알아차리지는 못하지만 미세한 생각인 것들을 분별할 수 있어야 합니다. 실제로는 없는데 우리의 현존 앞에 드러나는 바람에 그것이 실제인 양 오인했던 생각들을 알아차려야 합니다. 그래서 옛사람들은 "거위왕은 물과 우유를 섞어 놓아도 우유만 골라 먹는다."라는 말을 하였습니다.

한 생각이 일어나기 전에 있던 바탕을 알아차리십시오. 생각과 늘 함께 있고, 한 생각이 사라진 뒤 다른 생각이 일어나기 전에도 있는 텅 빈 허공 같은 이 바탕을 문득 확인하십시오. 보리달마의 이야기가 드러나고, 나의 존재감, 감정, 생각, 현상세계의 다양한 경계들이 출몰하는 자리 아닌 자리를 돌아보십시오. 의식적으로 찾으려고 하면 도무지 찾을 수 없지만, 끊임없이 잡다한 작용이 눈앞에서 일

99　송(宋)나라 자각종색(慈覺宗賾, ?~?) 선사의 게송.

어나는 것을 부정할 수는 없습니다.

보리달마가 지금 어디에 있습니까?

보리달마는 언제나 우리 눈앞에 나타나 있습니다. 부리부리한 눈, 뭉툭한 코, 고집스런 입, 털북숭이 수염! 감추려야 감출 수 없는 당당한 모습입니다. 그 모습으로 찾으려고 하면 결코 찾을 수 없으나 어떤 모습에도 속지 않는다면 모든 모습이 그의 모습입니다. 그때 비로소 몸소 보리달마를 친견하고 조사는 결코 서쪽에서 온 적이 없다는 사실을 깨닫고 무릎을 치며 껄껄 웃게 될 겁니다.

보리달마가 지금 어디에 있습니까?

6대에 옷 전한 일 천하에 소문났고
六代傳衣天下聞

옷은 서로 전할 수 있지만 이 일은 전할 수 없습니다. 그러나 옷을 전하는 일을 떠나 따로 이 일이 있는 것은 아닙니다. 이 일은 모양이 없지만 모양을 떠나 있지는 않습니다.

어젯밤에는 바람이 몹시 불고 비가 쏟아졌는데, 오늘 아침엔 하늘이 맑게 개어 있습니다. 허공 안에서 어둠과 밝음, 비바람 부는 일과 맑게 개는 일이 오고 갔지만 허공 자체는 아무 변화가 없습니다.

모든 일은 허공처럼 텅 빈 눈앞의 모양 없는 자리에서 일어났다가 사라집니다. 그 모든 일, 모든 경험의 목격자도 이 허공처럼 텅 빈 눈앞의 모양 없는 자리에서 목격되는 또 하나의 경험일 뿐입니다.

보는 자는 볼 수 없습니다. 아는 자는 알 수 없습니다. 이 볼 수 없고, 알 수 없다는 사실에서 한 번 몸을 뒤집어야 합니다. 문득 '본다/보지 못한다', '안다/알지 못한다'라는 양 갈래 길에서 솟구쳐 나와야 합니다.

《신심명》에서 승찬 대사[100]는 이렇게 말했습니다.

"참됨을 구하려 애쓰지 말고 다만 모름지기 견해를 쉬어라."

뒷사람들이 도를 얻은 것 어찌 다 헤아리겠는가?
後人得道何窮數

도(道)라는 것을 특출한 사람들이나 얻을 수 있는 특별한 상태나 경지라고 여기는 것이야말로 도를 몰라서 하는 소리입니다. 도는 도

---

100 중국 선종의 제3대 조사(祖師)로서 선의 요체를 사언절구(四言絶句)의 시문으로 풀이한 《신심명(信心銘)》을 남겼다.

가 아닙니다. 도라는 것에는 도라는 것이 없습니다. 그것이 바로 도입니다. 어쩔 수 없이 말하자면, 모든 것이 도 자체이고, 따라서 도 아닌 것이 없으므로 도마저도 없게 되는 겁니다. 도만 있으면 도도 없습니다.

이 있으면서 없는 도, 나머지가 없는 도를 누가 있어 얻고 잃을 수 있겠습니까? 《십우도송》의 제1도 소를 찾아 나서는 대목에 이르기를, "애초부터 잃어버리지 않았거늘 무엇 때문에 찾아 헤매는가?"라고 하였습니다. 눈앞에 있지도 않은, 생각 속의 도는 잠시 잊어버리고, 지금 바로 눈앞에 생생하게 작용하는 이 한 물건을 바로 보십시오. 이것이 무엇입니까?

바로 지금, 보고 듣고 맛보고 냄새 맡고 생각하는 이 신령한 물건 아닌 물건, 이 작용을 뭐라 이를 수 있겠습니까? 의식, 작용, 마음, 자성, 본성, 불성, 깨달음, 도……. 어떤 이름도 그것이 가리키고자 하는 것은 아닙니다. 그러나 그 모든 이름과 상관없이 바로 지금 눈앞에 있는 그대로 펼쳐져 있는 이 현상세계 전체가 바로 이것입니다.

스스로 어리석어 생각 속에서 헤매지 말고 모든 것을 내려놓으십시오. 백척간두에서 한 걸음 더 나아가는 심정으로, 천 길 벼랑에서 겨우 붙잡은 칡넝쿨을 놓는 심정으로 추구하는 마음을 포기하십시오. 언제나 떠날 수 없는 자기 눈앞으로 돌아와 세상에 처음 태어났을 때의 바로 그 눈으로 눈앞을 있는 그대로 비추어 보십시오. 언제나 이러했습니다.

한 생각이 일어나니 나와 나의 삶이라는 드라마가 펼쳐졌고, 한 생각이 사라지니 나도 없고 나의 삶의 이야기도 어젯밤 꿈과 같을 뿐입니다. 아무것도 얻은 것 없고, 아무것도 달라진 것은 없습니다. 다만 이제까지 나의 눈으로 세상을 보는 줄 알았다가 온 세상이 그저 나의 눈 하나임을 깨달았을 뿐입니다. 거짓을 버렸을 뿐 또 다른 진실을 얻은 것은 아닙니다.

진실도 세울 수 없고 거짓도 본래 텅 비었음이여,
眞不立妄本空

보조 지눌[101] 국사가 두 차례의 깨달음을 체험한 이후에도 가슴속에 원수처럼 걸려 있던 문제를 해결하게 된 계기는 다음과 같은 《대혜어록》의 구절이었습니다.

"선(禪)은 고요한 곳에 있지도 않고, 시끄러운 곳에 있지도 않고, 생각하여 분별하는 곳에 있지도 않고, 일상생활에서 인연에 응하는 곳에 있지도 않습니다. 비록 그러하지만, 고요한 곳, 시끄러운 곳, 생

---

101 1158년~1210년. 고려의 승려로 정혜결사(定慧結社)를 조직해 불교의 개혁을 추진했으며, 돈오점수(頓悟漸修)와 정혜쌍수(定慧雙修)를 주장하며 선교일치(禪敎一致)를 추구했다.

각하여 분별하는 곳, 일상생활에서 인연에 응하는 곳을 결코 내버려
서는 안 됩니다. 문득 눈이 열리면 전부 자기 집 속의 일입니다."

한 개념은 반드시 상대적이면서 상보적인 다른 개념과 짝을 이루
어 성립합니다. 이러한 분열과 분별이 불가능하면 우리는 무의미,
알 수 없음이라는 판단을 내리는데, 그러한 판단 역시 유의미, 알 수
있음과 짝을 이루어야 가능한 개념입니다. 따라서 모든 개념은 임
시방편이며, 결코 실재가 아닙니다.

모든 양 갈래 개념의 실체를 꿰뚫어 보는 것이 바로 개념에서 벗
어나는 일입니다. 그러므로 이 《증도가》 앞부분에서도 이렇게 노래
했습니다.

배움을 끊고 함이 없는 한가한 도인은
망상도 없애지 않고 참됨도 구하지 않네.
무명의 실성이 바로 불성이요,
허깨비 같은 공한 몸이 곧 법신이로다.

모든 상대적 개념에서 벗어나 분별할 수는 없지만 부정할 수는
없는 일을 직접 목격하는 일. 문득 의식의 초점이 분별되는 모습과
개념에서, 늘 있었지만 알 수 없었던 배경 같은 의식 자체로 옮겨가
는 일. 바로 지금 눈앞에서 자기도 모르게 그어 놓은 허망한 개념의
경계선을 벗어나, 있는 그대로의 전체를 홀연 확인하는 일. 그러한

일들을 일러 깨달음이라 할 뿐입니다.

있음과 없음을 모두 버리니 텅 비지 않으면서 텅 비었다.

有無俱遣不空空

있음은 없음으로 해서 있음이요, 없음은 있음으로 해서 없음일 뿐입니다. 비유하자면, 있음은 온전한 허공의 반쪽이요, 없음은 그 허공의 나머지 반쪽입니다. 그러나 허공을 갈라 반으로 나눌 수 없듯이, 있음과 없음도 실체가 없는 관념일 뿐입니다. 그 두 가지 모두를 놓아 버렸을 때 비로소 있으면서 있지 않고, 없으면서 없지 않은 하나의 사실이 드러납니다.

이것은 텅 비었으나 가득 차 있고, 가득 차 있으나 동시에 텅 비어 있습니다. 고요히 머물지만 끊임없이 작용하고, 끊임없이 작용하고 있지만 늘 고요히 머물러 있습니다. 삼라만상 두두물물이 모두 이것이지만, 삼라만상 두두물물 가운데 어느 것도 이것은 아닙니다. 잡을 수도 없고 놓을 수도 없으며, 얻을 수도 없고 잃을 수도 없습니다. 찾으면 없지만 찾지 않으면 늘 있습니다.

자기가 자기를 만날 수는 없지만 모를 수도 없습니다.

스무 가지 공문에 원래 집착하지 않으니

二十空門元不著

스무 가지 공문(空門)이란 뭐가 '있다'라는 집착을 부수기 위해 세운 '안도 비었다, 바깥도 비었다, 자성도 비었다, 빈 것도 비었다' 등등의 가르침을 말합니다. 모든 가르침은 사람들이 묶여 있는 생각의 굴레를 제거하고 집착에서 벗어나게 해 주기 위한 방편에 불과합니다. 그래서 옛사람들은 이렇게 말했습니다.

"부처님께서 온갖 법을 말씀하신 것은 일체의 마음을 없애기 위한 것이다. 나는 일체의 마음이 없으니 어찌 일체의 법을 쓰겠는가?"

가르침은 달을 가리키는 손가락과 같습니다. 손가락의 목적은 우리로 하여금 달을 보도록 시선을 옮겨가게 하기 위한 것입니다. 그런데 어리석은 사람이 보라는 달은 보지 않고 손가락 자체에만 현혹되어 있다면, 차라리 손가락으로 달을 가리키지 않은 것만 못한 꼴이 되는 것입니다.

들지 못했습니까?

마음은 스스로 본래의 마음이지
본래의 마음에 법이 있지 않다네.
법이 있고 본래의 마음이 있다면

마음도 아니요 본래 법도 아니다.[102]

한 성품은 여래의 본체와 스스로 같다.

一性如來體自同

하나의 성품은 바로 지금 어디에 있습니까? '하나의 성품', '어디'라는 말에 속아 생각 속으로 빠져들지 마십시오. 그 한 생각이 일어나는 바탕이 바로 하나의 성품 아닙니까? '성품'은 이름일 뿐 실체가 아닙니다. 이름과 개념으로 분별할 수는 없지만 부정할 수 없는 작용, 보고 듣고 생각하는 이 작용은 분명하지 않습니까? 이것의 이름을 일러 '성품'이라 할 뿐입니다. 다시 묻습니다. 하나의 성품은 바로 지금 어디에 있습니까? 아시겠습니까? 물음이 바로 답이었습니다. 바로 지금 하나의 성품이 이 물음을 보고, 듣고, 생각하는 여기에 생생하게 살아 있습니다.

 그렇다면 여래의 본체는 또 어디 있을까요? '성품'이라 하든 '여래'라 하든 그 모든 것은 이름과 개념일 뿐입니다. 오지도 가지도 않는 것을 일러 '여래'라 할 뿐입니다. 바로 지금 눈앞에서 일어나는 보고, 듣고, 생각하는 이 작용이 언제 온 적이 있습니까? 사라진 적이 있습니까? 깊은 잠 속에 빠져 나도 없고 세상도 없는 무의식 속에서도 이 오지도 가지도 않는 한 물건은 또렷이 깨어 있습니다. 잠

---

102 서천(西天) 제4조 우바국다(優婆鞠多) 존자의 전법게송.

속에서 심장이 뛰고 숨을 쉬는 것이 무엇이겠습니까? 생각이 사라져도 이 물건만은 제 할 일을 다 하고 있습니다. 그러므로 생각은 왔다 갔다 하는 손님이요, 오지도 가지도 않는 이것이 주인, 본래의 나입니다.

마음은 뿌리요 법은 티끌이니
心是根法是塵

흔히 마음은 인식의 뿌리, 즉 주관이라 하고, 현상(법)은 티끌과 같은 대상경계, 곧 객관이라고 생각합니다. 이것이 우리의 고질적인 이분법적 사고방식입니다. 이것이 우리 미혹의 근원이요, 고통의 시발점입니다. 다시 말해 '나'라는 주관, 주체가 있어 '세계'라는 객관, 대상을 경험한다는 것이 일반적인 생각인데, 그것이 거꾸로 뒤집어진 생각, 전도몽상(轉到夢想)입니다.

깨달음은 바로 보는 것(正見)이며, 있는 그대로의 사실을 보는 것(如實知見)입니다. 우리는 있는 그대로의 사실을 보고 있는 것이 아니라, 그동안 보고 듣고 배운 생각의 틀에 얽매여 사실을 왜곡하여 보고 있는 것입니다. 즉 사실을 보고 있는 것이 아니라 자신의 생각을 보고 있을 뿐입니다. 그것이 생각이 아닌 사실이라고 착각하면서 말입니다.

바로 지금 눈앞을 살펴보십시오. 여기서 눈앞이란, 육체적인 눈의 전면을 말하는 것이 아니라, 바로 지금 여기서 벌어지는 모든 인식과 경험의 장(場), 공간 전체를 가리키는 말입니다. 나라는 주체와 세계라는 대상경계 모두가 바로 지금 여기 눈앞의 인식의 장, 경험의 공간 안에서 드러납니다.

내가 있다는 느낌, 나의 현존은 생각할 필요도 없이 바로 지금 여기에서 자명합니다. 마찬가지로 대상경계, 세계 역시 그러합니다. 사실 나와 세계, 주관과 객관은 바로 지금 여기의 인식의 장, 경험의 공간에서 동시에 드러나는 동일한 인식, 동일한 경험일 뿐입니다.

마치 하나의 꿈속에서, 나와 세계로 나눠진 듯한 꿈을 꾸는 것과 비슷합니다. 꿈속의 나도 본질은 꿈이요, 꿈속의 산하대지도 꿈이요, 꿈속의 다른 사람도 꿈, 그들과 나눈 대화도 꿈, 나의 감각과 감정과 생각 역시 꿈일 뿐입니다. 제각각 따로 있다고 여겨지던 모든 것들이 그저 하나의 꿈일 뿐이었습니다.

바로 지금 여기의 사실도 그러합니다. 내가 있음이 너무나 자명합니다. 내 앞에 보이는 사물, 세상의 소음, 가족들의 말소리, 감각과 감정 그리고 생각 역시 너무나 분명한 사실입니다. 그러나 그 모든 것은 동시에 아무 차별 없이 우리의 인식의 장, 경험의 공간 안에서 드러나고 있습니다.

여기서 조금 더 나아간다면, 바로 지금 여기 우리 눈앞의 인식의 장, 경험의 공간 안에 있는 나와 세계, 삼라만상 두두물물이 바로 인식 자체, 경험 자체라는 사실을 깨달을 수 있습니다. 꿈속에서 꿈속의 나와 세계가 꿈 자체이듯이, 우리가 객관적으로 존재한다고 '생각'하는 나와 세계 역시 단순한 하나의 인식, 경험에 불과합니다.

그래서 불교에서는 "삼계(三界)가 오직 마음이요, 만법이 오직 의식이다."라고 말하는 것입니다. 어떤 주체가 있어 다른 대상을 인식하고 경험하는 것이 아니라, 의식이 의식 자체를 인식하고 경험할 뿐이라는 말입니다. 이것을 '현존'이라고도 하고, '알아차림'이라고도 하고, '텅 빈 각성'이라고도 합니다. 그러나 그 모든 것이 바로 지금 여기에서 일어나는 사실에 대한 꼬리표에 불과합니다.

의식의 초점을 어디에도 두지 않는다면 모든 일들이 바로 지금 여기의 당처(當處), 이 자리, 이 순간, 이것을 떠나지 않고 끊임없이 생멸 변화합니다. 그러나 그 모든 생멸 변화를 드러내는 그것, 그것 자체는 어떤 분별로도 파악할 수 없습니다. 그래서 그것을 '영원', '여여', '진여'라 이름하지만 그 역시 헛된 이름일 뿐입니다.

풀끝마다 조사의 뜻 분명함이여!
봄 숲에 핀 꽃 새소리 그윽하네.
아침에 비 뿌린 뒤 산은 씻은 듯하니

가지마다 붉고 희게 드러나 감출 수 없구나.[103]

두 가지는 거울 위의 흔적과 같다.

兩種猶如鏡上痕

주관과 객관, 마음과 법은 이 하나의 인식의 장, 경험의 공간 안(또는 위)에서 드러나는 하나의 인식, 하나의 경험입니다. 거울과 거울 위의 이미지가 분리되어 있지 않듯이, 인식의 장, 경험의 공간과 낱낱의 인식, 경험은 분리되어 있지 않습니다. 색이 그대로 공이고, 공이 그대로 색으로 공과 색은 다르지 않다는 말과 같습니다.

내가 있다는 느낌의 배후에 머물러 있으십시오. 참된 나는 '내가 있음'이 드러나는 공간입니다. 공간이라 이름하지만 그것은 어떤 공간적 개념이 결코 아닙니다. 언어의 한계 탓에 어쩔 수 없이 그렇게 표현할 뿐입니다. 스스로 이러한 말과 글을 통해 직접 그 사실을 체득하면 이러한 모든 말이 부질없는 노력이었다는 사실을 깨닫게 될 것입니다.

---

103 감산덕청(感山德淸, 1546~1623) 선사의 게송.

흔적과 때가 모두 없어지면 광명이 비로소 나타나고
痕垢盡除光始現

우리 모두 불성, 곧 깨달음의 성품을 가지고 있음에도 그 사실을 스스로 확인하지 못하면 어리석음 속에서 고통을 받는 것이 사실입니다. 마치 본래 깨끗한 거울에 바깥에서 들어온 먼지나 때가 묻고 흔적이 남으면 밝게 비추는 광명이 드러나지 못하는 것과 마찬가지입니다. 본질적인 면에 있어서 거울의 비추는 작용, 그 잠재력은 흔적과 때가 있건 없건 동일하지만, 현상적인 면에서는 있는 그대로 대상을 비추는 일과 사실을 왜곡하여 비추는 일이 엄연히 다른 것입니다.

물질적 거울의 경우에는 표면에 묻어 있는 흔적과 때를 지울 수 있겠으나, 형체가 없는 마음의 거울은 어떻게 손을 써야 할까요? 해결책은 의외로 엉뚱한 곳에 있습니다. 마음 거울이 어떤 것인지 정확히 꿰뚫어 보면, 애초에 흔적과 때가 묻을 수 없고 언제나 늘 광명을 발하고 있었다는 사실을 알게 됩니다. 마음 거울에 묻은 흔적과 때를 지우려는 그 어리석음이 바로 마음 거울 위의 흔적과 때였습니다. 육조 혜능의 다음 게송을 잘 아실 것입니다.

> 菩提本無樹 깨달음에는 본래 나무가 없고
> 明鏡亦非臺 밝은 거울 또한 틀이 아니로다.
> 本來無一物 본래 한 물건도 없으니
> 何處惹塵埃 어느 곳에 먼지 티끌 끼겠는가?

어떤 스님이 동산양개[104] 스님에게 물었습니다.

"때때로 부지런히 털고 닦는다 하였는데, 어째서 오조 홍인 스님의 의발을 전수받지 못했습니까? 어떤 사람이 받아야 마땅한 것인지 모르겠습니다."

동산 스님이 말했습니다.

"문으로 들어오지 않은 자이다."

그 스님이 말했습니다.

"문으로 들어오지 않은 자이기만 하면 의발을 전수받습니까?"

동산 스님이 말했습니다.

"비록 그렇더라도 그에게 주지 않을 수 없다."

동산 스님께서 다시 말씀하셨습니다.

"곧장 본래 한 물건도 없다 말해도 의발을 전수받기에는 합당한 자격이 되지는 못하니, 그대는 말해 보라. 어떤 사람이 합당하겠는가? 여기서 한마디 말을 내놓아 보아라. 자, 어떤 말을 해야 하겠는가?"

그때 한 스님이 96번에 걸쳐 말을 내놓았으나 모두 계합하지 못하다가 마지막 한마디에 비로소 스님의 뜻에 적중하자 동산 스님께서 말씀하셨습니다.

"그대는 왜 진작 이렇게 말하지 않았는가?"

한편 또 한 스님이 이것을 몰래 엿듣다가 마지막 한마디만을 듣지 못하여, 마침내 그 스님에게 설명해 주기를 청하였지만 말해 주지 않

---

104 807~869. 중국 당나라의 선승(禪僧)으로 운암담성(雲巖曇晟)의 법을 계승하였다. 후에 종풍(宗風) 선양에 힘썼으며 따르는 제자가 많아 조동종(曹洞宗)의 개조가 되었다.

았습니다. 그리하여 3년을 따라다녔지만 그 스님은 끝내 말해 주지 않았습니다. 그러다가 하루는 이 스님이 병이 들어 말했습니다.

"내가 3년이나 앞의 이야기를 설명해 달라고 청했으나 자비를 입지 못했다. 선의로 하여 되지 않았으니 악의로 하겠다."

그러고는 칼을 가지고 협박하면서 말했습니다.

"나를 위해 설명해 주지 않는다면 그대를 죽이겠다."

그 스님은 두려워하면서 말했습니다.

"우선 기다리게. 내 그대를 위해 설명하겠네."

그리고 말하기를, "설령 가져온다 하여도 둘 곳이 없다고 하였다네."라고 했습니다.

물었던 스님은 이에 절을 하고 물러갔습니다.

아시겠습니까?

마음과 법, 둘 다 없으면 성품이 곧 참되다.
心法雙亡性卽眞

마조도일의 제자 가운데 반산보적[105]이라는 분이 계셨습니다. 이분이 어느 날 푸줏간에 들렀을 때, 어떤 손님이 푸줏간 주인에게 말했습니다.

---

105 당나라 때의 승려. 마조도일(馬祖道一)의 법사(法嗣)로, 관적(籍貫)과 생몰연도 모두 미상이다.

"좋은 고기로 한 조각 잘라 주시오."

그러자 주인이 칼을 내려놓고 손을 모으고 말했습니다.

"어르신, 어떤 것이 좋지 않은 것입니까?"

반산은 이 광경을 보고 깨달음을 얻었습니다.

하루는 다음과 같이 대중에게 설법하였습니다.

"삼계에 법이 없거늘 어느 곳에서 마음을 구하며, 사대가 본래 텅 비었거늘 부처가 무엇에 의지해 머물겠는가?"

우리나라의 경허 선사가 마지막 열반송에 차용하기도 한 다음의 게송도 반산 선사가 지었습니다.

마음 달이 홀로 둥글어

그 빛이 온 누리를 삼키도다.

빛이 경계를 비추지 않으며

경계 또한 있는 게 아니네.

빛과 경계 모두 없으면

다시 이 무슨 물건인가?

마지막 구절에 대해 동산 스님이 다음과 같이 말했습니다.

"빛과 경계가 아직 없어지지 않으면 다시 무슨 물건인가?"

바로 지금 나와 사물을 드러내고 있는 이 물건은 무엇입니까?

8

경계는 고요하고
숲은 한가하여

말법을 슬퍼하고 시세를 미워하노니

嗟末法惡時世

이 하나의 법에는 시작도 없고 끝도 없습니다. 석가모니 이전에도 이 법은 분명했고 석가모니 이후에도 이 법은 역력한 것입니다. 따라서 말법[106] 시대 운운은 허망한 분별입니다. 예와 이제, 다음이 없는 이 법에 그리워해야 할 과거의 때와 한탄하고 미워할 지금의 때가 따로 있다면 망상입니다.

이 법에는 이 법이라 할 것마저 없으니 분별과 망상조차 슬퍼하고 미워하지 않습니다. 모든 것이 '있는 그대로'일 뿐이니 털끝만큼

---

106 탁한 세상. 부처님 입적 후 최초의 1천 년(500년이라고도 함)을 정법(正法), 다음의 1천 년을 상법(像法), 그 후의 1만 년을 말법(末法)이라고 함. 이 말법(末法)에서 불교는 그 가르침만이 있어서, 그것을 실천하는 행(行)도, 또 깨달음으로서의 증(證)도 없는 시대.

도 다른 것이 없습니다. 산은 높고 골짜기는 깊은 그대로 평등한 것입니다. 새는 하늘을 날고 물고기는 물속을 헤엄치는 것이 평등입니다.

어젯밤 늦게까지 풀벌레 울더니 이른 아침엔 새들의 노랫소리뿐. 인생이라 백년, 삼만 육천오백 일 늘 반복하는 것이 다만 바로 이 일입니다.

중생이 박복하여 조복하기 어렵다.
衆生薄福難調制

중생과 부처는 헛된 이름일 뿐 그 바탕은 결코 다르지 않습니다. 다만 온갖 사물, 온갖 감정, 온갖 생각이 하나의 마음, 단일한 의식, 어떤 실체도 없으나 분명히 존재하는 작용임을 깨달아 아느냐 모르느냐는 차이가 있을 뿐입니다.

비유컨대 자기 주머니에 백지 수표가 있었는데 오랫동안 그 존재를 잊고 바깥으로 구걸하던 사람이 어느 날 우연히 백지 수표를 발견하고 마음껏 돈을 쓸 수 있게 된 것과 같습니다. 수표의 존재를 확인하지 못했을 때도 수표의 가치는 변함이 없었습니다.

그러나 오랜 세월 동안 자기를 중심으로 한 분별을 통해 만사를 인식해 온 중생의 관점이 극복된다는 것은 그리 쉬운 일이 아닙니다. 하루하루 끼니를 걱정하며 살아가는 이에게 본래 자기 주머니에 평생 써도 다 못 쓸 백지수표가 있다는 것을 믿게 하기가 어려운 것처럼 말입니다.

그 들뜨고 헤매는 마음을 다스려 멈추게 하기 위해 갖가지 방편들이 생겨났습니다. 분별에서 또 다른 분별로 이어지는 흐름을 끊고 그 모든 저변에 한결같은 하나의 바탕을 스스로 깨달을 수 있도록 이끄는 것이 올바른 방편입니다.

온갖 사물, 온갖 감정, 온갖 생각이 어디에서 나타나고 어디에서 사라집니까? 끝없는 변화 가운데 결코 변화하지 않는 것은 무엇입니까? 모든 것은 취할 수도 있고 버릴 수도 있는데, 결코 취하고 버릴 수 없는 것은 어떤 것입니까?

이른 새벽 이웃집 농가에서 닭이 울고 있습니다.

바로 지금 이렇게 작용하는 것이 무엇입니까?

성인이 가신 지 오래되어 삿된 견해는 깊어졌으니
去聖遠兮邪見深

《금강경》에 이르기를, "수보리야, 어떤 사람이 '여래는 오기도 하고 가기도 하고 앉기도 하고 눕기도 한다'고 한다면, 이 사람은 내 말뜻을 이해하지 못한 것이다. 왜냐하면 여래란 온 일도 없고 간 일도 없기 때문이다. 그래서 여래라고 한다."라고 하였습니다. 그런데 어찌 성인이 가신 지 오래되었다 할 수 있겠습니까?

보지 못했습니까?

《선문염송》 제1칙에 "세존께서 도솔천을 떠나시기 전에 이미 왕궁에 태어나셨으며, 어머니의 태(胎)에서 나오시기 전에 이미 사람들을 다 제도하셨다."라고 하였습니다. 여기에 대해서 원오극근[107]이 송(頌)하기를, "큰 모양은 본래 형상이 없으니 지극히 텅 비어 온갖 사물을 싸안고 있다." 하였습니다.

시공간 속 온갖 사물이 모두 여래입니다. 《금강경》에서도 "여래란 곧 모든 법이 있는 그대로의 참모습이라는 뜻이다."라고 하였습니다. 늘 바로 지금 여기 눈앞은 있는 그대로의 진실일 뿐입니다. 드

---

107 1063~1135. 송(宋)의 승려. 임제종 양기파(楊岐派). 어려서 출가하여 여러 지역을 편력하다가 오조 법연(五祖法演, ?-1104)에게 사사(師事)하여 그의 법을 이어받음. 《벽암록》을 지음.

러난 대상경계에 속으면 분별망상에 떨어지지만, 분별망상 역시 바로 지금 여기의 눈앞을 벗어나 있지는 않습니다.

그러므로 삿된 견해가 그대로 여래, 있는 그대로의 진실입니다. 《유마경》에 유마거사의 병문안을 온 문수사리가 이렇게 물었습니다.

"부처님들의 해탈은 어디서 구해야만 합니까?"

그러자 유마거사는 다음과 같이 말했습니다.
"일체 중생의 마음(心行)에서 구해야만 할 것입니다. 또 그대는 왜 시자가 없느냐고 물었지만, 모든 마구니와 온갖 외도들이 모두가 나의 시자입니다. 왜냐하면 온갖 마구니들은 생사를 좋아하지만, 보살은 생사를 버리지 않고, 외도는 여러 가지 그릇된 견해를 좋아하지만, 보살은 이 그릇된 견해에 동요되지 않기 때문입니다."

바로 지금 여기 우리 중생들의 마음이 곧 여래의 해탈처입니다. 두려움, 걱정, 불안, 의심, 분노, 짜증, 슬픔이 그대로 깨달음의 현현입니다. 자질구레한 일상의 생각, 감정, 느낌을 떠난 것이 해탈의 마음이 아니라, 그 모든 생각, 감정, 느낌을 차별 없이 쓰고 있는 그 마음이 바로 여래의 마음입니다.

오늘 아침 커피 맛은 유독 씁니다.

마구니는 강하고 법은 약하여 원망과 해로움 많다.

魔强法弱多怨害

'나'라는 물건이 있다는 한 생각이 '나'가 좋아하는 것은 얻으려 하는 탐심(貪心)을 일으키고, 반대로 얻고자 하는 것을 못 얻을 때에는 진심(嗔心)을 일으키며, 결국에는 우리가 얻고자 하는 어떤 것도 영원하고 항상하지 못하다는 사실을 깨닫지 못하는 치심(痴心)의 굴레를 벗어나지 못하게 만듭니다. 이 탐·진·치 삼독(三毒)은 모두 '나'라는 것이 있다는 착각, 분별망상에서 비롯되었으며, 그것이 바로 마구니입니다.

'나'가 있으면 반드시 '나 아닌 것'과 대립을 이루어 갈등하게 됩니다. 본래 둘 아닌 하나의 물건, 하나의 마음, 하나의 의식, 하나의 작용을 둘로 나누어 놓고는 한쪽은 좋아하고 다른 한쪽은 싫어하는 것이 분별망상입니다. 그래서 삼조 승찬은 "지극한 도는 어렵지 않으니 오직 가려 선택하는 것만을 꺼릴 뿐이다."라고 하였습니다.

법(法)은 물(水)이 흘러가듯(去) 자연스러운 것입니다. 막힘없이 통하여 머묾 없이 흐르는 것입니다. 깨끗한 것도 더러운 것도 아무 차별 없이 끌어안고 드넓은 바다로 향하는 것입니다. 물은 가장 부드럽고 가장 약하지만 동시에 가장 거칠면서 가장 강한 것입니다. 액체이면서 기체와 고체로 정해진 모양, 일정한 상태에 얽매이지 않고 변화 작용합니다. 법 역시 그러합니다.

분별망상, 탐·진·치라는 마구니를 떠난 법이 따로 있는 것이 아닙니다. 탐·진·치 그대로가 계(戒), 정(定), 혜(慧)입니다. '나'라는 한 생각의 실체를 꿰뚫어 보면 탐내고 갈구하는 마음이 저절로 다스려지고, 성내는 마음이 고요히 가라앉으며, 어리석은 마음이 스스로 밝아 모든 의심이 사라지게 됩니다. 분별망상으로 인한 원한과 해로움이 있는 그대로의 진실로 인해 사랑과 자비로 변하게 됩니다.

'나'가 있다는 한 생각을 돌이키면 그것이 바로 법이지 다른 법이라는 물건이 따로 있지 않습니다. 여기서 '나'라는 것도 허망한 이름일 뿐이고, '법'이라는 것도 덧없는 관념일 뿐입니다. '나'라는 이름, '법'이라는 관념도 모두 놓아 버리면 과연 어떤 일이 벌어질까요? 드러나는 어떤 것도 이름과 관념으로 잡지 않는다면 어떻게 될까요?

자기 그림자를 끊고 달아나는 천리마처럼 바로 지금 여기서 말과 생각, 분별망상을 뒤로하고 한 번 몸을 솟구쳐 빠져나오십시오. 어서!

여래께서 돈교의 법문을 설하는 것을 듣고서도
聞說如來頓教門

깨달음이란 인식의 전환, 감수성의 변화라 할 수 있습니다. 마치 눈에 보이는 현상만 믿어 태양이 지구 주위를 돈다고 믿다가, 눈에 보이는 현상 너머의 법칙을 깨달아 눈에 보이는 것과는 달리 지구가 태양 주위를 돌고 있었다는 사실을 받아들이는 것과 같습니다. 인식의 전환, 감수성의 변화 전후로 눈에 보이는 차원에서의 변화는 없습니다만, 인식의 전환과 감수성의 변화로 인해 눈에 보이는 현상에 대해 이전과는 전혀 다른 이해 방식, 통찰이 생길 뿐입니다.

깨달음에 대한 올바른 견해가 없는 경우, 곧 자기 자신이 가지고 있던 기존의 잘못된 견해, 선입견, 악지악각(惡知惡覺)[108]을 버리지 못하면 그것에 장애를 받아 곧장 깨달을 수 있는 기회를 번번이 놓치게 됩니다. 자신이 기존에 알고 믿고 있던 것을 모두 내려놓고 순수하게 열려 있는 호기심, 있는 그대로의 진실을 알고자 하는 간절한 마음으로 가르침을 듣게 되면 의외로 쉽게 인식과 감수성의 전환은 이루어지게 되고, 그러한 사건을 이름하여 돈오, 문득 깨닫는다 하는 겁니다.

깨달음은 어떤 육체적 신비 체험을 통해 일어나는 것이 결코 아닙니다. 오히려 깨달음을 통해 그러한 신비 체험이 일어날 수도 있

---

108 불과(佛果)를 얻는 것을 방해하는 사악한 지식.

습니다. 그것은 감수성의 차이에서 비롯되는 것입니다. 깨달음의 순간 일어나는 감수성의 변화는 사람마다 차이가 있습니다. 어떤 사람은 아주 미세한 변화에도 예민하게 반응하지만 대부분의 사람들은 별 차이를 느끼지 못하는 것과 같습니다. 그러나 깨달음에서 중요한 사실은 변화하는 것이 아니라 결코 변화하지 않는 것에 대한 확고한 인식입니다.

대개의 경우 깨달음이라는 사건 이전과 이후의 변화에 깊은 관심을 가지고 그러한 변화를, 깨닫지 못함에서 깨달음으로, 일상적인 경험에서 깨달음의 체험으로의 변화를 갈구합니다. 그러나 진정한 깨달음, 완전한 깨달음, 그러한 것이 가능하다면, 최후의 깨달음이란 그 이전과 이후를 통해 영원히 변화하지 않는 것에 대한 발견입니다. 너무나 당연하고 단순하지만 전혀 예상 밖의 발견이기에 한동안은 그 사실을 쉽게 받아들이기 어려울 수도 있습니다. 의혹 속에서 주저할 수 있습니다.

그러나 그것이 참된 깨달음, 구경(究竟)의 완성이라면 어느 정도 시간이 흐른 뒤에 자연스럽게, 전혀 신비스러운 체험 없이, 스스로 고개를 끄덕이게 될 것입니다. 먼저 이 길을 발견했던 수많은 성현들의 가르침을 통해 자신이 발견한 것이 바로 그것임을 끊임없이 확인하게 될 것입니다. 무엇보다 스스로의 삶을 통해 그 발견이 진실한 것임을 증험하게 될 것입니다. 지구가 네모난 것이 아니라 둥근 것이라는 인식의 전환이 신대륙의 발견을 가능하게 했던 것처럼 말입니다.

기왓장 부수듯 없애 버리지 못한 것을 한스러워한다.
恨不滅除令瓦碎

공부에 대한 잘못된 견해의 폐해는 그러한 견해를 가진 당사자로 하여금 올바른 법을 깨닫지 못하게 하는 데 그치는 것이 아니라, 나아가 정법을 비방하고 다른 사람들마저도 올바른 법을 만나지 못하게 만드는 데까지 미칩니다.

　예전《금강경》해설서를 지은 덕산[109]이 자신은 불법을 안다고 자부했는데, 남방에 경전에 의지하지도 않고 단박에 성품을 보아 깨달음에 이른다는 선종의 무리가 있다는 소식을 들었습니다. 곧장 자신이 지은 해설서를 걸머지고 선종의 마구니들을 박살 내려 길을 나섰다가 떡 파는 노파와 용담 선사를 만나 홀연 깨닫고는 자신이 지은 해설서를 불 질러 버렸다는 일화를 아실 겁니다.

　마구니는 오히려 불법 집안에 더욱 많은 법입니다. 부처의 모양을 하고, 부처의 옷을 빌려 입고, 부처를 팔아먹는 사람들이 바로 마

---

109 당(唐)의 승려. 속성은 주(周). 금강경에 정통하여 주금강(周金剛)이라 함. 용담사(龍潭寺)의 숭신(崇信)에게 법을 이어받음. 임제는 주로 크게 소리 지르는 할(喝)을 교화 수단으로 썼다면, 덕산은 주로 방망이(棒)로 때리는 수단을 사용하였음.

구니입니다. 어리석은 사람들로 하여금 미혹의 수레바퀴 속을 헤매게 만들도록 가르치는 사람들이 마구니입니다. 너무나 평범하고 단순하고 당연한 진실을 보지 못하도록 뭔가 신비하고 복잡하고 어려운 가르침을 펴는 무리가 마구니입니다.

우리 마음속에서 나와 남을 가르고, 깨달음과 깨닫지 못함을 나누고, 좋은 것과 나쁜 것으로 분별하는 그 한 생각이 바로 마구니입니다. 그 한 생각의 실체를 밝히지 못하면 마구니이고, 밝히면 부처입니다.

짓는 것은 마음에 있으나 재앙은 몸으로 받나니
作在心殃在身

콩을 심으면 콩이 나고, 팥을 심으면 팥이 납니다. 인과의 법칙은 어김이 없습니다. 깨달았다고 해서 인과를 벗어난 다른 세상에 사는 것이 결코 아닙니다. 인과는 엄연하나 인과에 어둡지 않은 안목을 갖출 뿐입니다.

삶이라는 연속되는 경험의 주체가 '나'라는 개체라 굳게 믿고 있는 한, 짓는 자도 분명히 존재하고, 지은 행위도 분명히 존재하고, 그 결과로서의 과보도 분명히 존재합니다. 꿈속에서 '나'가 지은 행위의 과보를 '나'가 받는 것과 마찬가지입니다.

그러므로 공부하는 사람은 "일체의 유위법은 꿈같고, 환상 같고, 물거품 같고, 그림자 같고, 이슬 같고, 또한 번갯불 같으니 마땅히 이와 같이 보아야 한다."라는 《금강경》의 말씀을 명심해야 합니다. 행위자도, 행위도, 행위의 결과도 결코 다른 일이 아닙니다.

> 무엇이 거짓이고 무엇이 참인고?
> 참이고 거짓이고 모두 다 헛것일세.
> 안개 걷히고 낙엽 진 맑은 가을날
> 언제나 변함없는 저 산을 보게.[110]

원망하고 하소연하거나 남을 비난해서는 안 된다.
不須怨訴更尤人

우리가 있는 그대로의 실상을 깨닫지 못하고 기존의 관념, 나는 누구이고 어떤 사람이며 세상은 어떤 것이라는 틀을 고집할 때는 반드시 다른 관념, 다른 틀과의 관계 속에서 갈등과 충돌을 피할 수 없습니다. 자신에 대한 관념, 정체성과 세계관은 공중누각에 불과한 허상일 뿐입니다. 그것은 진정한 나, 진정한 세계가 아니라 그것에 대한 이미지, 추상적인 관념에 불과합니다.

우리는 자기의 감정 때문에 고통스럽다고 합니다. 다른 사람과의

---

110 경허성우(鏡虛惺牛, 1849~1913) 선사의 게송.

관계 때문에 불편하다고 합니다. 부조리한 세상의 모습에 신물이 난다고 합니다. 원망하고 하소연하고 남을 탓합니다. 그러나 그것이 과연 있는 그대로의 진실입니까? 감정이라는 것이 나 바깥의 다른 물건인가요? 다른 사람과의 관계라는 것도 나 바깥에 객관적이고 독립적으로 존재하는 것일까요? 바깥세상이 진정 나의 외부에 있나요?

내가 곧 감정 아닌가요? 내가 곧 관계 아닌가요? 내가 곧 세상 아닌가요? 모든 것을 주객으로 나누는 생각의 최면에서 벗어나 냉정하게 깨어 있는 눈으로 살펴보십시오. '나'라는 추상적 주체 의식에서 벗어나 모든 것을 있는 그대로 바라보십시오. '나'는 모든 지각되는 경험의 총합에 불과합니다. '감정'이라는 경험, '관계'라는 경험, '세상'이라는 경험들이 바로 '나'라는 경험입니다.

'나'라는 하나의 경험이 '감정'이라는 또 다른 경험을 경험하고 있는 것이 아닙니다. 표층에서는 주객이 분리되어 어떤 사건이 벌어지는 듯하지만, 그 심층에는 그저 분별할 수 없는 경험 자체가 있을 뿐입니다. 드러난 경험의 모양은 다양하지만, 바로 지금 이 순간 경험이 일어나고 있음은 변함이 없습니다. 계곡에서 쉼 없이 흐르는 물을 보십시오. 물은 끊임없이 흘러가지만 물 자체가 있음은 변함이 없습니다.

모든 것이 '나'이고, '나'는 모든 것입니다. 이 둘 아닌 곳에서는 원망도 하소연도 남 탓도 사라집니다. 그것이 바로 평화와 안식입

253

니다. 진실로 바로 지금 여기에 있음만이 실재입니다. 허상을 꿰뚫어 보는 지혜의 눈이 갖추어질 때 저절로 평화가 찾아옵니다.

옴, 샨티, 샨티, 샨티!

무간지옥의 업보를 부르지 않으려거든
欲得不招無間業

무간지옥[111]의 업보가 그대로 깨달음의 세계입니다. 결코 벗어날 수 없는 이 지옥 같은 현실이 그대로 깨달음의 상태입니다. 이것을 떠난 별다른 깨달음의 세계, 깨달음의 상태는 없습니다.

우리가 분별의 눈으로, 세계와 분열된 개체의 입장에 서 있을 때는, 끝없는 사건들의 부침 가운데서 온갖 경계들에 압도되어 마음을 쉴 수가 없습니다.

그러나 그 모든 것이 둘 아닌 하나의 바탕, 모양 없는 허공 가운데 나타났다 사라지는 꿈이나 신기루와 같은 것임을 깨달으면, 끝없는 사건들의 흐름, 온갖 경계 속에서 자유를 얻을 수 있습니다.

---

111 무간(無間)은 쉴 사이가 없다는 뜻인데, 서천(西天) 말로 아비(阿鼻)이니, 아비지옥(阿鼻地獄)을 말함. 이 지옥은 사바세계(娑婆世界)의 아래로 2만 유순(由旬)되는 곳에 있는 몹시 괴롭다는 지옥임.

가로 보면 고개요, 모로 보면 봉우리

멀고 가깝고 높고 낮아 모두 다르다.

이 산의 참 모습을 모르는 것은

이 몸이 저 산 속에 갇혀 있는 탓일세.[112]

여래의 바른 법륜을 비방하지 말라.
莫謗如來正法輪

보고 듣고 느끼고 아는 작용 가운데 보이는 대상, 들리는 경계, 느껴지는 감각, 알려지는 지각은 모두 분별되는 객관 대상입니다. 보지만 스스로는 보이지 않고, 듣지만 스스로는 들리지 않고, 느끼지만 스스로는 느껴지지 않고, 알지만 스스로는 알려지지 않는 것이 진정한 주체, 참나, 여래, 불성입니다.

그러므로 참나, 여래, 불성은 알 수 없이 아는 것입니다. 단지 알지 못하는 줄 알 뿐입니다.

보이고, 들리고, 느끼고, 아는 대상으로 상대화, 부분화, 객체화하려는 어리석음에서 깨어나는 것이 깨달음일 뿐입니다. 어떤 모양도, 어떤 속성도, 어떤 질감도 없어 도무지 알 수가 없지만, 알 수 없음만은 너무나 분명하다는 사실을 알아차리는 것입니다.

---

112 소동파(蘇東坡, 1036~1101)의 게송.

《벽암록》에 이르기를, "산 너머에서 여기가 보이면 벌써 불이 난 줄 알고, 담장 너머 뿔이 보이면 곧장 소인 줄 안다."라는 말이 있습니다. 모든 것을 보고 듣고 느끼고 아는 작용 가운데 전광석화보다 재빨리 알 수 없는 한 물건을 알아차려야 여래의 바른 법륜을 비방하지 않는 것입니다.

전단[113] 나무 숲 가운데 잡스러운 나무가 없으니
栴檀林無雜樹

다양성 가운데에서 전일성(全一性)을 보고, 불평등 가운데에서 평등을 깨닫는 것이 이 공부입니다. 차별되는 모양, 구별되는 속성을 통해서는 결코 전일성과 평등을 발견할 수 없습니다. 모양 없고 속성 없는 것만이 전일하고 평등할 것입니다만, 모양 없고 속성 없는 것은 '것'이라 할 수조차 없습니다. 즉, 하나의 대상, 하나의 사물이 아닙니다.

진여(眞如)인 자성(自性)은 사람마다 모두 갖추고 있으나 한 개인이라는 한계에 갇혀 있지 않습니다. 내재적이면서 초월적인 존재 자체입니다. 바로 지금 여기 눈앞의 단순한 있음, 앎, 존재 또는 의식 자체입니다. 모든 것을 분별하지만 제 스스로는 분별되지 않는 바탕입니다. 모든 대상, 사물 이전에 이 진여 자성이 먼저 있습니다.

---

113 인도 특산의 향나무.

생각 이전에 이 진여 자성이 먼저 있습니다.

모든 것이 진여 자성에서 나와 진여 자성으로 돌아옵니다. 그러나 진여 자성은 오지도 않았고 가지도 않습니다. 한 생각 일으키기도 전에 이미 이것입니다. 한 생각 일으켜도 다른 물건이 아닙니다. 드러나는 모양과 속성은 차별되고 구별되는 듯 보이지만 그것의 본질, 본체는 모두 진여 자성일 뿐입니다. 마치 어젯밤 꿈속의 다양한 경계들이 모두 하나의 꿈을 벗어나지 못하는 것과 같습니다.

바로 지금 눈앞이 그대로 진여 자성의 작용입니다. 알 수 없지만 그 알 수 없음이 분명하다는 사실, 찾아 구할 수 없지만 찾아 구할 수 없다는 역력한 사실만은 부정할 수 없습니다. 알 수 없고 찾을 수 없다는 사실을 통해 이미 알고 있고 잃은 바 없다는 것을 문득 알아차리는 지혜가 발현되어야 합니다. '알고 모르고' 둘 다를 포함하면서도 '알고 모르고'를 초월한 사실입니다.

자기가 자기를 알 수는 결코 없습니다. 알면 객관화된 자기의 이미지이지 참된 자기가 아닙니다. 그러나 자기는 모를 수도 없습니다. 모른다는 사실조차 자기라는 바탕에서 일어나는 한 생각일 뿐입니다. 앎도 아니고 모름도 아닌 여기에 자기가 엄연히 존재하고 있었습니다. 모든 것을 머금고 있지만 어느 것에도 구속되지 않는, 있다고도 없다고도 할 수 없는 이것이 바로 자기입니다.

울창하고 깊숙하여 사자가 머문다.

鬱密深沈師子住

이른바 깨달음의 체험이라는 것을 하고 한동안 모든 문제가 사라진 듯하다가 도로 예전의 상태로 떨어진 것 같은 경험을 하는 경우가 십중팔구입니다. 신비체험이 축복이자 재앙일 수 있는 까닭이 바로 여기 있습니다.

일념으로 뭔가를 추구하다 일정 한계를 뛰어넘을 때 심신을 통해 일종의 해방감, 편안함, 특별한 감각을 느끼게 됩니다. 그러나 모든 경험이 그러하듯 일정 시간이 지나면 일어났던 경험은 고스란히 사라집니다.

정견(正見)이 갖추어지지 않은 채 공부를 하면 이런 경우 우왕좌왕 갈피를 잡지 못하고 헤매게 됩니다. 어떤 것이 진정한 깨달음의 체험이고 어떤 것이 그 체험에 동반되는 부수적인 상황인지 알아야 깨달음의 체험이라는 또 다른 경계에 미혹하지 않을 수 있습니다.

진정한 깨달음의 체험은 오온(五蘊)의 경계가 결코 아닙니다. 어떤 느낌이나 기발한 생각, 알음알이 따위가 아닙니다. 이전에는 생각지도 못했던 인식, 관점의 전환이며 미묘한 감수성의 변화입니다. 그러나 그것이 전혀 낯선 것이 아니라 너무나 당연한 것인데 체험하기 이전까지는 까맣게 잊고 있었던 것입니다.

그러한 인식의 전환과 감수성의 변화가 찾아오는 순간은 '아!'라는 감탄사가 저절로 토해질 정도의 체험만이 있습니다. 그러나 가끔 심신을 통해 강력한 에너지가 통과하거나, 가슴속에 맺혔던 것이 쑥 내려가는 듯한 느낌이 수반되기도 하는데, 그것은 어디까지나 오온 경계 가운데 하나일 뿐입니다.

체험 이전과 이후를 통해 달라지지 않는 여여한 바탕을 알아차려야 하는데, 아직 정견이 없으면 체험 이전과 달라진 어떤 특정한 경계를 법이라고 착각하여 자기도 모르게 집착하게 됩니다. 그 집착이 법견(法見), 법집(法執)을 낳고 스스로 법상(法相)을 지어 '깨달은 에고' 노릇을 하는 수가 있습니다.

삶은 잔혹하면서도 자비로운 스승인지라, 잘못된 견해를 가진 공부인에게 반드시 바른 길을 갈 수 있는 기회를 줍니다만, 그것이 때로 오랜 시간의 고통과 방황의 모습을 띠는 경우가 있습니다. 스스로 어렵게 얻었다고 자부했던 것을 내려놓고 아무것도 얻은 바 없는 예전의 상태로 돌아가는 듯한 낭패감을 느낄 수도 있습니다.

그러나 우리의 예상과 달리 이 공부의 혁명적 전환은 바로 그 순간에 있습니다. 삶의 고통에서 벗어나기 위해 공부라는 것을 하다가 깨달음의 체험을 얻어 고통에서 벗어나려 했던 우리의 시나리오 자체가 하나의 망상에 불과하다는 사실을 돌아보는 순간이 찾아오게 될 것입니다. 공부의 과정 자체가 일시에 소멸하며 본래 아무 일이 없었다는 어이없는 진실을 마주하게 될 것입니다.

그때에야 중생이 본래 부처이고, 번뇌가 그대로 깨달음이며, 사바세계가 바로 극락정토라는 불이(不二)의 진실에 계합하게 되는 것입니다. 어떤 노력도 어떤 수단 방편도 필요 없이 본래 깨달아 있고 본래 완전하다는 말의 참뜻을 스스로 수긍하게 되는 것입니다. 깨닫지 못함이 그대로 깨달음이어서 전혀 공부에 힘쓸 일이 없을 때 비로소 공부의 힘을 얻었음이 분명하게 됩니다.

바로 지금 이 순간 이대로가 바로 깨달음이어서 어떤 것에도 흔들리지 않는 안목이 갖추어져야 합니다. 털끝만큼이라도 특별한 경계를 구하고 탐착하는 마음이 사라져 온전히 예전 그대로의 평범한 상태로 돌아가야 합니다. 자기 할 일을 마친 범부일 뿐 불보살의 과덕(果德)을 갖추는 공부가 결코 아닙니다. 평범한 범부이지만 부처를 죽이고 조사를 죽입니다.

소리에 놀라지 않는 사자와 같이,
그물에 걸리지 않는 바람과 같이,
흙탕물에 더럽히지 않는 연꽃과 같이,
무소의 뿔처럼 혼자서 가라.[114]

---

114 《숫타니파타》의 게송.

경계는 고요하고 숲은 한가하여 홀로 노니

境靜林閒獨自遊

모양 없음(無相)이 생각 없음(無念)입니다. 생각 없음이 둘 아님(不二)입니다. 둘 아님이 한결같음(一如)입니다. 한결같음이 함이 없음(無爲)입니다. 함이 없음이 있는 그대로(如如)입니다. 있는 그대로가 참으로 그러함(眞如)입니다. 참으로 그러함이 참나(眞我)입니다. 참나는 나 없음(無我)입니다. 나 없음이 한 마음(一心)입니다.

　나도 마음이요, 경계도 마음입니다. 오직 하나의 마음뿐 다른 물건이 없으니, 마음조차 없습니다(無心). 없는 마음 가운데서 나도 나오고 경계도 나옵니다. 나와 경계는 둘이지만 둘이 아닙니다. 쌍으로 나왔다가 쌍으로 사라집니다. 나와 경계는 연기적 관계이므로, 곧 텅 빈 것(空)입니다. 있음(有)이면서 없음(無)이고, 없음이면서 있음입니다.

　모든 일이 일어나지만 어떤 일도 일어난 적이 없습니다. 모든 일이 사라지지만 어떤 일도 사라진 적이 없습니다. 오는 인연을 막지 않고 가는 인연을 잡지 않습니다. 막을 수도 없고 잡을 수도 없습니다. 모든 것은 영원하지 않고(無常), 어떤 것도 머물지 않습니다(無住). 모든 것을 놓아 버린 그곳에 오지도 않고 가지도 않는 한 물건(一物)이 있습니다.

이 무엇입니까?

달리는 짐승과 나는 새 모두 멀리 가 버린다.
走獸飛禽皆遠去

백수(百獸)의 왕 사자가 숲에 나타나 한 번 포효하면 산천초목과 온
갖 짐승들이 일시에 모든 동작을 멈추게 됩니다. 자질구레한 일상
의 소음 속에 묻혀 있던 숲이 일순간 태초의 고요함으로 되돌아갑
니다. 본래 있었으나 무신경하게 생활하느라 드러나지 않았던 본바
탕이 사자의 울음소리 한 번에 문득 드러나는 겁니다. 그때서야 온
갖 짐승과 새들의 소음 뒤에 있던 침묵이 되살아나게 됩니다. 사자
의 울음소리가 침묵을 살려낸 것입니다.

　늘 존재하는 것은 너무나 사소한 것이어서 보지도 못하고 지나쳐
버립니다. 그것은 하나의 사물도 아니고 하나의 경험이라 할 수도
없을 정도로 당연한 것이기 때문입니다. 어떤 내용도, 어떤 속성도
없이 텅 비어 있는 것을 우리는 너무나 쉽게 '없다', '모른다'라고 말
합니다. 그러나 '없다'고 할 만한 것이 분명하게 있고, '모른다'고 할
만한 것을 뚜렷하게 알고 있습니다. 보는 자는 보이는 것과 함께 있
으면서 동시에 그것을 벗어나 있습니다.

사자 새끼 무리가 뒤를 따르니

師子兒衆隨後

콩을 심으면 콩이 나고, 팥을 심으면 팥이 납니다. 올바른 법을 공부하면 정각을 이루고, 삿된 법을 공부하면 스스로 미혹될 뿐입니다. 중생이 본래 부처이고, 미혹한 이대로 이미 깨달아 있다는 불이(不二)의 진실을 믿고 따르고 스스로 확인하는 사람이 사자 새끼입니다.

전체로부터 따로 떨어진 작은 개체의 입장, 자기의 좁은 생각 안에서 스스로 의심하고 분별을 쉬지 못하는 사람들은 이 법을 공부할 수 없습니다. 언제나 자신과 법을 상대로 놓고 찾고 구하고 얻으려는 작은 근기로서는 이 전체 우주 허공을 한입에 삼킬 수 없습니다.

전체로서의 자기, 주객으로 분리된 작은 개체로서의 자기가 아니라, 우리의 한량없는 인식의 장 자체가 바로 둘 아닌 하나로서 평등한 자기 자신임을 몸소 깨쳐야 합니다. 내가 내 안에서 나를 찾고 있는 우스꽝스러운 희극을 직접 목도해야 합니다. 찾고 있는 자도 자기요, 찾는 물건도 자기입니다.

없던 것을 새로 찾은 것이 아니라, 이미 있었던 것을 새롭게 알아볼 뿐입니다. 깜빡 잊고 지내던 너무나 당연한 사실을 새삼 깨달으니, 어이없고 헛웃음만 나오는 일입니다. 어찌 몰랐던가, 어찌 몰랐던가, 이미 이 안에 버젓이 살고 있었다는 사실을 어찌 이렇듯 까맣게 잊고 살았는지 신기할 뿐입니다.

바로 지금 나라는 개체가 놓여 있는 눈앞의 허공 전체가 바로 참된 자기, 둘 아닌 하나의 마음, 의식 자체요, 존재 자체입니다. 모든 것이 따로따로 존재하는 듯 분별되는 그 자체로 이미 한 덩어리입니다. 언제나 늘 이 분별이 나타나는 눈앞이 분리 없는 전체로서의 하나였습니다.

세 살이면 능히 크게 울부짖는다.
三歲卽能大哮吼

이 공부에서 한 번의 인식의 전환, 단박의 깨달음으로 모든 문제가 말끔하게 해소되는 것은 아닙니다. 반드시 일정 기간 동안 익어 가는 시간, 인식의 전환이 육체를 가진 인간의 삶으로 구체화되는 시간이 요구됩니다. 적어도 3년, 또는 10년, 아니면 다시 30년의 시간과 노력이 필요합니다. 그래서 공부(工夫)한다는 말을 쓰는 겁니다. 공을 들이고 애를 쓰는 것입니다.

운문[115] 스님의 시자였던 향림 스님은 18년 만에 이 일이 있음을 알고 40년이 지난 다음에야 한 덩어리를 이루었다고 말했습니다.

---

115 중국 당송오대(唐宋五代)의 승려. 중국 선종(禪宗)·운문종(雲門宗)의 개조(開祖).

석가와 달마도 아직 수행 중이라는 말이 있습니다. 완벽과 완성에의 추구, 집착이 아직 이 공부에 대한 안목이 원만하지 못함을 증명하는 것입니다. 길이 끝난 곳에서 진정한 여행은 시작되고, 공부가 끝난 지점에서 영원히 끝나지 않은 공부가 이어집니다.

> 아름다워라, 꿈결 같은 생애여!
> 삶과 죽음의 물결이 흐르는 강둑에서
> 일 없이 낚싯대를 드리운 뜻은
> 물속의 고기를 탐하는 것이 아니라네.[116]

만약 들여우가 법의 왕을 쫓아내려 한다면
若是野干逐法王

터무니없는 말 같겠지만 이 공부는 공부를 하는 주체, 곧 '나'가 '어떤 것'을 판단하여 취사분별하는 일이 아닙니다. 그 '나'라는 한 생각이 하나의 망상, 허망한 분별, 의심 많은 여우입니다. 우리가 찾는 법은 찾기 이전에 이미 드러나 있습니다. 본래 성불, 불이(不二)의 참뜻입니다.

있는 그대로 드러나 있는 법의 세계, 법 속에서 '나'라는 하나의 생각이 '법'이라는 머릿속의 또 다른 생각을 찾고, 구하고, 얻고, 깨

---

116 자작시.

달려는 망상을 하고 있었을 뿐입니다. 그것이 중생의 전도망상(顚倒妄想)입니다. 그 헛된 분별망상을 깨달을 뿐, 달리 얻고 깨달을 '법'은 따로 없습니다.

불현듯 이제까지의 망상에서 풀려나 눈앞의 있는 그대로의 사실을 문득 알아차릴 뿐입니다. 늘 그래 왔고 언제나 그러했던 어이없지만 너무나 당연한 사실을 새삼 확인했을 뿐입니다. 전혀 새롭지 않고 따로 얻을 바 없는 이것이 바로 자신의 본성, 본래면목, 자성입니다.

한 생각을 일으켜 구하려 하고, 찾으려 하고, 얻으려 하고, 깨달으려 하는 것이 병이었습니다. 그 미친 마음을 쉬면 언제나 이대로일 뿐입니다. 돌고 돌아 이 자리, 예나 지금이나 이 자리, 언제나 바로 이 자리입니다. 이 자리 아닌 자리, 바로 지금 여기!

백 년 묵은 요괴가 헛되이 입을 여는 것이다.
百年妖怪虛開口

바로 지금 우리가 스스로 '나' 자신이라고 여기는 것은 진정한 '나'가 아닙니다. '나'라고 여겨지는 모든 것들이 바로 '백 년 묵은 요괴'입니다. 《금강경》에 아상(我相), 인상(人相), 중생상(衆生相), 수자상(壽者相)이라 한 것이 바로 이 '나'로서, '나'라는 주체의식, '나'가

몸을 가진 사람이라는 생각, '나'가 중생이라는 관념, '나'가 일정한 목숨을 지닌 존재라는 믿음은 헛된 이미지들일 뿐입니다.

이러한 '나'가 공부를 하는 주체인 양 착각한다면 영원히 깨달음을 얻기란 불가능합니다. '나'가 이미 헛된 이미지일 뿐이라면 그 '나'가 추구하는 '깨달음' 역시 또 다른 헛된 이미지에 불과하기 때문입니다. 그러므로 '나'는 결코 '깨달음'을 얻을 수 없습니다. 이 '나'가 헛된 이미지, 하나의 관념, 뿌리 깊은 망상임을 문득 알아차릴 때, 그것을 이름하여 '깨달음'이라 할 뿐입니다.

거꾸로 뒤집어진 생각을 바로잡으면 그 자리에서 깨닫는 것입니다. '나'가 있고, '나의 삶'이 있고, '나의 깨달음'이 있는 것이 아닙니다. 그 모든 것이 그저 일시적인 생각, 그렇지만 끊임없이 일어나는 생각에 불과합니다. 너무나 당연하게 여기고 있기에 한 번도 의심해 보지 않은 '나'의 존재를 의심하는 것이 진정한 공부의 출발입니다.

'나'는 존재한다. 이 단순한 생각을 다시 뒤집어 보십시오. 존재가 '나'이다. '나'라는 물건이 있어 존재하는 것이 아닙니다. 이미 있는 존재가 '나'라는 한 생각을 일으켰을 뿐입니다. 한 생각 이전에 이미 있는 이 존재는 결코 생각으로 알 수 없습니다. 알 수 없다고 해서 그것이 없는 것은 아닙니다. 생각으로 대상화되어 알 수 없을 뿐, 모른다는 그 사실을 통해 분명하고 생생하게 살아 있습니다.

한 생각 일어나기 이전에 이미 있는 이 존재가 무엇일까요?

부디 말에 속지 말고 눈앞에 버젓이 있는 이 존재를 확인하십시오. '나'라는 허깨비, '나의 삶'이라는 연속극이 끊임없이 일어나는, 있지만 없고 없지만 분명히 있는 이 물건을, 살아 있음 자체, 의식 자체, 존재함, 있음, 공(空)이라 불러 보지만 모두 쓸데없는 짓입니다. 이 변함없는 것을 문득 알아차리는 순간, 진정한 '나'를 확인한 것이고, 그것이 '깨달음'입니다.

원돈교에는 인정이 없으니
圓頓教勿人情

무엇이 원만한 것(圓)입니까?

바로 지금 눈앞이야말로 아무런 부족함 없이 원만한 것입니다. 분별되는 모양에는 결코 원만함이 존재하지 않습니다. 분별되는 모양에 집착해서는 결코 영원한 만족, 휴식을 얻을 수 없습니다. 그 모든 분별되는 모양이 드러나는 이 자리, 이 눈앞의 살아 있음, 이 순수한 의식 자체만이 늘 항상하고 변함없고 영원하며 부족함이 없이 원만한 것입니다.

무엇이 단박(頓)입니까?

바로 지금 눈앞의 이 원만한 것이야말로 시간이 없습니다. 과거와 현재와 미래가 여기서 일어나서 여기로 사라지지만 이것은 시간을 벗어나 있습니다. 무엇보다 먼저 있고 무엇보다 나중에 있습니다. 이것은 '있다/없다'를 벗어나 있는 영원한 있음, 존재 그 자체입니다. 원만한 이것이 본래 이렇게 있으므로 곧 단박입니다. 한 생각 돌이키는 한 순간입니다.

이 원만하게 갖추어져 시간이 걸리지 않는 가르침에는 인정이 없습니다. 인정이야말로 사량과 분별이므로 그것을 통해서는 결코 원만해질 수도, 시간을 벗어날 수도 없습니다. 그러나 그 인정마저도 이것을 벗어나지는 못합니다. 온갖 사량과 분별 역시 이 원만하게 갖추어져 시간이 걸리지 않는 것에서 드러나고 있을 뿐입니다.

너무나 당연하고 자연스러운 이것, 오직 이것만이 있을 뿐입니다.

의심이 있어 결정치 못하거든 곧장 따져 봐야 한다.
有疑不決直須爭

이 일은 쉽게 믿기 어려운 법입니다. 깊고 미묘한 법이며 불가사의한 법입니다. 그래서 누구나 처음 이 일을 밝히고 나면 너무나 어이가 없게 마련입니다. 그나마 가장 근접하게 이 일을 가리킨 말은 '있는 그대로'라는 말일 것입니다. 있는 이대로 그대로입니다. 그것이 바로 이 일이고, 법이고, 진리이고, 깨달음입니다.

　본래부터 갖추어져 있고, 중생과 부처에 차별이 없으며, 아무런 노력이 필요 없어 단박에 깨달을 수 있는 일이 도대체 무엇이겠습니까? 많은 구도자들은 지금 있는 이대로가 아닌 엉뚱한 것을 자기도 모르게 찾고 있습니다. 그것은 아직 분별망상에서 벗어나지 못했기 때문입니다. 바로 지금 이 순간 아무런 애씀 없이 자연스럽게 존재하고 있는 이것입니다.

　얻을 수 없고, 찾을 수 없고, 알 수 없는 법이 바로 이 눈앞의 법입니다. 본래 이것만 있었으니 따로 얻을 수 없고, 이 안에서 찾고 있었으니 이미 다 찾은 것이고, 이것은 안다고도 모른다고도 할 수 없는 일이기에 분별심으로는 알 수 없는 것이 당연합니다. 너무나 지당하고 지당한 것이 진리입니다. 바로 지금 나와 세계가 이렇게 있다는 이 사실입니다.

　변화하는 나와 세계가 언제나 늘 이렇게 존재한다는 이 사실은 변함이 없습니다. 존재가 바로 의식, 마음 자체입니다. 이것이 오직 마음뿐인 도리요, 둘 아닌 하나의 도리요, 본래 성불의 도리입니다. 존재의 바탕은 공적한데, 그 작용은 신령스럽게 아는 능력이 있습니다. 모든 인식과 경험이 생생하게 일어나는 이 존재가 바로 그것입니다.

이것은 닦아서 얻는 일이 아니요, 우리 모두에게 평등하게 갖추어진 본성입니다. 어떤 내용도 없는 순수한 의식, 청정한 마음입니다. 노력한다고 그것이 늘어나지도 않고, 게으르다고 그것이 줄지도 않습니다. 있지만 없는 듯하고, 없지만 결코 부정할 수는 없습니다. 이것이 바로 길이요, 진리요, 생명입니다. 이 단순한 사실, 이것이 바로 진실이었습니다.

믿을 수 있겠습니까?

산승이 인상과 아상이 견고한 것이 아니요,
不是山僧逞人我

사람마다 '나'라는 자아상의 내용은 차이가 있지만 '나'라는 느낌이 있다는 사실은 동일합니다. '나'가 있다는 이 존재의 느낌, 느낌이라 말했지만 느낌조차 아닌 이 존재함, 존재하고 있음 속에 한동안 머물러 계십시오. '나'라는 주체는 이 존재하고 있음 위에 일어나는 신기루와 같습니다. '세계' 역시 그러합니다.

'나'와 '세계'가 이 존재의 느낌, 존재함, 존재하고 있음 속에서 출몰합니다. 우리 인식의 근원이 바로 이 존재의 느낌, 존재함, 존재하고 있음입니다. 이 존재가 바로 의식 자체입니다. 어떤 실체도 없는 것 같은데 묘하게 작용하고 있습니다. 이 차별 없는 작용의 결과로

'나'와 '세계'라는 분별이 드러날 뿐입니다.

드러난 것들을 통해 드러나지 않은 바탕을 알아차리는 것이 지혜입니다. 알 수는 없지만 부정할 수도 없는 존재인 의식 속에서 '나'가 '세계' 속에서 '삶'을 산다는 꿈을 꾸고 있습니다. 과거, 현재, 미래가 끊임없이 갈마들지만 단 한순간도 고정되지 않고 무상하게 흘러갑니다. 아무리 흘러가고 흘러가도 늘 존재인 의식만이 변함없이 있을 뿐입니다.

잠시 모든 생각을 잊고 가만히 있어 보십시오. 어떤 느낌, 어떤 감정, 어떤 생각도 의식하지 않고 마음을 텅 비운 채 있을 때 어떻습니까? 아무런 의도나 조작 없이 있는 그대로 드러나고 있는 존재인 의식, 평상의 마음을 알아차릴 수 있겠습니까? 잊었던 기억을 회복하듯 문득 언제나 늘 이것밖에 없었음을, 이것을 벗어난 적이 없었다는 사실을 깨달을 수 있겠습니까?

수행함에 단멸斷滅과 상주常住의 구덩이에 떨어질까 두려워서이다.
修行恐落斷常坑

이 공부는 중생의 전도망상을 바로잡는 것, 곧 정견(正見)을 실현하는 것입니다. 정견이란 곧 불이중도(不二中道)를 체득하는 것입니다.

중생은 전도되어서 있는 것(有)을 없는 것(無)이라 여기고, 없는 것을 있는 것이라 여기고 있습니다. 실재와 비실재를 혼동하여 잘못 알고 있습니다.

중생은 눈앞의 산하대지와 자아를 실재라 알고, 있는 것이라 여깁니다. 어떤 실체가 있는 것이라 믿기에 그것이 단멸(斷滅)하거나 영원히 상주한다고 착각합니다.

그러나 눈앞의 산하대지와 자아라고 하는 것은 허공에서 생겨난 신기루와 같은 허망한 것으로 실재가 아니고, 있는 것이 아닙니다. 모두 모양 없는 마음이 지어낸 바입니다.

모양 없는 마음이란 어떤 실체도 아니지만, 없는 것이 아닙니다. 산하대지와 자아의 실체성, 실재성의 근거가 바로 이 모양 없고 한량없는 마음입니다.

마음이야말로 참으로 있는 것이요, 실재이며, 단멸과 상주의 두 가지 견해를 벗어나 있습니다. 마음은 생겨난 바도 없고 사라지는 바도 없습니다.

그러나 마음이 산하대지와 자아를 벗어나 따로 있는 것은 아닙니다. 있지만 없는 산하대지와 자아가 곧바로 없지만 있는 마음 자체입니다. 산하대지가 그대로 마음이요, 자아가 곧 마음입니다.

여전히 산하대지와 자아를 쓰지만, 더 이상 산하대지와 자아에 걸림이 없고, 마음을 찾지도 구하지도 않으니 마음에 사로잡히지도 않습니다.

단멸에도 떨어지지 않고 상주에도 떨어지지 않아, 늘 바로 지금 이 순간 여기, 순간인 영원, 영원인 순간에서 벗어나지 않습니다.

머묾 없고 생각 없는 바로 지금 여기!

9

이미 성불하여
지금에 있다

틀려도 틀린 것이 아니요, 옳아도 옳은 것이 아니니
非不非是不是

바로 지금 눈앞에서 벌어지는 일들을 살펴보십시오. 모든 일들이
바로 지금 여기 눈앞에서 벌어집니다. 바로 지금 여기 눈앞에서 경
험되고, 바로 지금 여기 눈앞에서 인식됩니다. 그것이 옳다 그르다
하는 시비분별 역시 바로 지금 여기 눈앞에서 벌어지는 일이고, 경
험되는 일이고, 인식되는 일일 뿐입니다.

　바로 지금 여기 눈앞의 텅 빈 공간, 이 경험과 인식의 공간 안에
서 일어나는 물거품, 아지랑이, 신기루 같은 것들이 모든 일, 모든
경험, 모든 인식입니다. 그 꿈같고 환상 같은 모습에 속지 않는다면
모두가 동일한 일, 동일한 경험, 동일한 인식에 불과합니다. 어떤 것
도 특별한 것이 없습니다. 듣지 못했습니까?

모든 행위는 무상하나니

이것이 생멸의 법이다.

생멸이 이미 사라지고 나면

적멸이 즐거움이 되느니라.[117]

무상한 생멸의 끝없는 흐름 속에서 문득 생멸이 아닌 끝없는 흐름 자체를 새롭게 인식할 수 있습니다. 생멸이 끝없이 일어나고 있는 그 바탕, 그것이 적멸입니다. 어젯밤 꾸었던 여러 꿈들이 모두 모양 없는 의식의 움직임, 마음이 그린 그림이었던 것과 같습니다.

과거에 일어났던 모든 일들이 바로 지금 어디에 있습니까? 현재 일어나고 있는 다양한 사건들은 또 어디에 있을까요? 손아귀에 거머쥔 모래알처럼 모든 것은 머물지 않고 무상하게 흘러갑니다. 그 무상한 흐름 자체만 끝이 없습니다.

다리는 흐르는데 물은 흐르지 않습니다.

털끝만큼이라도 어긋나면 천 리나 멀어진다.

差之毫釐失千里

이 일은 참으로 자세하게 살펴 나가야 하는 일입니다. 이 일에 대

---

117 《열반경》 사구게.

278

해 자신이 기존에 가지고 있던 생각들을 면밀하게 점검해야 합니다. 바른 안목을 갖춘 사람을 찾아가 진솔하게 묻고 가르침을 받아야 합니다. 스스로 너무나 당연하다 여기고 있는 한 생각이 천양지차(天壤之差)를 만듭니다.

이 일이 어떤 의식의 변용 상태일 것이라는 생각들을 보편적으로 가지고 있습니다. 그러나 결코 그렇지 않습니다. 바로 지금 이대로의 의식 상태에서 어떤 변화도 없습니다. 의식은 상황에 따라 다양한 상태로 변화하지만 이 일은 결코 변화하는 일이 없습니다.

따라서 의식을 변화시키기 위한 어떠한 노력도 헛수고일 뿐입니다. 수행은 수행하는 주체에 대한 자아상만 공고히 할 뿐, 참으로 '나'라고 할 것이 없는 이 일을 밝히는 데에는 전혀 도움이 되지 않습니다. 마음공부라는 이름으로 행해지는 어떠한 행위도 이 일과는 상관없습니다.

이 일은 참으로 불가사의합니다. 참으로 신비롭습니다. 그러나 분별망상을 하는 입장에서 그리는 불가사의함과 신비로움은 결코 아닙니다. 오히려 너무나 당연하고 자연스럽다는 의미에서 불가사의하고 신비롭다는 말입니다. 바로 지금 이 상태 이대로가 완전한 깨달음이라는 사실 말입니다.

노자가 이렇게 말했습니다.

"뛰어난 사람이 도를 들으면 부지런히 행하고, 어중간한 사람이 도를 들으면 긴가민가하며, 하열한 사람이 도를 들으면 크게 비웃는다. 그런데 그들의 웃음거리가 되지 않는다면 족히 도라고 할 만하지 못하다."

바로 지금 눈앞의 이 아무것도 아닌 것이, 바로 지금 이대로가 완전한 깨달음이라는 사실을 어찌 상상이나 할 수 있었겠습니까? 무지개 너머 어딘가에 깨달음이 있으리라는 망상을 하는 이는 이 당연한 깨달음이 눈앞에 있어도 결코 보지를 못합니다. 물속에서 물을 찾아 헤매는 또 한 마리의 물고기가 되는 셈입니다.

옳은 입장에서는 용녀가 단박에 성불을 하였고
是卽龍女頓成佛

《법화경》〈제바달다품〉에 다음과 같은 이야기가 있습니다.

문수사리보살은 대답하였다.
"사갈라 용왕에게 한 딸이 있으니 나이는 겨우 여덟 살이라. 지혜롭고 총명하여 중생들의 모든 성질과 행동과 업보를 잘 알며, 지혜가 있어 부처님께서 말씀하신 매우 깊고 비밀한 법장을 다 알아 가지고 선정에 깊이 들어가 모든 법을 통달하여 분명히 알고, 찰나 사이에 깨닫는 마음을 내어 물러남이 없는 법을 얻었으며, 변재가 걸림이 없고 중생을 어여삐 생각하고 사랑하기를 어린 자식같이 하며, 공덕이 다 갖추어져 마음으로 생각하고 입으로 연설함이 미묘하고 광대하며, 자비롭고 어질고 겸손하며 그 마음이 부드럽고 온화하여 능히 깨달음의 지위에 이르렀나이다."

지적보살이 말하였다.

"내가 보니 석가모니 부처님께서는 한량없는 겁 동안에 어렵고 고통스러운 수행을 하시고 많은 공덕을 쌓아 깨달음의 도를 구하실 적에 일찍이 잠깐도 쉬는 일이 없으신지라, 삼천대천세계를 볼 때 아무리 작은 겨자씨만 한 땅이라도 이 보살이 몸과 목숨을 바치지 아니한 곳이 없으니 이것은 다 중생을 위한 때문이라. 이렇게 하신 뒤에야 큰 깨달음의 도를 이루셨거늘, 이 용녀가 잠깐 사이에 깨달았다는 것은 믿어지지 아니하나이다."

이러한 말이 끝나기도 전에 용왕의 딸이 문득 앞에 나타나서 머리 숙여 예배하고 한쪽으로 물러나 게송으로 찬탄하였다.

죄와 복을 통달하여 시방세계 두루 비친
미묘하온 청정법신 삼십이상 갖췄으며
팔십 가지 좋은 모양 그 법신을 장엄하니
하늘 인간 다 받들고 용과 귀신 공경하네.
모든 세간 중생들이 한결같은 마음으로
거룩하고 높은 분을 정성으로 받드나니

깨달음을 이루는 일 부처님만 아시리라.

나도 이제 대승법을 이 세상에 널리 펴서

괴로움에 빠진 중생 모두 모두 건지리다.

이때, 사리불이 용녀에게 말하였다.

"그대가 오래지도 않은 사이에 위없는 도를 얻었다고 하는 것은 믿기 어려운 일이다. 왜냐하면 여자의 몸은 때 묻고 더러워서 법의 그릇이 아니기 때문이다. 그런데 어떻게 위없이 높은 깨달음을 얻을 수 있다고 말하는가. 부처님이 되는 길은 멀고 멀어서 한량없는 오랜 겁을 지내면서 부지런히 수행을 쌓고 모든 바라밀을 다 갖추고 닦은 뒤에야 이루어지는 것이요, 또 여자의 몸에는 다섯 가지 장애가 있으니 첫째는 범천왕이 되지 못하고, 둘째는 제석천왕이 되지 못하고, 셋째는 마왕이 되지 못하고, 넷째는 전륜성왕이 되지 못하고, 다섯째는 부처님이 되지 못하거늘 어떻게 여자의 몸으로 빨리 성불할 수 있다고 하느냐."

이때, 용녀에게 한 보배구슬이 있으니 그 값이 삼천대천세계와 같았다. 이것을 부처님께 바치니 부처님께서 곧 이 보배구슬을 받으시므로, 용녀가 지적보살과 사리불존자에게 말하였다.

"내가 지금 보배구슬을 부처님께 받들어 올리니 곧 받으셨거늘, 이 일이 빠릅니까, 빠르지 않습니까?"

이에 지적보살과 사리불이 대답하였다.

"참으로 빠르도다."

용녀가 말하였다.

"당신들은 신통력으로 나의 성불하는 것을 보십시오. 그보다 훨씬 더 빠를 것입니다."

그때 모인 대중들이 용녀를 바라보니 잠깐 사이에 남자로 변하여 보살행을 갖추고 곧 남방 무구세계로 가서 보배로운 연꽃에 앉아 높고 바른 깨달음을 이루었다. 그러고는 서른두 가지의 아름다운 몸매와 팔십 가지 잘 생긴 모양을 갖추고 시방 세계의 모든 중생을 위하여 미묘한 법을 연설하였다. 이때, 사바세계의 보살, 성문과 하늘, 용의 팔부와 사람과 사람 아닌 이들이 용녀가 성불하여 그때 모인 사람과 하늘을 위하여 설법하는 것을 멀리서 보고 마음이 크게 기뻐서 모두들 멀리서 공경하고 예배하였다.

《금강경》에 이르기를, "만약 모양으로 나를 보려 하거나 음성으로 나를 구하려 한다면, 이 사람은 삿된 도를 행하는지라 여래를 볼 수 없다." 하였습니다. 분별을 통해 이 일을 밝히려 한다면 갠지스강의 모래알 같은 세월이 지나도 밝힐 수 없습니다. 그러나 선지식의 가르침을 받아 바깥으로 찾아 구하는 마음을 쉬게 되면 문득 본래부터 아무 문제 없이 있었던 한 물건을 알아차리는 인연을 만나게 됩니다.

용녀가 부처님께 보배구슬을 건네주는 일이 바로 그 일이며, 부처님이 용녀로부터 보배구슬을 건네받는 일이 그 일입니다. 보배구슬이 바로 이 일입니다. 삼천대천세계가 바로 이 일입니다. 이 일에는 남자와 여자의 차별이 없고, 사람과 축생의 차별이 없고, 나이가 많고 적음의 차별도 없으니 8살밖에 안 먹은 용녀마저도 단박에 성불해 마칠 수 있습니다.

바깥으로 바로 지금 여기 없는 것을 허망하게 구하는 것이 아니라, 바로 지금 눈앞에 분명히 있으나 우리가 미처 돌아보지 못한 이일을 깨닫는 것이 견성성불입니다. 단박에 어떤 차별도 없이 두루 원만한 성품이 온전히 갖추어져 있다는 사실을 깨닫는 것입니다. 나와 세상은 실재가 아니라 끊임없이 변하는 허상에 불과하지만, 동시에 이 허상일 뿐인 나와 세계 그대로가 변함없는 실재의 현현임을 깨닫는 것입니다.

중생으로 하여금 성불하도록 하는 것이 불법이 아니라, 중생이본래 성불하여 있다는 것이 불법입니다. 중생으로 하여금 깨달음을 구하도록 하는 것이 불법이 아니라, 중생이 본래 깨달아 있다는 것이 불법입니다. 불법이라 할 만한 것이 있다는 것이 불법이 아니라, 불법이라 할 만한 것이 따로 없다는 것이 불법입니다.

어느새 여름이 가고 서늘한 가을바람이 창가에 불어오는 일. 여기서 8살 먹은 용녀가 성불하였고, 일체 중생이 동시에 성불해 마쳤습니다.

틀린 입장에서는 선성비구가 산 채로 지옥에 떨어지는 것이다.

非卽善星生陷墜

《달마혈맥론》에 다음과 같은 말씀이 있습니다.

  "옛날 선성이라는 비구가 12부경을 모두 암송했으나 여전히 윤
  회를 면치 못했다. 그 까닭은 바로 자기의 성품을 보지 못했기 때
  문이다. 선성비구도 그러했거늘 요즈음 사람들이 겨우 서너 권의
  경전을 익히고서 법을 깨달았다 하니 어리석은 사람이다. 만일 자
  기의 마음을 깨닫지 못하고 부질없이 문자를 읽는다고 해도 아무
  런 쓸모가 없느니라."

《열반경》에도 선성이라는 비구가 12부경을 모두 암송하고 4선정
을 얻었으나 그것을 진실한 법이요, 깨달음이라 믿는 바람에 땅이
갈라져 무간지옥에 떨어졌다고 합니다.

이 일은 지극히 미묘하여 우리의 일반적인 상식과 크게 어긋납니
다. 우리는 알지 못하는 것이 있으면 노력하여 배우고 닦아 익혀야
한다고 생각합니다.

그러나 이 일은 알지 못하는 그 자리에서 문득 한 생각을 돌이켜,
알고 모름과 상관없이 뚜렷한 사실을 깨치는 일입니다. 본래 갖추

어져 있는 진정한 참나를 단박에 확인하는 것입니다.

바로 지금 이 자리에서 스스로 분명하지 않다면 모두가 선성처럼 밖으로 찾아 구하고 있기 때문입니다. 이럴 수도 없고 저럴 수도 없는 이 애매한 상황에서 활로를 찾아야 합니다.

더 이상 생각이 나아갈 수 없는 그 자리에서 문득 발밑이 허물어지는 듯한 인식의 전환이 찾아옵니다. 그런 다음에야 지금까지 눈앞에 이것을 두고 헛되이 찾아 헤맨 사실에 스스로 실소를 터뜨리게 될 것입니다.

나는 어려서부터 학문을 쌓아
吾早年來積學問

보통 공부를 한다 하면 기초적인 것부터 차근차근 알아 가면서 점점 복잡한 것들을 이해해 나가는 것으로 알고 있습니다. 오랫동안 쌓아 올리는 것을 공부로 삼기 십상입니다. 그래야 뭔가 얻는 것, 성취하는 것이 있는 것처럼 느껴지기 때문입니다.

그러나 이 공부는 그와는 정반대입니다. 전혀 뜻밖의 길이 있습니다. 노자가 말하기를, "학문을 하면 날로 보태는 것이고, 도를 함은 날로 덜어 내는 것이다. 덜고 또 덜어서 함이 없음(無爲)에 이르면 함이 없으면서도 하지 못하는 것이 없다." 하였습니다.

근세 호남의 대선지식이셨던 해안 스님(1901~1974)은 "깨침은 마치 도둑놈이 빈 곳간에 들어간 것 같아 허망하기 짝이 없는 것이다."라고 하였습니다. 어째서 깨침이 허망하다 하는지 그 사실을 몸소 체험한 이는 빙그레 웃으며 고개를 끄덕일 것입니다.

여산(廬山)의 안개비와 절강(浙江)의 조수(潮水)를
가 보지 못하고는 천 가지 한(恨) 녹이지 못한다 하여
가서 보고 돌아오니 별 다를 것 없어라
여산의 안개비와 절강의 조수더라.[118]

또한 일찍이 소疏[119]를 살펴 보고 경론經論을 찾아보았다.
亦曾討疏尋經論

흔히 부처님의 말씀을 교(敎)라 하고, 부처님의 마음을 선(禪)이라 분류합니다. 언어와 문자를 방편 삼아 마음을 가리켜 보이는 것이 팔만대장경의 교학이고, 언어와 문자를 세우지 않고 마음으로 마음을 전하는 것이 직지인심(直指人心)의 선입니다.

---

118 소동파(蘇東坡, 1036~1101)의 게송.

119 부처의 가르침을 기록한 경(經)과 그 가르침을 주석 · 연구 · 정리 · 요약한 논(論)의 낱말과 문장의 뜻을 알기 쉽게 풀이한 글, 또는 그 책.

부처님의 말씀과 부처님의 마음이 다를 수가 없듯, 교학과 선이 둘일 수 없습니다만 그 선후 문제에 있어서는 분명 차별이 있습니다. 흔히 사교입선(捨敎入禪), 즉 교학을 배운 다음 그것을 버리고 선에 들어간다고 합니다만, 실제 있어서는 먼저 선 체험 후 교학을 다져 나가야 합니다.

선 체험 이전의 교학적 바탕이 바른 길과 삿된 길을 구별할 수 있는 안목을 주고, 어떤 경우에는 곧장 선 체험으로 이끄는 경우도 있습니다만, 대부분 언어 문자가 만들어 낸 개념의 틀 속에 갇혀 버리는 경우가 십중팔구입니다.

한편 인연 따라 선 체험을 하고도 교학적 단련이 없는 경우, 자기 체험 안에 갇혀 하나의 법상(法相)을 만들어 안주할 수 있습니다. 교학을 통해 자신의 선 체험 가운데 본질적인 부분과 비본질적인 부분을 가려낼 수 있는 안목을 얻어야 합니다.

근세의 도인이셨던 설봉학몽(1890~1969) 선사께서는 견성 이전에 경전을 보았던 것과 견성 이후에 다시 경전을 보았을 때가 천지 차이였다고 술회하셨다 합니다. 언어 문자 이전의 마음을 깨달아야 그것을 이런 말 저런 말로 표현한 의도를 알 수 있기 때문입니다.

'창문을 닫는다'는 행위를 일으키기 위해, "야, 비 들어온다!", "너무 춥지 않니?", "창문 좀 닫아 줄래?" 등등 다양한 화용(話用)

이 가능하듯, 팔만 사천의 장광설법이 어떤 맥락 속에서 어떤 의도를 드러내려 한 것인지는 직접 그 말을 한 이의 심정이 되어 보는 수밖에 없습니다.

공부를 거꾸로 해서는 안 됩니다. 처음에는 언어와 문자를 따라 이 일이 있음을 알게 되었지만, 이 일이 있음을 알게 되었다면 직접 이 일을 체득해야 합니다. 늘 언제나 바로 눈앞에 있다는 이 마음, 이것을 지금 당장 알아차리고 나면 이것에 대한 어떤 묘사도 자연스레 이해하게 될 것입니다.

언어와 문자를 디딤돌로 삼아 언어와 문자가 아닌 것을 알아차리는 것, 그것이 지혜입니다. 바로 그러할 때 언어와 문자에 걸리지 않고 마음껏 그것을 활용할 자유를 얻습니다. 어떤 언어와 문자도 가닿을 수 없는 침묵 속에서 팔만 사천의 장광설과 변재가 흘러나오는 것입니다.

이름과 모양 분별하는 것을 쉴 줄 모르고
分別名相不知休

이것은 앎이지만 분별없는 앎, 아는 것이 없이 아는 일입니다. 이름과 모양을 분별하는 것은 이 무분별의 앎 이후에 벌어지는 일입니다. 그 분별 역시 뿌리는 이 무분별의 앎입니다. 모든 개념, 모든 형상은 이 무분별의 앎 위에 드러나는 물거품이나 그림자와 같습니다.

이 무분별의 앎, 아는 대상이 없는 앎, 공적영지(空寂靈知)의 마음은 바로 지금 눈앞에 이렇게 펼쳐져 있습니다. 이것을 순수의식, 공(空), 나 있음, 존재 자체라 이름할 수도 있습니다. 의식의 초점을 어디에도 두지 않고 텅 비워 두면 오직 이것만이 홀로 밝아 있습니다.

무심하게 있는데 어떤 변화가 일어나는 순간 그것을 척 알아차립니다. 생각의 개입 없이 단박 아는 작용이 벌어진 뒤 곧바로 분별이 끼어듭니다. 어떤 소리가 들리자마자 그것이 소리라는 인식의 개입 없이 뭔가를 알아차립니다. 촉각도 미각도 마찬가지입니다.

어떤 사전 준비나 노력 없이 저절로 이루어지고 있는 이 작용. 너무나 자연스럽고 당연한 이것이 우리가 본래 갖추고 있는 본성입니다. 이것이 바로 생명이고, 이것이 바로 의식이며, 이것이 바로 존재입니다. 바로 지금 여기 이 순간 우리 모두가 똑같이 경험하고 있는 이것입니다.

바닷속에 들어가 모래를 세듯 헛되이 스스로 피곤하였다.
入海算沙徒自困

진리는 갈구의 대상이 아닙니다. 획득하고 쟁취하는 트로피가 아닙니다. 우리가 끝없는 분별, 득실과 시비 속에 빠져 있을 때는 결코 찾을 수 없습니다. 스스로 안팎을 나누어 놓고 드러나는 경계에 집착하거나 저항하기 때문에 이미 주어져 있는 진리, 완전한 깨달음을 알아차리지 못합니다.

물속에서 물을 찾고, 허공 속에서 허공을 찾는 어리석음을 쉬지 못합니다.

진리는 우리 존재의 가장 자연스러운 상태입니다. 우리의 본성이 진리 자체입니다. 오직 진리만이 있습니다. 오직 본성만이 있습니다. 그러므로 따로 찾아 구해야 할 진리나 본성 따위는 없습니다. 이것이야말로 참으로 복된 소식이고, 불가사의한 신비입니다.

우습구나, 소를 탄 자여!
소를 타고 다시 소를 찾는구나.
그림자 없는 나무를 베어다가
바닷속의 물거품을 다 태울진저.[120]

---

[120] 소요태능(逍遙太能, 1562~1649) 선사의 게송.

문득 여래의 호된 꾸짖음 들어 보니

却被如來苦呵責

깨달음은 우리의 뒤집어진 생각, 전도망상을 바로잡는 일입니다.

내가 있다는 생각이 전도망상입니다. 세상이 있다는 생각이 전도망상입니다. 득실과 시비가 있다는 생각이 전도망상입니다. 어리석음과 지혜가 있다는 생각이 전도망상입니다. 행복과 불행이 있다는 생각이 전도망상입니다. 번뇌와 열반이 있다는 생각이 전도망상입니다.

내가 없다는 생각이 전도망상입니다. 세상이 없다는 생각이 전도망상입니다. 득실과 시비가 없다는 생각이 전도망상입니다. 어리석음과 지혜가 없다는 생각이 전도망상입니다. 행복과 불행이 없다는 생각이 전도망상입니다. 번뇌와 열반이 없다는 생각이 전도망상입니다.

어떤 생각도 모두 전도망상일 뿐입니다. 전도망상을 바로잡는다는 것도 역시 전도망상일 뿐입니다.

자, 이러할 때 어찌할 수 있겠습니까?

망상하지 마십시오.

남의 보배를 세는 일이 무슨 이익이 있겠는가?

數他珍寶有何益

애타는 심정에서 이런저런 책을 읽고 이런저런 사람들의 말에 귀를 기울입니다. 경전이나 영성을 다룬 서적에 그려지는 영적인 판타지, 영적인 드라마를 읽으며 자신도 언젠가 그런 주인공들과 같은 체험을 통해 영적 영웅이 되고 싶어 합니다. 소위 한 소식 했다는 사람들의 발치에 앉아 타는 목마름으로 그들의 입술 밑에서 영생의 샘물이 떨어지기를 기다립니다.

아아, 꿈 깨십시오!

진정한 영성은 스스로 자신이라 여기는 조그만 육체적, 관념적 경계선 바깥에 존재하는 대상이 결코 아닙니다. 나와 세계 전체가 온통 하나의 영(靈)입니다. 바로 지금 이 순간 눈앞이 그대로 깨달음입니다. 온 우주가 차별 없는 하나의 힘, 거대한 작용 자체입니다. 어떤 것도 예외 없이 그 안에 포섭됩니다. 모든 상대적 차별세계를 포함하는 것이 우주입니다.

모든 곳에서 이미 있는 자기를 발견하십시오.

한 생각 일으키기 이전에 이미 뚜렷이 존재하고 있는 것이 있습니다. 오지도 않았고 가지도 않습니다. 있다고 할 수도 없고 없다고 할 수도 없습니다. 나라고 할 수도 없고 나가 아니라고 할 수도 없습니다. 어리석은 사람들에게는 도무지 없는 것이요, 알 수 없는 것이겠지만, 지혜로운 이들에게는 분명히 있는 것이요, 모를 수 없는 것입니다.

답답하거든, 밤하늘의 보름달을 보십시오. 내가 달을 보는 것처럼 달도 나를 볼 것입니다.

이제까지 비틀거리며 헛되이 다녔음을 깨달았으니
從來蹭蹬覺虛行

깨달음이란 이제까지 미처 알아차리지 못했던 자신의 허물을 돌아보는 순간 찾아옵니다. 우리가 깨달아야 할 본성, 진리, 불성, 도가 바로 지금 이대로의 나를 벗어나 찾아 구해야 할 것만 같은 착각을 돌아보는 것입니다. 그러기 위해서는 깨달음이 책을 읽고, 설법을 듣고, 수행을 통해 성취해야 할 무엇이라는 선입견으로부터 벗어나야 합니다.

인간 고통의 근저에는 모든 것을 주관과 객관으로, 경험자와 경험대상으로 나누어 인식하는 이분법, 분리와 분열이 있습니다. 어떤 경험이 인식되는 순간, 자동적으로 그 경험을 인식하는 '자(者)'가 나타납니다. 깨달음 역시 깨달음의 경험이 있으면 그것을 경험하는 '자'가 있어야 합니다. 얼핏 너무나 당연해 보이는 이 인식의 구조가 바로 마음의 감옥입니다.

잘 살펴보면, 주관이든 객관이든, 경험자든 경험대상이든 모두 오온(五蘊)과 18계(十八界)[121] 안의 일일 뿐입니다. 주관 역시 객관과 마찬가지로 인식의 대상입니다. 경험하는 '자' 역시 경험되는 또 다른 '대상'입니다. 주관과 객관, 경험자와 경험대상이 모두 우리 의식에 드러난 대상들입니다. 그 모든 것을 드러내는 의식 자체는 앎의 대상이 결코 아닙니다. 오온 십팔계의 본질은 연기(緣起), 곧 공(空)입니다.

이 알지 못함을 아는 것, 공을 증득하는 것이 곧 깨달음입니다. 그러나 그것은 결코 어떤 대상적 인식이나 어떤 실체를 증득하는 일이 아닙니다. 그렇다면 그 일 역시 또 다른 대상, 오온 십팔계 가운데 하나가 될 뿐이기 때문입니다. 더 이상 생각이 나아갈 수 없는 자리에서 한 번의 뒤집힘, 한 번의 비약이 찾아옵니다. 자신이 미처 알아차리지 못했던 실수를 깨닫게 됩니다.

바로 지금 아무런 노력 없이 존재하고 있는 이 상태가 바로 의식 자체입니다. 나와 세계로 분열된 채 드러난 이 현상세계가 바로 내

---

121 오온은 몸과 마음인 색(色) · 수(受) · 상(想) · 행(行) · 식(識), 십팔계는 인식기관인 육근(六根)과 인식대상인 육경(六境), 그리고 그 사이에서 벌어지는 인식작용인 육식(六識)을 가리킨다. 곧 오온과 십팔계는 우리 경험 전체를 일컫는 말이다.

가 찾고 있던 본성, 진리, 불성, 도 자체입니다. 물속에서 물을 찾고 있었던 겁니다. 잃어버린 마지막 퍼즐을 찾아 완성한 그림은 바로 자기의 얼굴이었습니다. 바로 지금 여기 있는 그대로의 나가 깨달음입니다.

언제나 변함없는 이것입니다.

오랜 세월 잘못하여 나그네 노릇 하였다.
多年枉作風塵客

불교에 상(相)이라는 말이 있습니다. 상은 일반적으로 모양 또는 심상(心想)이라는 의미로 이해합니다. 그런데 모양, 심상은 반드시 상대(相)적인 것입니다. 어떤 모양, 어떤 심상이 있다는 것은 그 모양, 심상과 상대하는 '주관'을 이미 전제하고 있는 것입니다. 《금강경》의 네 가지 상(四相)[122] 가운데 아상(我相)이 나머지 셋을 모두 포괄하고 있는 것입니다.

일체의 상(相)이 비어 있음(空)을 바로 보는 것이 깨달음입니다. 모든 모양이 모양이 아닌 것을 보는 것이 견성입니다. 나와 법이 모두 착각이었음을 통찰하는 것이 성불입니다. 모든 것이 하나의 물

---

122 깨치지 못한 중생들이 전도(顚倒)된 생각에서 실재한다고 믿는 네 가지 분별심, 곧 아상(我相)·인상(人相)·중생상(衆生相)·수자상(壽者相)을 이른다.

건, 하나의 모양, 하나의 생각임을 철저히 체득하는 것이 할 일을 마치는 것입니다. 참된 하나는 하나조차 상대할 수 없기에 한 물건이 그대로 한 물건도 없음이요, 하나의 모양은 모양 없음이요, 하나의 생각은 생각 없음입니다.

바람과 먼지 속을 헤매던 나그네가 길이 끝나는 곳에 이르렀습니다. 더 이상 나아갈 길이 없습니다. 바로 그때 몸을 뒤집으면 길이 끝난 바로 그 자리가 길이 시작되는 자리입니다. 길이 끝난 그 지점에서 참된 여정은 시작되는 것입니다. 영원히 길 위에서 또 다른 새로운 길을 찾아 나가는 것이 삶입니다. 어떤 것도 잘못된 것은 없습니다. 모든 것이 이미 완전합니다.

날이 추우면 닭은 홰로 올라가고 오리는 물로 내려갑니다.

성품에 삿됨을 심어 잘못 알아 이해하니
種性邪錯知解

생각을 믿고 의지하는 것이 삿된 것이며, 잘못 알아 이해한 것입니다. 생각이 진정 무엇인지 주의 깊게 살펴봐야 합니다. 그러나 생각으로 생각을 살펴보려 한다면 또다시 삿되고 잘못 알아 이해하는 일이 됩니다.

생각과 생각 아닌 것이 무엇인지 제대로 알아야 합니다. 정견(正見)이 갖춰져야 합니다. 생각은 생멸변화가 있지만, 생각 아닌 것은 생멸변화가 없이 여여합니다. 바로 지금 이 순간 눈앞에서 생각과 생각 아닌 것이 스스로 분명해야 합니다.

여기서 주의하여야 할 점은 바로 지금 이 순간의 눈앞에서 벌어지는 어떤 판단, 취사분별도 생각이라는 점입니다. 생각 아닌 것은 생각이 모두 사라진 상태가 아닙니다. 생각의 생멸변화와 상관없이 늘 있는 것이 생각 아닌 것입니다. 생각과 생각 아닌 것은 결코 둘이 아닙니다.

늘 있는 것은 생각의 대상이 아닙니다. 생각으로 아무리 헤아려도 그것을 알 수 없습니다. 그러나 생각이 아무리 일어나도 그것은 아무런 영향을 받지 않습니다. 생각의 생멸변화가 일어나는 바로 그 자리가 생각 아닌 것입니다.

이 생각 아닌 것이 문득 알아차려져야 비로소 생각의 손아귀에서 벗어날 수 있습니다. 처음에는 쉽지 않겠지만 생각 아닌 것에 대한 안목이 뚜렷해짐에 따라 생각의 속박에서 조금씩 벗어날 수 있는 힘이 생길 것입니다.

낯선 것에 점차 낯익어지고 낯익은 것에서 점차 낯설어지며, 무한히 힘을 덜고 무한히 힘을 얻는 것입니다.

여래의 원만하고 신속하게 깨닫는 법에 도달하지 못한다.

不達如來圓頓制

여래의 원돈법(圓頓法)[123]은 깨달아 도달할 수 없습니다. 어째서 깨달을 수도 없고 도달할 수도 없는지 바로 안다면 참으로 깨달은 것이고 도달한 것입니다.

여래는 오지도 않고 가지도 않습니다. 그래서 언제나 있는 그대로, 여여합니다. 원(圓)이란 원만하여 어느 것도 빠짐이 없다는 말입니다. 돈(頓)은 단박에 시간을 뛰어넘는다는 말입니다.

한마디로 여래의 원돈법은 바로 지금 여기 이 순간 눈앞입니다. 한 생각도 일으킬 필요조차 없는 바로 이것입니다. 너무나 자연스러운 존재의 상태입니다.

바로 이 자리에서 온갖 모양의 세계, 분별의 세계가 끝없이 생멸하고 있습니다. 이 현상세계 전체가 바로 하나의 마음, 법신, 깨달음의 성품 자체입니다.

무엇을 찾는 것이 아닙니다. 무엇을 얻는 것이 아닙니다. 어디에 도달하는 것이 아닙니다. 어디에서 벗어나는 것이 아닙니다. 바로 지금 여기서 한 생각을 쉴 뿐입니다.

---

123 처음부터 곧바로, 있는 그대로의 참모습을 통찰하여 원만하게 단박 깨닫는 법.

늘 있는 것은 없는 것처럼 보입니다. 끝없이 변화하는 것은 없지만 있는 듯 보입니다. 있는 그대로의 실상을 보는 눈을 갖추어 헛된 생각에 속지 않는 것이 공부입니다.

문득 깨달아 한 걸음도 옮기지 않고 그 자리에서 모든 일을 다 해 마치는 것입니다.

이승二乘은 정진하나 도道의 마음이 없고
二乘精進勿道心

이승(二乘)이란 둘로 보는 견해입니다. 나와 세계, 번뇌와 깨달음, 중생과 부처를 나누어 보는 것이 이승입니다.

이승의 견해를 가지면 깨닫지 못함에서 깨달음으로 가기 위한 노력을 쉴 수 없습니다. 그러나 그 모든 행위는 스스로 일으킨 허망한 분별일 뿐입니다.

도는 마음입니다. 마음은 하나의 대상이 아닙니다. 오직 마음만이 유일한 실재입니다. 마음만 있기 때문에 마음을 찾을 수도 얻을 수도 없습니다. 도를 깨달을 수 없습니다.

그것이 깨달음입니다.

외도는 총명해도 지혜가 없다.

外道聰明無智慧

외도(外道) 역시 도(道)와 도 아닌 것(非道)를 나누어 보는 관점을 말합니다. 이승(二乘)이 곧 외도요, 외도가 곧 이승입니다.

나와 세계가 따로 있다고 여기면 곧 이승이요, 외도입니다. 깨닫지 못함에서 깨달음으로 나아간다고 생각한다면 곧 외도요, 이승입니다.

찾을 것이 있고 구할 것이 있으면 곧 이승이요, 외도입니다. 깨달은 것이 있고 얻은 바가 있다면 곧 외도요, 이승입니다.

나와 세계를 잘 분별하여 아는 것이 총명입니다. 번뇌와 깨달음의 원인과 결과를 분석하여 이치에 맞게 설명할 수 있는 것이 총명입니다.

내가 곧 세계이고, 세계가 곧 나임을 아는 것이 지혜입니다. 번뇌가 그대로 깨달음이고, 깨달음이 또 다른 번뇌임을 설파할 수 있는 것이 지혜입니다.

봄에는 꽃들이 피고 가을에는 밝은 달빛
여름에는 산들바람 불고 겨울에는 흰 눈

쓸데없는 생각만 마음에 두지 않는다면

이것이 바로 사람세상 좋은 시절이라네.**124**

또한 어리석고도 또한 어리석으니

亦愚癡亦小騃

눈앞에 늘 마주하고도 알지 못하니 어리석다 하는 것입니다. 늘 그
속에서 오고 가고 앉고 눕고 하는데도 알지 못하니 또 어리석다 하
는 것입니다.

한 생각 일으킬 필요조차 없이 자명한 것이 뭘까요? 이런 말에 속
아 그런 경계를 찾는다면 어리석은 강아지가 흙덩이를 쫓는다는 말
을 면치 못할 것입니다.

한 평생 벗어나지 못하는 것이 무엇일까요? 좋든 싫든, 의식하든
의식하지 못하든, 있다고 한들 없다고 한들 늘 변함없이 항상한 것
이 무엇일까요?

생각을 쉬고 잠시 고요히 있어 보십시오. 이것이 무엇입니까?

이미 완전하게 주어져 있었는데 스스로 어리석어 깨닫지 못한 것

---

124 조주종심(趙州從諗, 778~897) 선사의 오도송.

이 하나 있습니다. 이 사실을 깨닫는 순간 어이없는 웃음이 터져 나올 것입니다. 어찌 이것을 몰랐을까?

이 사실을 아는 것보다 이 사실을 모르는 것이 더 신기한 노릇입니다. 물속의 물고기가 물속에 있으면서 물을 알지 못하고, 허공 속의 새가 허공 속에서 허공을 알지 못합니다.

바로 지금 너무나 당연한 이 사실을 돌아보십시오. 의식, 존재, 생명, 우주, 그 어떤 이름으로 불려도 상관없는 이 당연한 사실!

빈 주먹과 손가락 위에서 실다운 견해를 낸다.
空拳指上生實解

《금강경》에 "이른바 불법이라 하는 것은 곧 불법이 아니다."라고 하였고, "모든 법이 모두 불법이다."라고 하였습니다. 불법이라 하든, 진리라 하든, 도라 하든, 신이라 하든, 그 모든 이름으로 가리키고자 하는 바는 결코 하나의 대상으로 한계 지어질 수 없는 것입니다.

어쩔 수 없어 언어와 문자를 빌어 '불법'이다, '진리'다, '도'다, '신'이다 가리켜 보이지만, 가리켜 보일 어떤 대상이 있는 것이 아닙니다. 둘이 없고 바깥이 없으니, 하나조차 없고 안도 없습니다. 문득 말과 생각을 잊으면 있는 그대로일 뿐입니다.

어떤 것일지라도 '이것이 불법이다', '이것이 진리다' 할 만한 것이 있다면 그것은 하나의 대상, 부분입니다. 부분은 한계가 있고, 헤아릴 수 있고, 옳다/그르다, 있다/없다는 분별이 가능합니다. 그러나 전체는 한계가 없고, 헤아릴 수 없으니 옳다/그르다, 있다/없다는 분별이 불가능합니다.

그러나 여기서 조심할 것은 '전체'라는 말 역시 또 하나의 빈 주먹, 손가락이라는 사실입니다. '전체'라는 말은 곧 전체가 아닙니다. '전체'는 전체인 것과 전체 아닌 것으로 나뉠 수 없습니다. 진정한 전체는 '전체'라는 개념으로 수렴될 수 없는 것입니다.

의식 위에 떠오른 어떤 말, 어떤 개념도 하나의 대상, 부분일 뿐입니다. 대상과 부분은 허상일 뿐입니다. 진정한 전체에는 생각하는 '나'조차 제외되어서는 안 됩니다. 전체가 생각의 대상이 될 수 있다면 그것은 진정한 전체가 아닙니다.

언어의 길이 끊어지고 마음이 갈 곳이 사라질 때 비로소 있는 그대로의 전체가 드러납니다.

손가락을 달로 집착하여 그릇되게 공부하니
執指爲月枉施功

손가락이 따로 있고 그것이 가리키는 달이 따로 있다고 여기면 그것이야말로 그릇되게 공부하는 것입니다. '손가락과 달' 운운 역시 또 다른 손가락에 불과합니다. 모름지기 언어 문자 관념에 속지 마십시오.

바로 지금 여기 눈앞을 바로 보십시오. 매일매일 생멸하는 나(주체)와 세계(객체)가 비록 엄연한 현실처럼 보이고 느껴집니다만, 그 모든 모양으로 드러난 것들이 사실은 허깨비와 같고 꿈과 같은 줄 꿰뚫어 보아야 합니다.

생각을 쉬고 잠시 있는 그대로의 존재 자체에 주의를 기울여 보십시오. 존재의 느낌을 알아차려 보십시오. 조심할 것은, 주의를 기울이고 알아차리는 주체가 있어 어떤 존재감, 느낌(객체)을 느끼는 행위를 하라는 말이 아닙니다.

아무 노력 없이 '나'라는 주체감이 드러나고, 보이고 들리고 느껴지고 알려지는 '세계'가 있음이 드러납니다. '나'와 '세계'라는 분리감은 미세한 분별에 불과할 뿐, 사실 한바탕의 의식, 앎일 뿐입니다. 마치 꿈속에서의 분별처럼 분별마저도 꿈입니다.

모든 것이 제각각 다양하게 있는 그대로 아무것도 없는 것입니다. 아무것도 없는데 모든 것이 제각각 다양하게 있는 것입니다. 색이 그대로 공이고, 공이 그대로 색입니다. 경계가 그대로 마음이고, 마음이 그대로 경계입니다.

이 온갖 손가락들이 하나의 마음달입니다.

육근 육경 육진 가운데 헛되이 괴이한 짓을 한다.
根境塵中虛捏怪

눈앞에 드러난 주객의 세계 전체가 5온(색·수·상·행·식) 18계(육근·육경·육식)입니다. 물질과 마음, 감각과 지각 현상일 뿐입니다. 그 5온 18계가 그러한 다섯 가지 대상, 열여덟 가지 대상들로 나뉘어 있는 것이 아니라, 실제로는 어떤 실체도 없는 하나의 작용, 하나의 의식, 이름하여 공(空)입니다.

일체가 모두 공이요, 만법이 그대로 공입니다. 공은 공이라 할 것조차 없지만 모든 것을 드러내는 가능성, 잠재력, 힘입니다.

어리석은 사람들은 수행하는 주체가 있어 그 주체가 시간과 노력을 투자하여 어떤 의식의 상태, 경계를 획득하고 유지하고 성취한다는 생각에 사로잡혀 있습니다. 그것이 하나의 환상, 어젯밤의 꿈과 같이 허망한 이야기, 생(生)·주(住)·이(移)·멸(滅), 성(成)·주(住)·괴(壞)·공(空) 하는 무상한 현상이라는 사실을 통찰하지 못합니다.

깨달음이란 나의 노력을 통해 이루는 어떤 결과가 아닙니다. 깨달음이란 어리석음에서 비롯된 착각을 바로잡아 있는 그대로의 사실을 바로 보는 일일 뿐입니다. 진실은 본래 드러나 있었는데 잘못된 생각에 가려 보지 못했을 뿐입니다. 따라서 바꿔야 할 것도, 얻어야 할 것도, 성취할 것도 없습니다.

있는 이대로 이미 완성되어 있습니다. 이미 도달해 있습니다. 본래 깨달아 있습니다. 다만 그 사실을 스스로 알지 못할 따름입니다.

한 법도 보지 못하는 것이 곧 여래이니
不見一法卽如來

모든 모양이 모양이 아님을 보는 것이 여래를 보는 것입니다. 모든 모양을 보되 실제로는 어떤 모양도 실재하지 않는다는 사실을 깨닫는 것이 여래입니다. 모든 법이 생멸, 왕래하지만 어떤 법도 실제로는 생멸하지 않고, 왕래하지 않는다는 사실을 바로 보는 것이 여래입니다.

나라고 하는 인식의 주체가 있어 나 아닌 다른 인식의 대상들을 보고 듣고 느끼고 아는 것인 줄 아는 것이 중생의 어리석음입니다. 마치 꿈속의 세상과 같아서, 내가 나 아닌 대상들을 아무리 보고 듣고 느끼고 알아도 실제로는 전혀 그러한 바가 없는 줄 알면 여래입니다.

보는 것이 보지 못하는 것이고, 듣는 것이 듣지 못하는 것이고, 느끼는 것이 느끼지 못하는 것이고, 아는 것이 알지 못하는 것입니다. 아무리 보아도 본 바가 없고, 아무리 들어도 들은 바가 없으며, 아무리 느껴도 느낀 바가 없고, 아무리 알아도 안 바가 없습니다.

한 법도 마음에 남겨 두지 않으면 그대로 여여한 부처입니다.

비로소 관자재라 이름할 수 있다.
方得名爲觀自在

이른 아침 창밖에서 새가 웁니다. 서늘한 아침 공기에 피부가 팽팽해지는 느낌이 듭니다. 아직 주위는 밝지 않았습니다.

언제나 변함없는 인식의 공간에서 5온 18계가 자연스럽게 드러납니다. 관찰하는 자도, 관찰되는 대상도 모두 이 공간 안에 나타납니다.

이것이 관(觀)이 자재(自在)한 소식입니다. 이 관, 이 알아차림은 언제나 스스로 있습니다. 이 알아차림, 알고 있음만 존재합니다. 이 앎이 곧 존재 자체입니다.

존재하고 있음(Be-ing)은 알고 있음(Know-ing)입니다. 천 개의 눈과 천 개의 손, 열한 개의 얼굴로 표현되는 천수천안관세음보살이 바로 이것을 상징하고 있습니다.

우리의 본성은 원만하게 통하여(圓通) 세상의 소리를 관찰(觀世音)하고 있습니다. 관찰하는 자도, 관찰되는 대상도, 관찰하는 행위 자체도 본성을 벗어나지 않았습니다.

둘로 나뉘어 있지 아니하기에 모든 고난에서 중생을 구원할 수 있습니다. 중생과, 중생의 고난과, 중생을 고난에서 구원해 줄 자가 따로 있지 않기에 모든 중생을 구원할 수 있습니다.

바로 지금 이 서늘한 아침을 맞이하십시오. 시간과 공간이 끊임 없이 오가고, 온갖 사건이 계속해서 생멸하지만 이 인식의 공간은 늘 변함없이 바로 지금 여기 있습니다.

이 인식의 공간이 진정한 참나입니다. 나라고 하는 개체, 이 주체 감은 그 인식 공간을 오가는 흰 구름과 같은 것입니다. 나라는 주체 감은 의식될 때와 안 될 때가 있지만 이 인식 공간은 늘 있습니다.

진정한 나는 바로 이 존재이자 의식, 바로 지금 여기 있으면서 모든 것을 알아차리고 있는 이 인식 공간, 공적영지, 하나의 마음, 스스로의 성품, 바로 이것입니다.

창밖에서 새가 웁니다.

깨달아 마치면 업장業障이 본래 공하고
了卽業障本來空

업(業)이란 몸과 말, 생각으로 짓는 행위입니다. 어떤 행위를 지으면 그에 상응하는 결과, 과보가 따르게 마련입니다. 습관적인 행위가 원인이 되어 또 다른 습관적인 행위인 과보를 불러오는 것을 일러 인과응보라 합니다.

개체적 인간이 신체적, 언어적, 심리적 행위를 벗어나 존재할 수 없고, 그러한 신체적, 언어적, 심리적 행위의 습관적 반복은 인간 존재를 조건화[125]시킵니다. 업의 장애란 바로 인간의 내적, 외적 조건화에 다름 아닙니다.

---

125 학습이론이나 행동주의에서 사용되는 용어로, '결합'이나 '강화'에 의한 훈련이나 행동의 변화과정을 의미한다. 조건화에는 고전적 조건화와 조작적 조건화라는 두 가지의 기본적인 유형이 있다.

그것은 자아와 세계의 실상을 바로 보지 못한 어리석음 때문입니다. 악몽을 꿀 때 그것이 꿈임을 깨닫지 못하면 꿈속 세계의 주인공이 꿈속 세계에서 벌어지는 신체적, 언어적, 심리적 행위에 따라 불가피하게 영향을 받을 수밖에 없습니다.

꿈이 꿈인 줄 알 때 꿈속의 고통에서 벗어날 수 있듯이, 우리가 현실이라 믿어 의심치 않는 바로 지금 눈앞의 자아와 세계가 사실, 어떤 고정된 실체적 자아도 없고 모든 행위가 어젯밤 꿈과 같이 헛된 것이라는 사실을 깨달을 때 고통과 불만족에서 벗어날 수 있습니다.

> 모든 행위가 무상한 것이니
> 이것이 바로 생멸의 법이네.
> 생멸마저 사라지고 나면
> 적멸이 즐거움이 된다네.

매일 매일의 일상을 자세히 살펴보십시오. 자아와 세계로 분리된 채 몸과 말과 생각으로 온갖 사건을 경험하는 것이 바로 우리들의 삶이라고 하는 것입니다. 그러나 과연 그것뿐인가요?

분명 온갖 다양한 경험들, 감각적 · 정서적 · 인지적 경험들이 나타났다 사라지는데, 그것들이 어디에서 나타났다가 어디로 사라집니까?

오늘의 경험은 어디에서 나타나며, 어제의 경험은 어디로 사라졌습니까? 이 무상한 경험의 무더기가 결국 우리네 인생이라는 물건이 아니겠습니까?

덧없는 봄꿈과 같은 이 삶의 사건과 경험의 본질을 꿰뚫어 보고 집착하지 않는다면 어떤 일이 벌어지게 될까요? 자아와 세계에 대한 새로운 관점을 얻게 된다면 어떤 변화가 찾아올까요?

특정한 개체적 자아와 현실세계에 대한 집착에서 비롯된 신체적, 언어적, 심리적 조건화에서 자유로워지는 것이 이른바 깨달음, 곧 번뇌로부터의 해탈입니다. 습관의 변화, 업의 변화가 일어납니다.

그러나 아무리 변화가 일어날지라도 그 또한 무상하고 덧없는 것으로 진정으로 변한 것은 없습니다. 언제나 있는 그대로 여여할 뿐입니다. 그것이 바로 적멸의 즐거움입니다.

텅 빈 허공 가운데 봄이 가고, 여름이 가고, 가을이 가고, 겨울이 갑니다. 해가 뜨고 다시 지며, 날이 흐리고 비가 내립니다. 온갖 변화 작용이 일어났다 사라지지만 텅 빈 허공은 전혀 변함이 없습니다.

우리의 본성 또한 그러합니다. 눈앞에서 펼쳐진 온갖 변화 작용, 사건과 경험이 그대로 우리 본성의 현현입니다. 무상하고 덧없는 눈앞의 현실을 벗어난 적멸의 세계는 없습니다.

중생이 그대로 부처요, 번뇌가 그대로 깨달음이요, 사바가 그대로 극락입니다. 이것이 바로 그것입니다.

깨달아 마치지 못하면 모름지기 묵은 빚을 갚아야 한다.
未了還須償宿債

자아와 세계의 본성이 텅 비어 몸과 말과 생각으로 짓는 모든 업 또한 그 실체가 없음을 깨닫지 못한다면 그 업으로 인한 과보를 피할 길이 없습니다. 인과는 엄연한 것입니다. 짓는 자와 그 짓는 자가 일으킨 행위가 진실로 있다고 한다면 그 과보와 그 과보를 받는 자도 분명히 있는 것입니다.

불법이 다른 가르침과 근본적으로 다른 특성이 세 가지[126] 있습니다. 제행무상(諸行無常), 모든 행위는 무상하다, 제법무아(諸法無我), 모든 현상에는 자아라 할 만한 것이 없다, 열반적정(涅槃寂靜), 온갖 번뇌에서 벗어난 열반의 세계는 고요하다. 때로 일체개고(一切皆苦), '모든 것이 고통이다'라는 진리가 더해지기도 합니다.

자아와 세계의 본질에 대한 깨우침이 없으면 제행무상과 제법무아의 현실은 모든 것이 고통과 불만족이라는 일체개고의 진리로 드러납니다. 그러나 끊임없는 변화 작용만 있을 뿐 그것을 짓는 자도

---

126 삼법인(三法印).

받는 자도 없다는 깨우침은 일체개고의 진리를 열반적정의 진리로 승화시킵니다.

모든 것이 덧없이 흘러가지만 그 무상한 변화는 항상하고, 어디에도 나라고 할 만한 고정된 실체는 없지만 그 텅 빔이야말로 참된 자아, 부서지지 않는 법신이라 할 수 있기에 모든 집착에서 벗어나 열반의 고요함을 맛볼 수 있습니다.

무상(無常), 무아(無我), 고(苦)가 그대로 열반(涅槃)입니다. 바로 지금 여기 눈앞의 덧없고 나 없고 고통스러운 현실 자체가 언제나 적멸한 열반의 상태입니다. 언제나 바로 지금 여기의 눈앞을 벗어나지 마십시오. 우리의 본성이 바로 지금 여기 눈앞입니다. 현존, 여기 있음에 머무십시오.

굶다가 임금의 수라를 만나도 능히 먹지 않으니
飢逢王膳不能飡

불이(不二)의 진실이란 오직 진실밖에 없다는 진실입니다. 있는 그대로가 모두 진실이라는 사실의 가르침일 뿐입니다. 찾는 자도 없고, 찾을 대상도 없으며, 따라서 찾는 행위조차 없다는 것이 진실입니다. 진실로 가는 문 없는 관문입니다.

314

이미 있는 그대로가 진실이므로 따로 진실을 찾지만 않으면 언제나 진실 속에 있습니다. 그러나 어찌된 일인지 많은 사람들이 이 가르침 앞에서 어찌할 줄 모릅니다. 이해할 수 없다고, 너무나 어렵다고 머뭇거립니다. 문이 없는 관문은 모든 곳이 문이라는 뜻인데도 말입니다.

여전히 찾고 구하는 자, 도 닦는 자로서의 '자기'를 믿어 의심할 수 없는 실체라 믿고 있기 때문입니다. 그러니 그 작고 부족한 '자기'가 찾고 얻어서 의지해야 할 '진리'라는 물건이 따로 있는 것 같습니다. 그러기 위해서는 시간과 노력을 들여 찾고 구하는 '행위'를 해야만 합니다.

불이의 가르침은 그 모든 것이 애초부터 망상이었다는 벼락같은 깨우침입니다. 본래 그러한 일은 없었다는 겁니다. 그 한 생각이 일어나면서 온갖 일들이 벌어졌다는 겁니다. 꿈같고 환상 같은 현상의 세계에 속아 본래 온 바도, 가는 바도, 움직이는 바도 없는 이것을 잊어버렸습니다.

진리는 비밀하게 숨어 있지 않습니다. 온 천하가 진리입니다. 눈앞에 있는 것이 진리입니다. 우리의 오감으로 매일 경험하는 것이 진리 자체입니다. 진리는 온 천하에 공개되어 있습니다. 문이 없기에 따로 들어갈 수도 없고 바깥으로 나올 수도 없습니다. 늘 진리입니다.

이 사실을 깨우치면 있는 그대로 부처이고, 이 사실을 깨우치지 못하면 여전히 중생입니다. 그러나 부처가 되었다고 해서 이 사실이 변하거나 늘어나지도 않고, 중생을 면하지 못한다고 해서 이 사실이 없어지거나 줄어들지도 않습니다. 중생이 그대로 부처입니다.

다만 중생은 자신이 부처인 줄 모르고, 부처는 자신이 중생이라는 사실을 알 뿐입니다.

병들어 의왕醫王을 만난들 어찌 나을 수 있으랴

病遇醫王爭得差

둘 아닌 법은 쉽게 믿고 따르기 어렵습니다. 우리의 통상적인 사고와는 전혀 다르게 느껴지기 때문입니다. 나는 불완전하고 불안하고 부족하고 불만족스럽고 진리를 알지 못한다고 생각하는데, 본래 완전하고 평안하고 모자람이 없고 만족스럽고 이미 깨달아 있다고 합니다.

노자의《도덕경》에 "올바른 말은 그 반대인 듯하다."라는 말이 있습니다. 참된 말이 오히려 거짓말 같이 들린다는, 진리는 역설적이라는 말입니다. 믿기 어렵고 받아들이기 어렵습니다.

이 공부는 어떤 의미에서 믿음의 완성입니다. 눈에 보이고, 손으로 만져지고, 생각으로 알 수 있는 것은 믿음의 대상이 아닙니다. 눈에 보이지도 않고, 손으로 만질 수도 없고, 생각으로 헤아릴 수 없는 것을 믿는 것이야말로 참으로 믿는 것입니다.

믿음을 가지고 기존의 자기 생각을 부정하는 것이 바로 공부입니다. 자기가 곧 생각 자체이므로 생각의 부정이 자기의 부정입니다.

자기 생각을 완전히 부정했을 때 그동안 자기를 구속했던 생각의 힘에서 서서히 빠져나오기 시작합니다. 그러나 그 과정은 때로 몹시 힘들 수도 있습니다. 자기와 자기 생각을 너무나 동일시하는 경우, 자기 생각을 부정하는 것은 마치 죽음을 경험하는 것과 같을 수 있습니다.

"크게 한 번 죽고 다시 살아나야 한다."는 말이 있는 것도 이해가 갑니다. 죽은 사람을 완전히 죽여야 비로소 산 사람을 볼 것이요, 산 사람을 완전히 살려야 비로소 죽은 사람을 볼 것입니다.

누가 산 사람이고, 누가 죽은 사람입니까?

욕망 속에 있으면서 참선을 하는 것은 지견의 힘이니

在欲行禪知見力

참선을 하는 것(行禪)은 고요한 산사의 선방에서 말없이 방석 위에 앉아 있는 것이 아닙니다. 우리의 매일 매일의 일상, 오욕(五欲)과 칠정(七情)의 삶을 살아 나가는 것이 진정한 참선입니다. 바로 지금 여기 결코 회피할 수 없는 이 순간 참선을 하고 있습니다. 매 순간 참선 중입니다. 한순간도 선을 벗어난 적이 없습니다.

어떤 것도 버리거나 회피하지 않고, 어떤 것도 새로 구하거나 얻으려 하지 않는 선정(禪定)의 힘은 올바른 지견이 갖춰질 때 발휘됩니다. 망상분별의 지견, 알음알이의 지견이 아니라, 알 수 없는 것, 모양 없는 사실을 알아보는 것(知見)이 올바른 지견입니다. 생각에서 벗어난 해탈의 지견이 올바른 지견입니다.

있는 이대로 만족하여 흔들림 없는 것이 올바른 참선이요, 올바른 지견이요, 올바른 깨달음이요, 바로 지금 이 순간 눈앞의 진실입니다. 본래부터 완전하게 갖추어져 오지도 가지도 변하지도 않는 하나의 물건조차 아닌 물건! 그동안 짊어지고 있던 모든 쓸모없는 지견을 놓아 버릴 때 비로소 예부터 늘 그대로 있었던 자기의 본래 면목을 확인하고 박장대소할 것입니다.

불 속에서 연꽃이 핀 것이어서 끝내 무너지지 않으리라.

火中生蓮終不壞

활활 타오르는 불길 가운데 맑고 깨끗한 연꽃이 피어 있는 소식을
알고자 하십니까?

바람이 멈추자 오히려 꽃이 떨어지는 자리입니다.

영원히 무너지지 않는 금강의 삼매를 성취하고자 하십니까?

새가 우니 산은 더욱 고요한 곳입니다.

가슴속에 품은 뜻을 차마 다 드러내지 못해 나머지 소식은 가을
바람에 부쳐 둡니다.

하늘은 눈물 나게 푸르고 구름은 속절없이 흘러갑니다.

용시 비구가 중죄를 범했으나 생겨남이 없음을 깨달으니

勇施犯重悟無生

옛날 용시라는 비구가 어느 장자의 딸과 사랑에 빠져 음행을 저지
르고 그 여인의 남편을 죽이는 죄를 범하게 되었습니다. 죄책감에

시달리던 용시 비구는 "모든 법은 거울에 비친 모양과 같고 물속에 비친 달과 같거늘, 범부는 어리석게도 마음에 매혹되어 어리석음과 성냄과 사랑함을 분별한다."라는 부처님의 설법을 듣고 무생법인(無生法忍)[127]을 깨달았습니다.

우리 눈앞에 펼쳐지는 모든 대상경계들은 실체적 존재인 듯하나 모두가 꿈이나 환상 같은 무상한 것, 연기적 존재일 뿐입니다. 대상 경계가 실재인 듯 여겨지면 나라는 주관 역시 의심할 여지 없는 실재로 여겨지고, 그 둘 사이에서 벌어지는 사건들 역시 실재와 같은 힘을 가집니다. 그러나 경계와 나, 그 사이의 사건 모두는 진정한 실재의 바탕 위에 어른거리는 그림자와 같습니다.

모든 현상들이 본래 남이 없음을 돌아보지 못하면, 꿈같고 환상 같고 그림자와 같은 허상에 사로잡히고 구속받아 자유를 잃어버립니다. 천변만화하는 무상한 모양에 속아 언제나 변함없고 모양 없는 한 물건을 알지 못하면 끝없는 생사윤회, 탐ㆍ진ㆍ치 삼독에 빠져 업의 수레바퀴의 굴림을 받게 됩니다. 본래 태어난 바도 없고 소멸하는 바도 없으며, 늘지도 줄지도 않고, 깨끗하지도 더럽지도 않은 이 한 물건을 잊어버린 탓입니다.

대 그림자 뜰을 쓸어도 먼지가 일어나지 않고

---

127 불생불멸(不生不滅)의 진리를 확실하게 인정하고 거기에 안주하여 마음을 움직이지 않음.

달빛이 연못을 뚫어도 흔적이 남지 않는다.

이미 성불하여 지금에 있다.

旦是成佛于今在

이미 성불해 있습니다. 바로 지금 있습니다. 누가? 바로 이 글을 보고 있는 당신 말입니다.

　이것이 불가사의해탈의 미묘한 법입니다. 어떤 노력을 통해 부처, 깨달음이라는 경지에 도달하는 일이 결코 아닙니다. 그것은 모두 생각이라는 연출가가 지어낸 각본에 불과합니다. 노력의 과정이라는 드라마 속에는 언제나 그것을 하는 '나'라는 주인공이 존재해야 하기 때문입니다. 모든 성취의 스토리는 개별적 자아의 헛된 욕망 위에 써집니다.

　깨달음은 이미 온전하게 주어져 있어서 다시 얻을 수 없는 것입니다. 그런 사실을 문득 알아차릴 때 그것을 일러 깨달았다 하는 것입니다. 마치 너무나 사실적인 꿈속에서 온갖 사건을 겪던 주인공이 꿈에서 깨어나는 일과 같습니다. 좋은 꿈도 나쁜 꿈도 그저 꿈일 뿐입니다. 꿈속의 주인공도 역시 꿈이었습니다. 그러나 꿈속에서도 깨어서도 동일한 하나의 상태가 있습니다. 그것이 깨달음, 곧 자신의 성품입니다.

바로 지금이 깨달음입니다. 바로 지금은 현재라는 시간을 가리키는 말이 아닙니다. 그것은 언어적 관념에 불과합니다. 바로 지금이라는 말이 실제로 나타내려 하는 것은 바로 지금 이 순간에 존재함, 또는 이렇게 살아 있음, 의식하고 있음입니다. 바로 지금이 바로 의식 자체입니다. 현존은 알아차림 자체입니다. 의식이 곧 존재입니다. 바로 지금 여기는 존재의 상태입니다. 본래 무념인 순수한 의식이 바로 지금입니다.

언제나 우리는 이미 깨달아 바로 지금 있습니다. 이미 깨달아 바로 지금 있는 것이 참된 나 자신입니다.

10

사람도 없고
부처도 없다

사자후의 두려움 없는 설법으로
師子吼無畏說

사자가 한 번 울부짖으면 숲 속의 모든 동물들이 깜짝 놀라 얼어붙은 듯 숨을 멈춥니다. 일순간 고요가 찾아옵니다. 둘 아닌 하나의 진실이 문득 드러나면 온갖 잡다한 번뇌망상이 허깨비와 같이 그 위력을 잃고 사라집니다.

본래부터 아무런 흠 없이 갖추어져 있던 한 바탕은 불로도 태울 수 없고, 칼로도 자를 수 없습니다. 애를 쓴다고 더 많이 얻을 수 없고, 노력을 쉰다고 점점 사라져 없어지지도 않습니다. 얻으려야 얻을 수 없고 버리려야 버릴 수 없으니 이것이 나의 본래면목임을 알아 쉬게 됩니다.

모든 번뇌와 망상, 슬픔과 고통, 외로움과 두려움이 이 홈 하나 없는 한 바탕이 펼치는 작용, 물의 물결임을 꿰뚫어 알면 슬퍼도 진실로 슬픈 것이 아니요, 고통스러워도 참으로 고통스러운 것이 아니요, 외로워도 정말 외로운 것이 아니요, 두려워도 진정 두려운 것이 아닙니다.

벼락같은 한마디에 문득 천고의 꿈에서 깨어나야 합니다.

어리석고 고집스러움을 깊이 안타까워한다.
深嗟懵懂頑皮靼

있는 그대로의 자기를 믿지 않고 자기 생각을 믿는 것이 어리석고 고집스러운 것입니다. 자기와 자기의 생각을 동일시하는 것이 어리석음이요, 그 허망한 생각의 다발을 자기라고 굳게 믿고 있는 것이 고집스러움입니다. 쇠가죽보다 질긴 것이 바로 자기 생각과의 동일시입니다.

세밀하게 살펴보십시오. 자기 내면에서 들려오는 자신의 목소리라 여겨지는 것들을. 우리는 그것을 자기 자신이라 굳게 믿습니다. 너무나 당연한 것으로 여기고 있어서 한 번도 의심해 본 적이 없습니다. 그 내면의 목소리가 바로 생각인데, 그것이 자기 자신, 자신의 목소리라 여깁니다.

사실 그 내면의 목소리는 그저 인연 따라 일어나는 생각일 뿐인데, 그 생각을 자기 자신과 동일시하고 있는 것입니다. 실제로는 그 생각이 일어나고 그 생각이 사라지는, 생각 아닌 의식, 그 순수한 의식의 바탕이야말로 변함없는 참된 자기 자신인데도 말입니다.

그 내면의 목소리를 자기 자신으로 믿고 따르기 때문에 온 세상이 분열되어 버렸습니다. 자신의 내면마저 분열되어 자아와 초자아, 즉 자기 자신을 판단, 정죄, 심판하는 또 다른 자아로 쪼개어져 버렸습니다. 참된 자기 자신은 둘로 나뉠 수 없습니다. 눈이 눈 스스로를 볼 수 없듯 말입니다.

진정한 자기 자신은 내면의 목소리를 듣고 있는 침묵입니다. 모든 생각, 경험, 사건이 출몰하는 텅 빈 배경입니다. 허공처럼 텅 비어 있지만 모든 것을 알아차리는 무엇이, 없는 듯이 있습니다. 동시에 있는 듯하나 없습니다. 이 알 수 없고 취할 수 없고 동시에 모를 수 없고 버릴 수 없는 것이 자기입니다.

바로 지금 눈앞의 이것 전체입니다.

중죄를 범하면 보리를 장애하는 줄만 알 뿐

只知犯重障菩提

무간지옥에 떨어질 지극한 악한 행위로 오역죄(五逆罪)라는 것이 있습니다. 이른바 아버지를 죽이고, 어머니를 죽이고, 승가의 화합을 깨뜨리고, 아라한을 죽이고, 부처의 몸에 피를 내는 행위를 말합니다. 그러나 임제는 오무간업(오역죄)을 지어야 비로소 해탈을 얻을 수 있다고 하였으니 이 어찌된 일일까요?

죄와 깨달음이 따로 있다면, 죄는 범하지 말아야 하고 깨달음은 향하여 나아가야 합니다. 그러나 그 모든 것은 분별일 뿐 실제로 죄라고 할 만한 것, 깨달음이라 할 만한 실체는 없습니다. 바로 지금 여기 눈앞에 있는 그대로라면 그것이 깨달음이요, 여기서 다른 것을 찾으면 그것이 죄를 범하는 것입니다.

눈, 귀, 코, 혀, 몸을 인정하지 않고, 빛깔, 감각, 생각, 의지, 의식에 구속되지 않는 것이 바로 오역죄, 오무간업을 짓는 것입니다. 오감과 오온이 바로 무간지옥입니다. 오감과 오온이 실로 있지 않음을 깨닫는 것이 해탈입니다. 죄와 깨달음이 허망한 이름일 뿐 그것의 자성이 없는 줄 알면 그대로 해탈입니다.

죄도 없고 깨달음도 없다면, 해탈 역시 없습니다. 그저 바로 지금 여기 이것일 뿐입니다.

여래가 비결을 열어 둔 것을 보지 못한다.

不見如來開秘訣

비결(秘訣)이라는 말을 들으면 우리는 스스로 알지 못하는 비밀한 뜻이 어딘가에 따로 있을 것이라 지레짐작합니다. 비결은 으레 감추어져 있다고 생각합니다. 이 합리적이고 타당한 한 생각이 우리들의 맹점입니다.

진정한 비결, 비밀은 그러한 것이 애초부터 없었다는 것입니다. 비밀이 없다는 것이 참된 비밀입니다. 만천하에 공개된 것이야말로 가장 완벽하게 숨은 것입니다. 《장자》에 "천하를 천하에 숨긴다."라는 말이 있습니다. 진리는 그와 같습니다.

소를 타고 소를 찾고, 물속에서 물을 찾습니다. 바로 지금 여기가 거기이고, 바로 지금 이것이 그것입니다. 자신이 간과하고 있던 것, 놓치고 있던 것을 돌아볼 뿐, 새롭게 찾아 얻어야 할 가르침이 있는 것은 아닙니다.

언제나 늘 있는 것은 없는 것처럼 보입니다. 아시겠습니까?

두 비구가 있어 음행과 살생을 저지르니

有二比丘犯淫殺

옛날 두 비구가 숲에서 공부를 하고 있었는데, 한 비구가 탁발을 하러 간 사이에 홀로 있던 다른 비구가 나무 하러 온 여인과 음행을 저질렀습니다. 탁발 갔던 비구가 돌아와 보니 음행을 저지른 비구가 낙심하여 있는 모습을 보고 자초지종을 묻게 됩니다. 탁발 갔던 비구는 도반의 계행(戒行)을 깨뜨려 공부의 장애를 가져다준 여인에게 화가 나서는 그녀를 쫓아가 본의 아니게 살생을 저지르게 되었다는 이야기가 있습니다.

그러나 바로 지금 두 비구는 어디에 있습니까? 그들이 저지른 음행과 살생은 또 어디에 있습니까? 두 비구가 진실로 있다면 그들이 저지른 음행과 살생도 진실로 있을 것입니다. 우리는 너무도 쉽게 바깥의 말과 모양, 안의 생각과 이미지에 속습니다. 그러한 사실, 그러한 실체가 '있다'고 믿습니다. 그러나 그 모든 것들의 낙처, 귀결점은 어디에 있습니까?

두 비구가 나온 곳, 음행과 살생이 나온 바로 그곳에서 청정한 계행도 나옵니다. 어둠이 나온 곳에서 밝음도 나옵니다. 악이 나온 그곳이 선의 출처입니다. 잘못된 것이 나온 그곳이 올바른 것의 고향입니다. 바로 그곳에는 두 비구도, 그들이 저지른 음행과 살생도, 청정한 계행과 깨달음도 흔적조차 없습니다. 어둡지도 않고 밝지도 않고, 악도 아니고 선도 아니며, 잘못된 것도 아니고 올바른 것도 아닙니다.

> 죄는 본래 자성이 없어 마음 따라 일어나니
> 마음이 만약 없어지면 죄업 또한 사라지네.
> 죄도 없고 마음도 없어 두 가지 모두 공하면
> 이것을 일러 진실한 참회라 이름한다네.[128]

우파리의 반딧불 같은 소견은 죄의 매듭만 더하였다.
波離螢光增罪結

음행과 살생을 저지른 두 비구가 참회할 길을 찾아 지계(持戒) 제일인 우파리[129] 존자를 찾아가 물었으나, 그들이 저지른 죄는 결코 참회할 수 없는 끔찍한 죄라는 말을 듣고 절망하게 됩니다. 우파리는 계율에 따라 바른 판단을 내렸을지 모르지만 죄를 참회하고 극복하려 했던 두 비구는 영원히 그 죄의 구속에서 벗어날 길이 없게 되었던 것입니다.

---

128 《천수경》게송.
129 석가모니 십대제자(十大弟子) 가운데 하나. 노예 계급인 수드라 출신으로 석가족의 이발사였는데, 아난(阿難)·난타(難陀)·아나율(阿那律) 등이 출가할 때 그들의 머리털을 깎아 주기 위해 따라갔다가 붓다의 제자가 됨. 계율에 엄격하여 지계제일(持戒第一)이라 일컬음.

우리의 세속적 진리, 현상적 진리는 늘 죄 있음과 죄 없음, 유와 무의 상대적 대립으로 드러납니다. 죄 있음과 죄 없음, 유와 무처럼 실상의 절반, 한 단면만을 집착할 때 본래부터 온전하고 완전한 전체성, 이미 모든 대립이 통일을 이루고 있는 중도를 결코 알 수 없습니다. 죄 있음이 죄 있음만이 아니고, 그른 것이 그른 것만은 아니며, 악한 것이 악한 것만은 아닙니다.

《신약성서》에 보면 간음하다 잡힌 여인이 율법학자들의 손에 의해 예수 앞에 끌려옵니다. 그들은 율법에 의하면 이러한 여인은 돌로 쳐서 죽이라 되어 있다 하며 예수의 의견을 묻습니다. 그러자 예수는 너희 가운데 죄 없는 자가 먼저 돌로 치라며 땅바닥에 무언가 씁니다. 그러자 여인과 예수만 남고 그 죄를 꾸짖던 자들은 사라집니다. 홀로 남아 있던 여인에게 예수는 너를 고소하고 정죄하던 사람들은 어디 갔느냐 묻습니다. 여인이 그들이 사라졌다고 말하자, 예수는 나 또한 너를 정죄하지 않으니 다시는 죄를 짓지 말라고 합니다.

단견에 사로잡힌 이들은 죄에 고정 불변하는 실체가 있는 듯 여깁니다. 자신의 판단 바깥에 객관적으로 존재하는 죄라는 물건이 있는 듯이 집착합니다. 그것은 마치 사과의 맛이 사과 자체에 있다고 쉽게 판단하는 우리의 어리석음과 유사합니다. 사과의 맛은 맛보는 자에게 있습니다. 사과의 맛은 실체가 아닙니다. 있기는 있으나 참으로 있는 것이 아닙니다. 마치 있는 것처럼 보이고 느껴질 뿐입니다. 마찬가지로 죄는 그것을 죄라 정죄하는 그곳에 있습니다. 비록 현상적인 죄를 꾸짖되, 그것의 실체가 꿈처럼 빈 것을 알아 그 죄로부터 사람을 구원해 줄 수 있어야 합니다.

죄 있음과 죄 없음의 대립이 통일되어 사라지는 바로 지금 눈앞의 이 자리에서만이 모든 죄로부터 구원받을 수 있습니다.

유마 대사가 단박에 의심을 제거해 준 것은
維摩大士頓除疑

두 비구의 죄의 구속을 더욱 무겁게 만든 우파리에게 유마 거사는 다음과 같이 말했다고 합니다.

"우파리 존자시여! 이 두 비구의 죄를 거듭 더하게 하지 마십시오. 곧바로 죄를 없애 주어 마음을 요란케 하지 마십시오. 왜냐하면 그 죄의 성품은 안에도 있지 아니하고 밖에도 있지 아니하며 중간에도 있지 아니합니다.

부처님께서 말씀하신 바와 같이 마음의 때가 있으므로 중생이 때가 있으며 마음이 깨끗하므로 중생이 깨끗하며, 마음이 또한 안에 있지 아니하고 밖에도 있지 아니하며 중간에도 있지 아니하니, 마음이 그러한 것과 같이 죄의 때도 그러합니다. 모든 법도 또한 그러하여 여여함을 벗어나지 아니한 것입니다.

우파리 존자시여! 일체의 법은 생멸하여 머물지 아니하니 환영 (幻影)과 같고 번개와 같고, 일체의 법은 서로 기다리지 않으며 내지 한 생각도 머물지 아니하며, 모든 법은 모두 망견이며 꿈과 같고 아지랑이 같고 물속의 달과 같고 거울 속의 모양과 같아서 망상으로 일어나는 것입니다. 이것을 아는 사람을 계율을 받는다고 이름하고, 이것을 아는 사람을 잘 이해한다(善解)고 하는 것입니다."

유마 거사의 말을 듣고 두 비구가 의심을 풀고서 보리심을 발하였다고 합니다.

거울과 거울에 비친 환영은 둘이 아닙니다. 거울에 비친 환영에 거울 자체는 물들지 않습니다. 어떤 환영도 거울의 비추는 능력을 벗어나 있지 않습니다. 환영은 모양이 있지만 허깨비와 같고, 비추는 능력은 모양은 없지만 늘 변함없이 있는 것입니다.

바로 지금 무엇이 비추고 있습니까? 이렇게 비추고 있는 스스로를 깨달으십시오.

밝은 태양이 눈과 서리를 녹여 버린 것과 같다.

還同赫日消霜雪

밝지 못함(無明)은 실체가 아닙니다. 밝지 못함은 실존이 아닙니다. 다만 밝음의 부재, 지혜의 부족일 뿐입니다. 그림자 역시 빛의 작용입니다. 빛이 있기에 그림자도 있는 것입니다. 그림자는 있는 것 같지만 실제로는 있는 것이 아닙니다. 밝음, 지혜만이 유일하게 실존하는 것으로서 실체 아닌 실체입니다.

유일무이한 실존, 실체는 마치 없는 것처럼 여겨집니다. 유일무이란 인식의 대상이 아니기 때문입니다. 안도 없고 밖도 없으니, 그것을 헤아려 더듬을 자가 따로 없습니다. 객관적인 대상이 아니므로 결코 알 수 없습니다. 이 상대적 인식이 끊어진 알 수 없음이야말로 절대적 앎 자체입니다.

어떠한 실체도 찾을 수 없으나 늘 밝게 빛나고 있는 앎의 성품. 모든 것을 다 분별하여 알고 있지만 제 스스로는 결코 분별하여 알 수 없는 것이 바로 지금 눈앞에 홀로 밝아 있습니다. 이 텅 빈 인식의 공간 안에서 온갖 변화가 일어났다 사라집니다. 그러나 이 인식의 공간은 언제나 변함이 없습니다.

이 텅 빈 인식의 공간을 의식 자체, 존재 자체라 부를 수 있을 것입니다. 우리의 본래면목, 자성, 깨달음의 성품, 마음, 여래라고 부를 수도 있을 것입니다. 그러나 가장 중요한 것은 그 모든 이름을 잊고 이미 그것 자체로 있음을 깨닫는 것입니다. 그때 어지러운 마음의 움직임이 멈추고 적멸이 찾아옵니다.

우리의 일상적 의식 바탕에 늘 배경처럼 있었던 고요한 침묵, 있는 그대로의 평상의 마음을 발견하게 될 때 안팎의 갖가지 경계들은 밝은 태양 아래의 눈과 서리처럼 자취를 감추게 됩니다. 모든 것이 한 덩어리로 밝아 있는 자기 자신으로 돌아오게 됩니다. 늘 있는 그대로인 채로 여여한 이것으로!

불가사의한 해탈의 힘은
不思議解脫力

창밖으로 은은한 천리향의 꽃향기가 흘러들어 옵니다. 이것이 바로 불가사의한 해탈의 힘, 묘한 작용입니다.

해탈이란 허깨비 같은 생각의 구속에서 벗어나는 것입니다.

우리가 생각에 얽매이지 않고 바로 볼 때 그것이 해탈이고, 바로 들을 때 그것이 해탈이고, 바로 냄새 맡을 때 그것이 해탈이고, 바로 맛볼 때 그것이 해탈이고, 바로 느낄 때 그것이 해탈이고, 바로 생각할 때 그것이 해탈입니다.

이것을 벗어나 따로 기특한 해탈을 바라고 구하는 것이 바로 생각에 구속되는 것입니다. 그래서 해탈을 바라는 그것이 생사의 큰 조짐이라 한 것입니다.

있는 이대로 해탈입니다. 생각으로 헤아림을 멈출 때 본래 생각에 얽매여 있지 않은 실상을 깨닫게 될 것입니다. 인생이라는 거대한 꿈에서 비로소 문득 깨어나게 될 것입니다.

바람결에 꽃향기가 사라져도 이것은 언제나 늘 이 자리에 있습니다. 바로 지금 있는 것이 이것입니다.

묘한 작용이 갠지스 강의 모래 같아 끝이 없다.
妙用恒沙也無極

보고 듣고 느끼고 아는 이 묘한 작용은 형체가 없어 '있다/없다' 할 수 있는 대상이 아닙니다. 우리의 분별망상조차 바로 이 묘한 작용의 결과입니다. 시작도 끝도 없는 이 묘한 작용이 바로 우리의 본래면목이요, 우리네 인생이라는 꿈의 본바탕입니다.

인생 백년, 삼만 육천오백 일 늘 반복하는 것이 바로 이것입니다. 주관도 객관도 모조리 이것입니다. 산하대지와 오욕칠정이 아무 차별 없이 이것입니다. 개체성이 바로 그대로 전체성이고, 전체성이 그대로 개체성입니다. 낱낱이 따로 있는 그대로 하나요, 하나가 그대로 따로 있는 낱낱입니다.

꿈속의 나도 꿈이요, 꿈속의 너도 꿈, 그도 꿈, 보고 듣고 느끼고 아는 것도 모두 꿈, 산하대지와 일월성신, 어묵동정과 행주좌와가 모두 꿈입니다. 꿈속에서 누군가 꿈이 무엇이냐 물으면 어찌해야 할까요? 바로 그 묻는 자와 물음 자체가 꿈인 것을.

손가락을 들어 보이고, 책상을 한 번 치고, '바로 이것입니다' 가리켜 보여도, 그것 모두가 하나의 꿈입니다. 바로 지금 눈앞이 그대로 꿈입니다.

이제 그만 깨어나십시오.

네 가지 공양을 감히 수고롭다 사양하겠는가?
四事供養敢辭勞

네 가지 공양(四事供養)이란 수행자에게 올리는 집, 옷, 음식, 약 등의 네 가지 물건을 말합니다. 수행자도 사람인지라 살아가는 데 불가결한 의식주를 신도들에게 제공받는다는 의미입니다. 도를 깨달은 아라한을 응공(應供), 마땅히 공양 받아야 할 사람이라 하는 것도 같은 맥락에서입니다.

그러나 진실로 도를 깨달은 입장에서 마땅히 받아야 할 네 가지 공양은 바로 지금 눈앞에서 보고 듣고 느끼고 아는 네 가지 작용이라 할 수 있습니다. 보되 보는 것에 걸리지 않고, 듣되 듣는 것에 장애되지 않고, 느끼되 느끼는 것에 집착하지 않고, 알되 아는 것에 구속되지 않는 것이 네 가지 공양을 감히 수고롭다 사양하지 않는 것입니다.

공부는 언제나 바로 지금 눈앞에서 분명하여 흔들림이 없느냐, 경계에 끄달려 허깨비와 같은 고통을 받느냐 그뿐입니다. 언제나 정신을 차리고 늘 깨어 있어야 합니다. 예수는 겟세마니 동산에서 피땀을 흘리며 이렇게 기도했습니다. "아버지, 하실 수만 있다면 이 잔이 저를 비켜 가게 해 주십시오. 그러나 제가 원하는 대로 하지 마시고 아버지께서 원하시는 대로 하십시오."

아멘!

만 냥의 황금이라도 또한 녹일 수 있다.

萬兩黃金亦銷得

절대 평등의 이 일이 분명하다면, 보고 듣고 느끼고 아는 네 가지 일은 물론 온갖 만사를 능히 수용할 수 있습니다. 만 가지 법이 하나로 돌아가니 그 하나는 어디에 있습니까? 만법이 그대로 하나요, 하나가 그대로 만법임이 분명하여 걸림이 없어야 이치와 사실에 있어 장애가 없다 할 것입니다.

비록 이 일이 있음을 알았다 하더라도 처음부터 매사에 흔들리지 않을 수는 없습니다. 여전히 '나'라고 느껴지는 주체가 있어 그것의 호오(好惡)에 끄달리는 것을 피하기 어렵습니다. 아직은 법과 나가 벌어져 있는 듯 느껴집니다. 그 와중에서 공부를 놓치지 않고 버텨야 합니다.

오랫동안 조건화된 육체적, 정신적 습관, 흔히 신(身)·구(口)·의(意) 삼업이라 불리는 것들에서 차츰차츰 풀려납니다. 이치는 단박에 깨달아 그 깨달음에 따라 사라지지만, 현상은 단박에 제거되지 않으니 점차적으로 사라집니다. 진실로 이 과정이 공부의 가장 어려운 부분으로서 굳은 발심이 없다면 통과하기가 지극히 어렵습니다.

그러므로 옛사람들이 말하기를, 이 일은 모름지기 강철로 만든 놈이라야 감당할 수 있다 한 것입니다.

뼈가 가루 되고 몸이 부서져도 다 갚을 수 없으니

粉骨碎身未足酬

이 일을 깨닫지 못해도 상신실명(喪身失命), 몸과 목숨을 잃고, 깨닫더라도 상신실명입니다. 깨닫지 못하면 몸과 목숨을 잃는다는 말은 납득이 가지만, 어째서 깨달았는데도 상신실명일까요?

몸소 한 번 상신실명하지 않는다면 결코 이 일을 철저하게 깨닫지 못할 것입니다. 그런 뒤에야 넘치는 자비심으로 이 일을 밝혀 놓은 분들의 고마움을 뼛속 깊이 느낄 수 있습니다.

불조(佛祖)의 은혜를 제대로 아는 것이 불조의 은혜를 갚는 것이라 하였습니다.

한마디에 분명히 깨달으면 백억을 뛰어넘는다.

一句了然超百億

〈요한복음〉 첫 머리에 이르기를, "태초에 말씀이 계시니라."라고 하였습니다. 선가에서는 '성전일구(聲前一句)', 말소리 이전에 한마디가 있다고 합니다. 이 한마디를 분명히 깨달아야 비로소 백천만억을 뛰어넘을 수 있습니다.

이 한마디는 '한마디'라는 이름조차 붙을 수 없습니다. 벌써 '한마디'라 이름하였으니 참으로 그 한마디는 아닙니다. 그러나 마지못해 '한마디'라 이름하지 않을 수도 없습니다. 부디 말에서 말을 뛰어넘어 말 이전의 소식을 분명히 깨달아야 합니다.

이 한마디는 무엇입니까?

법 가운데 왕은 가장 높고 뛰어나니
法中王最高勝

법은 그저 이름일 뿐입니다. 법이라 가리키지만, 법이라는 이름에 해당하는 물건은 따로 없습니다. 모든 현상, 드러난 모양이 모두 법입니다. 일체의 법이 그대로 하나의 법입니다. 참된 하나의 법이라면 하나의 법마저 세울 수 없습니다. 모든 분별이 저절로 사라져 버리니 이름하여 가장 높다 하고 가장 뛰어나다 할 뿐입니다.

법은 안도 없고 밖도 없습니다. 늘 가운데(中) 있고, 늘 그 속에 있습니다. 바로 지금 여기 눈앞이 그 가운데, 그 속입니다. 모든 현상은 이 가운데, 이 속에 드러난 아지랑이 같고 신기루 같은 것일 뿐입니다. 스스로는 어떤 모양도 없는 무엇이 모든 모양으로 시시각각 드러나고 있을 뿐입니다. 있는 듯하지만 없고, 없는 듯하지만 분명히 있습니다.

342

두두물물은 본래 원만히 이루어져 있어

네게 감춘 것 없으니 다시 의심치 말라.

부처와 조사를 내 비록 알지 못하지만

배고프면 밥을 먹고 피곤하면 잠을 자네.[130]

갠지스 강의 모래 같은 여래가 다 함께 증득하였다.
恒沙如來同共證

옛 부처 나기 전에

뚜렷이 한 모양이 원만하였으니

석가도 오히려 몰랐거늘

가섭이 어찌 전할 수 있겠는가?

일체 중생과 산하대지, 산천초목이 이미 성불하였으니 다시 성불할 부처가 없습니다. 따라서 중생도 없고, 부처도 없고, 미혹도 없고, 깨달음도 없습니다.

본래 뚜렷이 밝아 있는 이 마음이 곧 나와 세계의 진실입니다. 이 나뉠 수 없는 한 덩어리의 마음이 천백억 화신으로 나뉘어 나와 세계로 이렇게 드러나 있습니다.

---

130 설봉학몽(雪峰鶴夢, 1890~1969) 선사의 게송.

두두물물이 부처의 모습이요, 사사건건이 부처의 작용입니다. 일거수(一擧手)가 조사의 할(喝)이요, 일투족(一投足)이 조사의 방(棒)입니다. 숨 한 번 들이쉬고 내쉬는 것이 바로 대기대용(大機大用)[131]입니다.

어리석은 사람은 본래 있는 것을 간과하고 허망한 생각을 좇아 헤맬 것이고, 영리한 사람은 무상하게 오가는 생각을 잊고 언제나 항상 있는 것을 알아차릴 것입니다.

눈앞을 보십시오!

내가 이제 이 여의주를 설명하였으니
我今解此如意珠

'나(我)'는 무엇일까요? 생각을 거치지 않고도 즉각 확인되는 것이야말로 진정한 '나'입니다. '나'라는 말과 글, 또는 그것이 그려 내는 관념적 이미지가 아닌, 이미 이렇게 존재하는 실재로서의 '나'는 생각이 아닙니다. 모든 객관적 대상물을 인식하지만 스스로는 결코 인식의 대상이 되지 않는 한 물건이 바로 참된 '나'입니다. 알 수는 없지만, 그렇다고 모를 수도 없습니다. 생각을 일으키면 곧장 어긋

---

131 우주의 작용과 조화, 곧 해와 달의 운행, 밤과 낮의 교체, 사시의 변천, 풍운우로상설의 조화 등. 뛰어난 임기응변의 기량을 완벽하게 활용함.

나지만, 생각을 쉬면 언제나 '나'입니다.

　'지금(今)'은 무엇일까요? 과거와 현재와 미래는 모두 생각의 소산입니다. 우리가 과거라 생각하는 시간은 실제의 과거 자체가 아닙니다. 과거라는 기억, 생각일 뿐입니다. 현재와 미래 역시 그렇습니다. '지금'은 생각할 수 없습니다. 생각한다면 그것은 곧장 과거, 지난 시간의 자취입니다. 생각할 수는 없지만 늘 존재하는 것이 '지금'입니다. 생각할 수는 없지만 부정할 수 없는 무엇의 존재가 '지금'입니다.

　'이해(解)'는 무엇일까요? 이해, 앎은 언제나 부분적이고 상대적입니다. 앎의 주체와 앎의 객체로 나뉘어 이해가 성립하면, 반드시 그 반대에는 알지 못함이 짝하고 있습니다. 그러한 앎은 완전한 앎, 절대적인 앎이 아닙니다. 완전한 앎, 절대적인 앎은 앎과 모름에 속하지 않습니다. 존재 자체는 앎도 아니요, 모름도 아닙니다. 그러나 결코 어둡지 않아 모든 변화와 작용을 즉각 알아차리고 있습니다.

　'이것(此)'은 무엇일까요? 바로 지금 눈앞의 존재 자체를 가리키는 말일 뿐입니다. 아무런 형상도 없고 속성도 없지만 모든 형상과 속성을 포괄하고 드러내고 있는 것이 '이것'입니다. 말할 수 없는 것을 억지로 말한 것이 '이것'입니다. '이것'은 '이것'이라는 말에서 모양과 소리와 뜻이 사라져도 있는 것입니다. '이것'은 바로 "이!·것!"입니다.

'변함없음(如)'은 무엇일까요? 모양이 없는 것만이 변함이 없습니다. 모양이 있는 것은 시작과 끝, 형성과 소멸의 과정이 있습니다. 모양이 없는 것은 시작도 없고 끝도 없으며, 형성도 없고 소멸도 없습니다. 모양이 없는 것은 절대적인 없음(無)이 아닙니다. 없음마저 이 모양 없는 것에서 드러나는 또 다른 모양에 불과합니다. 모양 없는 것이야말로 진정한 있음(有), 존재 자체입니다.

'의식(意)'은 무엇일까요? 바로 지금 당신이 쓰고 있는 것을 말합니다. 아니, 당신 존재 자체가 바로 의식입니다. 이 글을 보고 읽고 생각하는 모든 것이 의식입니다. 당신과 당신을 둘러싼 세계 전체가 바로 의식입니다. 전체가 바로 의식입니다. 존재 자체가 의식입니다. 의식이 바로 '앎' 자체입니다. 의식이 바로 '이것'입니다. 언제나 지금 있는 것이 의식입니다. 참된 '나'가 의식 자체입니다.

'구슬(珠)'은 무엇일까요? 원만하여 부족함이 없는 것이 구슬입니다. 완전무결하여 조금의 흠도 없는 것이 구슬입니다. 스스로는 아무 빛깔이 없으면서 인연 따라 모든 빛깔을 드러내는 것이 구슬입니다. 사람마다 모두 갖추고 있어서 새롭게 얻거나 다른 사람에게서 빌리거나 잃어버릴 수 없는 것이 이 구슬입니다. 우주 전체가 하나의 구슬이어서 구슬의 모양을 얻을 수 없는 것이 이 구슬입니다.

제가 이제 이 여의주를 모두 설명해 드렸습니다.

믿고 받는 사람은 모두 상응할 것이다.

信受之者皆相應

깨달음은 다르게 말하자면 믿음의 완성(信成就)입니다. 다시 말하면 의심의 소멸이라 할 수 있습니다. 생사의 뿌리, 번뇌의 근원은 바로 이원적 사고방식, 분별망상, 상대성입니다. 나와 나 아닌 것이 따로 있는 듯한 느낌, 아니 개별적인 '나'가 있다는 이 느낌이 바로 고통의 발원지입니다.

2천5백 년 전 붓다의 깨달음은 바로 그러한 '나'라는 물건은 없다는 사실의 발견이었습니다. 모든 것이 제각각 존재하는 것처럼 느껴지는 이 현상세계는 마치 꿈이나 환상 같이 임시적이고 일시적으로 존재하는 듯 보일 뿐이라는 사실을 깨달았던 것입니다.

깨달음은 이러한 현상세계의 실상을 바로 보는 것이며, 깨달음 이후의 공부, 또는 깨달음의 완성은 그러한 실상에 대한 통찰에 일말의 의심, 흔들림이 없는 믿음을 성취하는 것입니다. '나'의 실체성이 사라지는 만큼 이 믿음은 굳건해질 것입니다.

안목이 분명해질 때 믿음이 성취될 것이고, 믿음이 성취될 때 안목이 분명해질 것입니다. 내가 '나'를 어찌할 수 없는 바로 그곳, 어떤 기량도 펼칠 수 없는 답답한 상황 속에서 모든 것을 내던질 때 전혀 예상 밖의 영적 비약이 찾아올 것입니다.

일체의 사량 분별을 내려놓으십시오.

밝고 밝게 보면 한 물건도 없으니

了了見無一物

무엇이 밝고 밝게 보는 것일까요? 바로 지금 이렇게 보는 것이 밝고 밝게 보는 것입니다. 생각을 통해 보면 밝은 경계와 어두운 경계가 따로 나뉘겠지만, 생각의 가림 없이 있는 그대로 보면 보는 성품 자체는 늘 밝고 밝습니다.

우리 의식 자체의 속성을 일러 깨어 있음, 알아차림이라 표현할 수 있습니다. 또는 살아 있음, 존재함이라 할 수도 있습니다. 어떤 대상이 아닌 진정한 주체, '나'라 할 만한 것이 있습니다. 오직 그것만이 있음 자체입니다.

모든 대상경계는 이 있음의 기반 위에 나타난 이미지에 불과합니다. 따라서 한 물건도 없다고 말하는 것입니다. 한 물건도 없다는 말조차 성립할 수 없지만 어쩔 수 없어서 한 물건도 없다고 말할 뿐입니다. 오직 한 물건만 있으므로 한 물건도 없는 것입니다.

앎과 모름의 상대성을 훌쩍 뛰어넘어 본래부터 있음을 알아차리기 바랍니다.

사람도 없고 부처도 없다.

亦無人兮亦無佛

바로 지금 눈앞의 대상경계들을 확인해 보십시오. 컴퓨터, 휴대전화, 책, TV, 탁자, 벽, 계단, 숲, 하늘, 아파트, 찻잔……. 게다가 자신의 육체 또한 있습니다. 눈에 보이는 것뿐만 아니라 보이지 않는, 느낌, 감정, 생각, 의지, 충동, 욕망 또한 분명히 있습니다.

그런데,

그 모든 눈에 보이고, 눈에 보이지 않는 대상경계들을 확인하고 있는 '이것'은 무엇일까요? 우리의 습관대로 '이것' 또한 또 하나의 대상경계로 만들고 싶지만, 이른바 마음, 의식, 주시자, 불성, 알아차림, 공적영지, 텅 빈 각성 등등, 그럼에도 불구하고 '이것'은 여전히 그러한 이름과 개념에 물들지 않습니다.

처음에는 하나의 대상처럼 확인하지만, 시간이 지날수록 확인하는 '나' 역시 이 알 수 없지만 분명히 존재하며 모든 것을 포용하고 있는 '이것'의 그림자임을 깨닫게 됩니다. '나'라는 존재는 하나의 유령과 같다는 사실을 돌아보는 순간, 이전과는 전혀 다른 인식의 전환이 찾아옵니다.

꿈은 분명히 있는 것처럼 보이지만 실제로는 없는 것입니다.

삼천대천세계는 바닷속 물거품이요,

大千世界海中

우리가 마주하고 있는 온 우주, 이 세계는 나의 마음에 드러난 그림자, 물거품과 같습니다. 내가 세계를 마주하고 있는 것이 아니라, 내가 세계를 마주하고 있다는 인식이 일어나고 있을 뿐입니다.

만법유식(萬法唯識), 온갖 현상은 오직 인식의 작용일 뿐이요, 유식무경(唯識無境), 오직 인식 작용만 있을 뿐 대상경계는 존재하지 않습니다. 심생종종법생(心生種種法生), 마음이 일어나니 갖가지 현상이 일어나고, 심멸종종법멸(心滅種種法滅), 마음이 사라지니 갖가지 현상도 사라집니다.

'나'(마음＝주관)가 있으니 '세계'(법＝객관)가 있고, '나'가 없으면 '세계'도 없다는 것이 붓다가 깨달은 연기의 진실입니다. '나'와 '세계'는 고정불변한 실체가 아닌 허망한 분별인식의 소산, 허깨비입니다.

있는 것도 아니고, 없는 것도 아니니, 다시 이 무엇이겠습니까? 물건도 아니고, 마음도 아니고, 부처도 아니니, 다시 이 무엇이겠습니까? 바로 지금 이것이 무엇이겠습니까?

일체의 성현은 번갯불이 번쩍이는 것과 같다.
一切聖賢如電拂

일체의 성현뿐만 아니라 온갖 현상이 모두 꿈같고 환상 같고 물거품 같고 그림자 같습니다. 또한 아침 이슬 같고 번갯불이 번쩍이는 것 같습니다. 확연하게 트여서 성스럽다 할 것도 없습니다.

모든 것이 개별적이고 객관적으로 존재한다고 보는 것이 무명의 어리석음이요, 뒤집혀진 꿈같은 생각이요, 모양에 집착한 것이요, 분별망상입니다.

어떤 때는 있음으로 드러나고 어떤 때는 없음으로 드러나지만 그둘 어디에도 속하지 않는 '무엇'이 있습니다. 어떤 때는 안다 하고 어떤 때는 모른다 하지만 그 둘 어디에도 걸리지 않는 '무엇'이 있습니다.

바로 지금 그 '무엇'이 있습니다. 모든 것이 바로 그 '무엇'의 현현입니다. 그 '무엇'이라 이름하지만 그 '무엇'은 결코 대상화되지 않는 것입니다. 바로 지금 이 모든 것이 그 '무엇'입니다.

그 '무엇'뿐입니다.

설사 무쇠바퀴를 머리 위에 굴릴지라도

假使鐵輪頂上旋

마음공부를 하는 이들의 당연하면서도 어이없는 패착(敗着), 실수는
마음을 일정한 상태로 만들려고 한다는 점입니다. 예를 들어 편안
하고 고요한 마음을 바란다는 겁니다. 그러나 바로 그 바라는 마음,
그것이 그것과 반대되는 심리 상태의 근본 원인입니다. 편안하고
고요한 마음을 바라는 그 마음이 불안하고 불편한 마음의 뿌리라는
사실을 돌아보기가 쉽지 않다는 말입니다.

우리의 마음이라 하는 것은, 그런 것이 실제로 있는지 모르겠는
데, 일정한 모양이 있는 것이 아닙니다. 바로 지금 이 글을 읽는 당
신의 마음은 어떻습니까? 내 마음이 어떻다 하고 가리켜 보일 수도
있겠지만 반드시 꼭 그런 것만은 아니지 않습니까? 사실 우리의 느
낌이나 감정, 생각을 우리 마음이라 했을 때 그것들은 한시도 고정
된 채로 변함없는 경우가 없습니다. 끝없이 인연 따라 변화하는 것,
그것이 마음의 본성입니다.

마치 파도가 사라진 바다를 단 한 번도 본 적이 없는 것과 같습니
다. 만물은 움직이고 있습니다. 온 우주가 스스로의 법칙을 따라 끊
임없이 움직이고 있습니다. 마찬가지로 우리의 마음도 쉼 없이 움
직입니다. 인연 따라 다양한 느낌, 감정, 생각이 일어났다 사라집니
다. 모든 느낌, 감정, 생각은 무상한 것인데, 스스로 미혹하여 그것

들에 집착하고 저항하는 바람에 불만족과 고통이 생기는 겁니다.

'나'라는 물건도 무상한 느낌, 감정, 생각에 불과합니다. 텅 빈 자각, 광활한 의식의 공간, 경험의 바다 위에 나타난 하나의 파도, 물결에 지나지 않습니다. 그러나 '나'가 모든 것들로부터 독립하여 존재한다는 착각, 어리석음 속에 있으면 그 자신과 다를 바 없는 또 다른 경험의 파도, 인식 대상에 불과한 느낌, 감정, 생각들을 '나' 또는 '나의 것'으로 동일시하게 됩니다. 그러한 동일시가 심리적 고통의 원인이 되는 겁니다.

어떤 특정한 마음의 모양, 상태에 대한 집착을 내려놓으면 모든 느낌, 감정, 생각들이 곧 그대로 마음입니다. 특정한 파도에 시선을 빼앗기지 않는다면 모든 파도 자체가 곧 바다입니다. 파도를 떠나서 바다를 구할 수 없고 바다를 떠나서 파도를 찾을 수 없습니다. 파도와 바다는 허망한 이름에 불과할 뿐입니다. 마찬가지로 느낌, 감정, 생각, 마음 역시 허망한 이름, 분별일 뿐입니다.

바로 지금 눈앞을 떠나 다른 마음을 구하지 마십시오. 바로 지금 눈앞에 있는 것이 온전한 마음 자체입니다. 그것이 어떤 모양을 취하고 있더라도 그 모양에 속지 마십시오. 모든 것이 한 바탕에서 일어나는 움직임일 뿐입니다. 주관도 객관도 한 바다 가운데 일어난 물결들일 뿐입니다. 아무리 물결쳐도 바다는 조금도 움직인 바가 없습니다. 무상한 마음의 흐름에도 바로 지금 눈앞은 변함이 없습니다.

선정과 지혜는 원만하게 밝아 끝내 잃어버리지 않는다.

定慧圓明終不失

흔들림 없는 고요함과 모든 것을 신령하게 아는 힘은 우리 본성의 두 가지 측면입니다. 우리 본성은 한량없고 모양 없고 실체가 없으므로, 개체적 자아의식이 경험하는 희로애락에도 결코 영향 받지 않습니다. 언제나 변함없이 여여하기에 늘 선정의 상태에 있습니다. 그러면서 활짝 깨어 있어 모든 감각지각과 의식적·무의식적 인식이 일어납니다. 분별적인 앎과 모름, 두 가지 상태 모두가 이 신령스럽게 아는 힘의 작용, 지혜입니다.

개체적 자아의식이 선정을 성취하는 것이 아니고 지혜를 획득하는 것이 아닙니다. 다른 대상들과 분리되어 존재하는 자아의식이 애초부터 허구였다는 사실의 자각을 통해, 개체적 자아의식이 손댈 수 없이 본래 완전한 선정과 지혜가 진정한 나의 본래면목이자 이 세계의 실상임을 깨닫는 것입니다. 온 우주가 하나의 법계로서 모든 차별적인 모양으로 드러난 대상들이 사실은 둘 아닌 하나의 묘한 작용의 결과임을 통찰하는 것입니다.

바로 지금 모든 생각을 쉬고 그저 존재하십시오. 실제로는 존재 자체만 존재할 뿐입니다. 존재 이외의 어떤 다른 일도 존재할 수 없습니다. 살아 있는 의식 자체인 존재가 꾸는 꿈이 바로 개체적 자아가 경험하는 현상세계입니다. 개체적 자아도, 그가 경험하는 현상세계도 모두 살아 있는 의식, 존재일 뿐입니다. 색이 공이고, 공이 색입니다. 존재의 속성이 선정이며, 살아 있는 의식이 곧 지혜입니다. 이것은 개체적 자아의식을 초월해 있습니다.

얻을 수 없고, 동시에 잃어버릴 수 없는 것, 바로 지금 우리 눈앞의 이것입니다.

해는 차게 할 수 있고 달은 뜨겁게 할 수 있지만
日可冷月可熱

모든 분별되는 지각, 인식들의 귀결점은 어디입니까? 모두 '나'의 '한 생각'에서 비롯되었습니다. 그렇다면 '나'는 어디에서 비롯되었을까요?

온갖 현상이 하나로 돌아가는데 그 하나는 어디에 있습니까?(萬法歸一 一歸何處)

'나'라는 '한 생각'마저 잃어버린 그곳에 결코 잃어버릴 수 없는 '무엇'이 있습니다. 어떤 분별도 놓아 버리고, 놓아 버린다는 그 생각마저 놓아 버리십시오.

도무지 알 수 없는 그곳으로 온몸을 던지십시오.

뭇 마구니가 참된 말씀을 부술 수 없다.

衆魔不能壞眞說

분별망상, 번뇌가 마구니입니다. 실제로는 없는 것이 마치 실체인 양 우리를 미혹하게 만드는 것이 분별망상, 번뇌입니다. '나'라고 하는 주체가 '괴로움, 두려움, 슬픔' 따위의 객체를 경험한다고 믿게 만드는 것이 분별망상, 번뇌입니다.

있는 그대로의 사실, 실상을 바로 보십시오. '나'가 실상을 보는 게 아니라, 바로 지금 드러나 있는 이대로가 실상입니다. '나' 또한 실상 위에 드러난 그림자일 뿐입니다. 해가 떠오르고 사람들은 일터로 나가고 나뭇잎은 붉게 물들어 갑니다. 인생 백년 매번 이러한 일의 반복입니다.

아무리 반복되어도 조금도 변화하지 않고 그 모든 변화를 수용하는 것이 있습니다. 이른바 참된 말씀, 진리입니다. 진리는 어떠한 형상도, 실체도, 속성도 가지고 있지 않습니다. 이 변화 작용 그대로, 이 실상의 모습 그대로가 진리입니다. 분별망상, 번뇌마저 이 실상의 모습입니다.

번뇌가 보리이고, 마구니가 부처입니다. 그 이름과 그 모양에 속지 않는다면 모든 차별이 그대로 차별 없는 것의 드러남입니다. '나'가 기준점이라는 미세한 착각에서 벗어날 때 인식의 전환이 찾아옵니다. '나'가 '세상'을 보는 것이 아니라, '나'와 '세상'이 차별 없이 보입니다.

무엇이 보고 있는 것일까요?

코끼리 수레 위풍당당 거침없이 길을 가는데
象駕崢嶸漫進途

깨달음이란 '나'라는 존재에 대한 인식의 전환, 인식의 확장이라 할 수 있습니다. 특정한 육체와 개성을 가진 개체적 존재를 '나'라 여기던 인식에서, '나'는 특정한 육체에 구속되지 않고 심리적 속성에 제한되지 않는 무한한 의식 자체라는 인식으로의 깨어남이 깨달음이라 할 수 있습니다.

이제까지 스스로를 육체적 경계선 안쪽으로 제한하던 사고방식에서 벗어나 그 모든 '나'에 대한 정의가 모두 허망한 생각이었다는 사실의 깨달음입니다. 흔히 "소아(小我)에서 벗어나 대아(大我)를 깨닫는다", "무아(無我)야말로 진아(眞我)이다."라는 말이 표현하는 바를 깨닫는 것입니다.

미혹으로 인해 세워 두었던 경계선이 허물어지면서 문득 내면과 외면이 모두 '나' 자신이 되어 버리는 것입니다. 이제까지 내면이라 여겼던 것이 외면이요, 외면이라 여겼던 것이 내면인 것입니다. 안팎이 따로 없는 것입니다. 삼라만상, 사사건건이 모두 '나'의 소식입니다.

모든 일이 일어나지만 실제로는 아무 일도 일어나지 않았습니다. '나'는 분명 있지만 동시에 없습니다. 마치 어젯밤 꿈과 같아서 허망하기 짝이 없지만 꿈이 끝나는 일도 없습니다. 언제나 이대로 그대로 늘 이와 같습니다. 하나, 둘, 셋, 넷, 다섯이요, 다섯, 넷, 셋, 둘, 하나입니다.

누가 사마귀가 수레를 가로막을 수 있다고 보겠는가?
誰見螳螂能拒轍

무엇이 생각이고 무엇이 생각이 아닌 것인지 살펴볼 수 있는 것이 법을 보는 안목입니다. 생각은 인연 따라 생겨났다가 인연 따라 사라지는 무상한 것입니다. 생각 아닌 것은 생각의 바탕이지만, 생각과 더불어 생겨나지도 않고 생각을 따라서 사라지지도 않습니다. 생각이 망상분별심이라면, 생각 아닌 것이 진여 본래심입니다. 물론 망상분별심과 진여 본래심은 둘이 아닙니다.

생각은 결코 생각 아닌 것을 손상시킬 수 없습니다. 그러나 스스로를 생각과 동일시할 때, 바로 그것이 또 다른 생각, 망상분별일 뿐인데도, 사람들은 환상과도 같은 고통을 받게 됩니다. '나' 또한 생각이며, '나'가 경험하는 것 역시 무상한 생각의 소산일 뿐이라는 사실을 통찰할 때, 그 모든 것들이 생멸하는 여여한 배경, 바탕 공간을 문득 돌아볼 수 있습니다.

생각은 생각 아닌 것에서 생겨났다가 생각 아닌 것으로 돌아갑니다. 언제 어디서나 있었던 것, 선험적으로 본래 주어져 있는 것, 이것이 본래심, 본래면목, 본성입니다. 없었던 것을 노력을 통해 얻거나 성취하거나 만들어 내는 것이 아니라, 버젓이 본래 있었는데도 알아차리지 못했던 스스로의 어리석음을 깨닫는 일입니다.

큰 코끼리는 토끼가 다니는 길에 노닐지 않고
大象不遊於兎徑

이 마음공부만큼 갖가지 샛길이 있는 곳이 어디 있을까요? 어떤 이들은 몸을 단련하는 데 머물러 있고, 어떤 이들은 몸 안의 에너지를 닦아 기르는 데 머물러 있고, 어떤 이들은 특별한 감각을 익히는 데 머물러 있고, 어떤 이들은 자신들의 감정을 조정하는 데 머물러 있고, 어떤 이들은 자신들의 생각을 조작하는 데 머물러 있습니다.

그러나 참된 마음공부의 길은 자신의 몸과 마음을 모두 놓아 버리는 곳에 있습니다. 흔히들 자기 자신과 동일시하는 몸과 마음이 참된 자기 자신이 아니라는 사실을 깨달아, 몸과 마음의 구속에서 벗어나 전체로서의 자기, 세상과 자신이 분리되어 있지 않은 하나의 전체성임을 체득하는 것입니다.

다양한 개체성을 부정하지 않으면서 단일한 전체성으로서의 자신을 깨달아야 합니다.

큰 깨달음은 작은 절개에 구애되지 않는다.
大悟不拘於小節

솔개는 허공을 나는 것이 옳고, 물고기는 물속에서 헤엄치는 것이 옳습니다. 솔개가 날고 물고기가 헤엄치는 것이 모두 한 가지 이치지만, 솔개로 하여금 물속을 헤엄치게 할 수 없고 물고기로 하여금 허공을 날게 해서는 안 됩니다.

둘 아닌 진리를 공부하는 마당에서도 옳음과 그릇됨은 분명히 있지만, 옳음은 그릇됨이라는 착각을 덜어 주기 위한 옳음일 뿐입니다. 마치 깊이 박힌 가시를 다른 가시를 이용해 뽑는 것과 같습니다. 박힌 가시를 뽑았으면 다른 가시도 버려야 합니다.

옳음이 진정으로 옳은 것인 줄만 아는 것이 바로 그릇됨입니다. 그릇됨이 그릇됨인 줄 알아 버리면 그것이 옳음이지 다른 옳음은 없습니다. 솔개로 하여금 허공을 날게 하고, 물고기로 하여금 물속에서 뛰놀게 할 뿐, 솔개더러 물속에 들어가라 하고 물고기더러 허공으로 뛰어오르라 하지 않습니다.

대통 같은 소견으로 창창히 비방하지 말라.
莫將管見誇蒼蒼

스스로를 정법(正法)으로 세워 다른 이를 사법(邪法)으로 만들지 말아야 합니다. 스스로를 옳음의 자리에 세워 다른 이를 그릇됨의 자리에 놓아서는 안 됩니다. 법이란 둘 아닌 법인지라 법이라는 말조차 세울 수 없습니다. 진실로 하나의 법이라면 법과 법 아님을 맞서 세울 수가 없습니다.

바로 이러한 가운데 모든 갈등이 해소되는 참된 화쟁(和諍)이 가능할 수 있습니다.

온 세상이 한 송이의 꽃, 하나의 눈, 하나의 마음일 뿐입니다. 부처와 마구니가 둘이 아니요, 번뇌와 깨달음이 둘이 아니요, 이것과 저것이 둘이 아닙니다. 삼라만상 천차만별이 크고 둥근 거울에 비친 그림자요, 어젯밤 꿈속에서 벌어진 일일 뿐입니다.

이른 겨울바람에 가냘픈 낙엽 하나 표표히 떨어집니다.

아직 깨닫지 못했기에 내가 그대를 위해 결단해 준다.

未了吾今爲君決

도를 찾아 구하지 말고 오로지 사람을 찾아 구하십시오. 깨달음을 얻기 위해 헤매지 말고 오로지 사람을 만나기 위해 헤매십시오.

도는 나를 떠나 있지 않지만 스스로 깨닫지 못했다면 그 사실을 가리켜 보여 줄 사람이 필요합니다. 깨달음은 나를 벗어나 있지 않지만 스스로 깨닫지 못했다면 그 사실을 가르쳐 줄 사람이 필요합니다.

도는 전해 줄 수도 없고 전해 받을 수 없지만 마음에서 마음으로 전해 주고 전해 받았습니다. 깨달음은 이미 완성되어 있지만 사람과 사람 사이에서 비로소 그 사실을 깨우치게 됩니다.

사람과 사람 사이에서 일어날 수 있는 가장 아름다운 일, 그 일이 바로 깨달음입니다.

나무아미타불.

증도가 전문

영가현각 지음

심성일 번역

증도가

證道歌

君不見	그대 보지 못했는가?
絶學無爲閑道人	배움을 끊고 함이 없는 한가한 도인은
不除妄想不求眞	망상도 없애지 않고 참됨도 구하지 않는다.
無明實性卽佛性	무명의 참 성품이 바로 불성이요,
幻化空身卽法身	허깨비 같이 텅 빈 몸이 곧 법신(法身)이로다.
法身覺了無一物	법신을 깨달음에 한 물건도 없으니
本源自性天眞佛	본래 타고난 자기의 성품이 천진한 부처이다.
五陰浮雲空去來	오온의 뜬구름이 부질없이 오가며
三毒水泡虛出沒	삼독의 물거품은 헛되이 일어나고 사라진다.
證實相無人法	실상을 증득하면 사람도 없고 법도 없으니
刹那滅却阿鼻業	찰나에 아비지옥의 업을 없앤다.

若將妄語誑衆生　만약 거짓말로 중생을 속인다면
自招拔舌塵沙劫　티끌 모래 같은 오랜 세월 동안
　　　　　　　　발설지옥의 업보를 자초한다.

頓覺了如來禪　단박에 여래선을 깨치니
六度萬行體中圓　육도만행이 본체 가운데 원만하다.

夢裏明明有六趣　꿈속에서는 분명하게 여섯 갈래 길 있더니
覺後空空無大千　깨어난 뒤에는 비고 비어 삼천대천세계도 없다.

無罪福無損益　죄와 복도 없고 손해와 이익도 없나니
寂滅性中莫問覓　적멸한 성품 가운데서 묻고 찾지 말라.

比來塵鏡未曾磨　예전에는 때 묻은 거울 미처 닦지 못했는데
今日分明須剖析　오늘에야 분명히 닦아 밝혔네.

誰無念誰無生　누가 생각이 없으며 누가 태어남이 없는가?
若實無生無不生　만일 진실로 태어남이 없다면, 태어나지 않음도 없다.

喚取機關木人問　움직이는 나무 사람을 불러다가 물어보라.
求佛施功早晩成　부처를 구하여 공덕을 베풂을 언젠간 이룰 것인지.

放四大莫把捉　사대를 놓아 버리고 불잡지 말고

寂滅性中隨飮啄　적멸한 성품 가운데 인연 따라 마시고 먹는다.

諸行無常一切空　모든 행이 무상하여 일체가 공(空)하니
卽是如來大圓覺　이것이 바로 여래의 크고 원만한 깨달음이다.

決定說表眞乘　분명하게 참된 가르침을 이야기해 주었건만
有人不肯任情徵　어떤 사람은 수긍하지 않고 제멋대로 따진다.

直截根源佛所印　근원을 바로 끊는 것은 부처님이 인가하신 바이니
摘葉尋枝我不能　잎 따고 가지 찾는 일 나는 할 수 없다.

摩尼珠人不識　마니주를 사람들은 알지 못하니
如來藏裏親收得　여래장 속에서 몸소 거두어 얻는다.

六般神用空不空　여섯 가지 신통묘용이 텅 비었으되 텅 비지 않고
一顆圓光色非色　한 덩어리 원만한 광명은 빛깔이면서 빛깔이 아니다.

淨五眼得五力　다섯 가지 눈을 깨끗이 하여 다섯 가지 힘을 얻음은
唯證乃知難可測　오직 증득해야만 알지 헤아리기는 어렵다.

鏡裏看形見不難　거울 속의 모습 보는 것은 어렵지 않지만
水中捉月爭拈得　물속의 달을 붙잡으려 하나 어찌 잡을 수 있겠는가?

常獨行常獨步　　　항상 홀로 다니고 홀로 걷나니
達者同遊涅槃路　　　통달한 사람은 열반의 길에 함께 노닌다.

調古神淸風自高　　　예스러운 곡조, 맑은 정신, 풍채는 스스로 높으나
貌悴骨剛人不顧　　　모습은 초췌하고 뼈는 앙상하니
　　　　　　　　　　사람들이 돌아보지 않는다.

窮釋子口稱貧　　　궁핍한 부처님 제자는 입으로 가난하다 하지만
實是身貧道不貧　　　실은 몸이 가난하지 도(道)가 가난하지는 않다.

貧則身常披縷褐　　　가난한 면에서는 항상 몸에 누더기를 걸쳤지만
道則心藏無價珍　　　도의 입장에서는 마음에 값없는 보배를 갖추었다.

無價珍用無盡　　　값없는 보배는 써도 다함이 없으니
利物應時終不悋　　　사물을 이롭게 하고 근기에 응할 때
　　　　　　　　　　끝내 아끼지 않는다.

三身四智體中圓　　　세 가지 몸과 네 가지 지혜는 바탕 가운데 원만하고
八解六通心地印　　　여덟 가지 해탈과 여섯 가지 신통은
　　　　　　　　　　마음 땅에 찍힌 도장이다.

上士一決一切了　　　상근기는 하나를 결정지으면 일체를 깨닫지만
中下多聞多不信　　　중하근기는 많이 들을수록 더 믿지를 않는다.

368

但自懷中解垢衣　다만 스스로 마음속의 때 묻은 옷을 벗어 버릴 뿐
誰能向外誇精進　누가 능히 밖을 향해 정진을 자랑할 수 있겠는가?

從他謗任他非　남들의 비방과 비난은 그들에게 맡겨 두어라.
把火燒天徒自疲　불로 하늘을 태우려 하나 도리어 자신만 피로하다.

我聞恰似飮甘露　내 듣기에는 마치 감로수를 마시는 것과 같아서
鎖融頓入不思議　녹아내려 단박에 생각으로 헤아릴 수 없는 곳에
　　　　　　　　들어간다.

觀惡言是功德　나쁜 말을 살펴보는 것이 바로 공덕이니
此則成吾善知識　이것이 곧 나의 선지식이 된다.

不因謗起怨親　헐뜯음에 따라 원망하고 친한 마음 일으키지 않으면
何表無生慈忍力　어찌 생겨남이 없는 자비와 인욕의 힘을
　　　　　　　　드러내겠는가?

宗亦通說亦通　종지(宗旨)에도 통하고 설법에도 통함이여,
定慧圓明不滯空　선정과 지혜가 원만하게 밝아 공에 걸리지 않는다.

非但我今獨達了　단지 나만 이제 홀로 통달한 것이 아니라
河沙諸佛體皆同　갠지스 강의 모래알 같은 모든 부처의 바탕 또한
　　　　　　　　모두 같다.

獅子吼無畏說　　사자의 울음 같은 두려움 없는 설법이여,
百獸聞之皆腦裂　　온갖 짐승들이 그것을 들으면 머리가 찢어진다.

香象奔波失却威　　코끼리는 위엄을 잃고 분주하게 달려가고
天龍寂聽生欣悅　　하늘의 용은 고요히 듣고 기뻐한다.

遊江海涉山川　　강과 바다를 떠돌며 산과 개울을 건너
尋師訪道爲參禪　　스승을 찾아 도를 묻는 것은 참선하기 위함이다.

自從認得曹溪路　　조계의 길을 알게 된 뒤로는
了知生死不相干　　삶과 죽음이 상관없음을 분명히 알았다.

行亦禪坐亦禪　　걸어 다녀도 선(禪)이요, 앉아도 선이니
語默動靜體安然　　말하든 침묵하든 움직이든 고요하든 바탕은 편안하다.

縱遇鋒刀常坦坦　　설사 창과 칼을 만난다 해도 언제나 태연하고
假饒毒藥也閑閑　　독약을 먹는다 하더라도 또한 한가롭다.

我師得見燃燈佛　　우리 스승 석가모니는 연등불을 만나 뵙고
多劫曾爲忍辱僊　　수많은 세월 동안 인욕선인이 되었다.

幾廻生幾廻死　　몇 번이나 다시 태어나고 몇 번이나 다시 죽었던가?
生死悠悠無定止　　삶과 죽음이 아득하여 멈춘 적이 없다.

自從頓悟了無生　단박에 깨달아 태어남 없음을 깨달은 뒤로는
於諸榮辱何憂喜　모든 영광과 오욕에 어찌 걱정하고 기뻐하겠는가?

入深山住蘭若　깊은 산속에 들어가 고요한 곳에 머무니
岑崟幽邃長松下　높은 산 깊은 골 낙락장송 아래다.

優遊靜坐野僧家　한가롭게 고요히 앉아있는 시골 승려의 움막에
閴寂安居實蕭灑　호젓하고 편안하게 머무니 실로 맑고 깨끗하다.

覺卽了不施功　깨달으면 곧 끝마쳐서 힘을 들이지 않으니
一切有爲法不同　모든 유위법과 같지 않다.

住相布施生天福　모양에 머무는 보시는 하늘에 나는 복이지만
猶如仰箭射虛空　마치 허공을 향해 화살을 쏘는 것과 같다.

勢力盡箭還墜　세력이 다하면 화살은 다시 떨어지니
招得來生不如意　오는 세상에 여의치 않은 일을 불러온다.

爭似無爲實相門　어찌 함이 없는 실상의 문에서
一超直入如來地　한 번 뛰어 곧장 여래의 지위에 들어가는 것만
　　　　　　　　　　같겠는가?

但得本莫愁末　다만 근본을 얻을 뿐 말단을 근심하지 말지니

如淨瑠璃含寶月　마치 깨끗한 유리 안에 보배 달을 머금고
　　　　　　　　있는 것과 같다.

旣能解此如意珠　이미 이 여의주를 알 수 있다면
自利利他終不竭　나와 남을 이롭게 하여 끝내 다함이 없다.

江月照松風吹　강에는 달 비치고 솔바람 불어오니
永夜淸霄何所爲　긴긴 밤 맑은 하늘 무슨 할 일 있겠는가?

佛性戒珠心地印　불성계의 구슬은 마음바탕의 도장이요,
霧露雲霞體上衣　안개, 이슬, 구름, 노을은 본체 위의 옷이다.

降龍鉢解虎錫　용을 항복시킨 발우와 호랑이의 싸움을 말린 석장이여,
兩鈷金環鳴歷歷　양쪽 쇠고리가 역력히 울린다.

不是標形虛事持　모양을 나타내려고 헛되이 가진 것이 아니요,
如來寶杖親蹤跡　여래의 보배 지팡이 몸소 본받음이다.

不求眞不斷妄　참됨도 구하지 않고 허망함도 끊지 않나니
了知二法空無相　두 가지 법이 텅 비어 모양 없는 줄 분명히 알았다.

無相無空無不空　모양도 없고, 공도 없고, 공 아님도 없음이여,
卽是如來眞實相　바로 이것이 여래의 진실한 모습이다.

372

心鏡明鑑無碍　　마음 거울은 밝아 비춤에 걸림 없으니
廓然瑩徹周沙界　　툭 트여 갠지스 강의 모래알 같은 세계에

　　　　　　　　두루 밝게 사무친다.

萬象森羅影現中　　삼라만상의 그림자 그 가운데 나타나고
一顆圓明非內外　　한 덩어리 원만한 밝음은 안과 밖이 아니다.

豁達空撥因果　　　공(空)에 막힘없이 통달하여 인과가 없다고 한다면
茫茫蕩蕩招殃禍　　아득하고 끝없이 재앙을 부를 것이다.

棄有著空病亦然　　있음을 버리고 공에 집착하는 것 또한 병인 것이니
還如避溺而投火　　도리어 물에 빠지는 것을 피하려다가 불 속으로

　　　　　　　　뛰어드는 것과 같다.

捨妄心取眞理　　　망령된 마음을 버리고 진리를 취함이여,
取捨之心成巧僞　　취하고 버리는 마음이 교묘한 거짓을 이룬다.

學人不了用修行　　배우는 사람이 잘 알지 못하고 수행하나니
眞成認賊將爲子　　참으로 도적을 아들로 삼는 짓이다.

損法財滅功德　　　법의 재물을 덜고 공덕을 없애는 것은
莫不由斯心意識　　이 분별하는 마음으로 말미암지 않음이 없다.

是以禪門了却心　그러므로 선문(禪門)에서는 마음을 물리치고
頓入無生知見力　생겨남 없는 지견(知見)의 힘으로 단박에 들어간다.

大丈夫秉慧劍　대장부가 지혜의 검을 잡으니
般若鋒兮金剛燄　반야의 칼날이요, 금강의 불꽃이다.

非但能摧外道心　외도의 마음만 꺾을 뿐 아니라
早曾落却天魔膽　일찍이 천마의 간담을 떨어뜨렸다.

震法雷擊法鼓　법의 우레 진동하고 법의 북을 두드리니
布慈雲兮灑甘露　자비의 구름을 펴고 감로수를 뿌린다.

龍象蹴踏潤無邊　용과 코끼리 차고 밟아 윤택함이 끝이 없으니
三乘五性皆惺悟　삼승(三乘)과 오성(五性)이 모두 깨어난다.

雪山肥膩更無雜　설산의 비니초는 조금도 잡스러움이 없어
純出醍醐我常納　순수한 제호를 내니 내가 항상 마신다.

一性圓通一切性　하나의 성품이 일체의 성품에 원만히 통해 있고
一法徧含一切法　하나의 법이 두루 모든 법을 포함한다.

一月普現一切水　하나의 달이 모든 물에 두루 나타나고
一切水月一月攝　모든 물의 달을 하나의 달이 거두어들인다.

374

諸佛法身入我性　모든 부처의 법신이 나의 성품에 들어오고
我性還共如來合　나의 성품이 다시 여래와 더불어 합해진다.

一地具足一切地　한 지위에 모든 지위를 구족하니
非色非心非行業　색도 아니요, 마음도 아니요, 행업도 아니다.

彈指圓成八萬門　손가락 튕기는 사이에 팔만 사천 법문을
　　　　　　　　원만하게 이루고
剎那滅却三祇劫　찰나에 삼아승지겁을 없애 버린다.

一切數句非數句　일체의 차별법상과 차별법상 아님이
與吾靈覺何交涉　나의 신령스러운 깨달음과 무슨 관계가 있겠는가?

不可毀不可讚　헐뜯을 수도 없고 찬탄할 수도 없으니
體若虛空勿涯岸　본체는 허공과 같아서 가장자리가 없다.

不離當處常湛然　바로 지금 이 자리를 떠나지 않고 항상 맑고 깨끗하니
覓則知君不可見　찾으면 그대가 볼 수 없음을 알라.

取不得捨不得　취할 수도 없고 버릴 수도 없으니
不可得中只麼得　얻을 수 없는 가운데 이렇게 얻을 뿐이다.

默時說說時默　말 없을 때 말하고, 말할 때 말 없으니

大施門開無壅塞　크게 베푸는 문을 여니 옹색함이 없다.

有人問我解何宗　어떤 사람이 나에게 어떤 종취(宗趣)를
　　　　　　　　알았느냐 묻는다면
報道摩訶般若力　마하반야의 힘이라 말해 주리라.

或是或非人不識　혹은 옳기도 하고 혹은 그르기도 함을
　　　　　　　　사람들은 알지 못하고
逆行順行天莫測　역행하기도 하고 순행하기도 하는 것은
　　　　　　　　하늘도 헤아리지 못한다.

吾早曾經多劫修　나는 일찍이 오랜 세월 수행하며 지냈으니
不是等閑相誑惑　부질없이 서로 속여 미혹케 하는 것이 아니다.

建法幢立宗旨　법의 깃발을 세우고 종지를 세우는 것은
明明佛勅曹溪是　밝고 밝은 부처의 명령이며, 조계가 바로 그것이다.

第一迦葉首傳燈　첫 번째로 가섭이 맨 먼저 등불을 전하니
二十八代西天記　28대는 서천(西天)의 기록이다.

法東流入此土　법이 동쪽으로 흘러 이 땅에 들어와서는
菩提達磨爲初祖　보리달마가 초조가 되었다.

六代傳衣天下聞　6대에 옷 전한 일 천하에 소문났고
後人得道何窮數　뒷사람들이 도를 얻은 것 어찌 다 헤아리겠는가?

眞不立妄本空　진실도 세울 수 없고 거짓도 본래 텅 비었음이여,
有無俱遣不空空　있음과 없음을 모두 버리니 텅 비지 않으면서
　　　　　　　텅 비었다.

二十空門元不著　스무 가지 공문에 원래 집착하지 않으니
一性如來體自同　한 성품은 여래의 본체와 스스로 같다.

心是根法是塵　마음은 뿌리요 법은 티끌이니
兩種猶如鏡上痕　두 가지는 거울 위의 흔적과 같다.

痕垢盡除光始現　흔적과 때가 모두 없어지면 광명이 비로소 나타나고
心法雙亡性卽眞　마음과 법, 둘 다 없으면 성품이 곧 참되다.

嗟末法惡時世　말법을 슬퍼하고 시세를 미워하노니
衆生薄福難調制　중생이 박복하여 조복하기 어렵다.

去聖遠兮邪見深　성인이 가신 지 오래되어 삿된 견해는 깊어졌으니
魔强法弱多怨害　마구니는 강하고 법은 약하여 원망과 해로움 많다.

聞說如來頓教門　여래께서 돈교의 법문을 설하는 것을 듣고서도

恨不滅除令瓦碎　기왓장 부수듯 없애 버리지 못한 것을 한스러워한다.

作在心殃在身　짓는 것은 마음에 있으나 재앙은 몸으로 받나니
不須怨訴更尤人　원망하고 하소연하거나 남을 비난해서는 안 된다.

欲得不招無間業　무간지옥의 업보를 부르지 않으려거든
莫謗如來正法輪　여래의 바른 법륜을 비방하지 말라.

栴檀林無雜樹　전단나무 숲 가운데 잡스러운 나무가 없으니
鬱密深沈師子住　울창하고 깊숙하여 사자가 머문다.

境靜林閒獨自遊　경계는 고요하고 숲은 한가하여 홀로 노니
走獸飛禽皆遠去　달리는 짐승과 나는 새 모두 멀리 가 버린다.

師子兒衆隨後　사자 새끼 무리가 뒤를 따르니
三歲卽能大哮吼　세 살이면 능히 크게 울부짖는다.

若是野干逐法王　만약 들여우가 법의 왕을 쫓아내려 한다면
百年妖怪虛開口　백 년 묵은 요괴가 헛되이 입을 여는 것이다.

圓頓敎勿人情　원돈교에는 인정이 없으니
有疑不決直須爭　의심이 있어 결정치 못하거든 곧장 따져 봐야 한다.

不是山僧逞人我　산승이 인상과 아상이 견고한 것이 아니요,
修行恐落斷常坑　수행함에 단멸(斷滅)과 상주(常住)의 구덩이에
　　　　　　　　떨어질까 두려워서이다.

非不非是不是　틀려도 틀린 것이 아니요, 옳아도 옳은 것이 아니니
差之毫釐失千里　털끝만큼이라도 어긋나면 천 리나 멀어진다.

是卽龍女頓成佛　옳은 입장에서는 용녀가 단박에 성불을 하였고
非卽善星生陷墜　틀린 입장에서는 선성비구가 산 채로
　　　　　　　　지옥에 떨어지는 것이다.

吾早年來積學問　나는 어려서부터 학문을 쌓아
亦曾討疏尋經論　또한 일찍이 소(疏)를 살펴보고
　　　　　　　　경론(經論)을 찾아보았다.

分別名相不知休　이름과 모양 분별하는 것을 쉴 줄 모르고
入海算沙徒自困　바닷속에 들어가 모래를 세듯 헛되이
　　　　　　　　스스로 피곤하였다.

却被如來苦呵責　문득 여래의 호된 꾸짖음 들어 보니
數他珍寶有何益　남의 보배를 세는 일이 무슨 이익이 있겠는가?

從來蹭蹬覺虛行　이제까지 비틀거리며 헛되이 다녔음을 깨달았으니

多年枉作風塵客　오랜 세월 잘못하여 나그네 노릇 하였다.

種性邪錯知解　성품에 삿됨을 심어 잘못 알아 이해하니
不達如來圓頓制　여래의 원만하고 신속하게 깨닫는 법에
　　　　　　　도달하지 못한다.

二乘精進勿道心　이승(二乘)은 정진하나 도(道)의 마음이 없고
外道聰明無智慧　외도는 총명해도 지혜가 없다.

亦愚癡亦小騃　또한 어리석고도 또한 어리석으니
空拳指上生實解　빈 주먹과 손가락 위에서 실다운 견해를 낸다.

執指爲月枉施功　손가락을 달로 집착하여 그릇되게 공부하니
根境塵中虛捏怪　육근 육경 육진 가운데 헛되이 괴이한 짓을 한다.

不見一法卽如來　한 법도 보지 못하는 것이 곧 여래이니
方得名爲觀自在　비로소 관자재라 이름할 수 있다.

了卽業障本來空　깨달아 마치면 업장(業障)이 본래 공하고
未了還須償宿債　깨달아 마치지 못하면 모름지기
　　　　　　　묵은 빚을 갚아야 한다.

飢逢王膳不能飡　굶다가 임금의 수라를 만나도 능히 먹지 않으니

380

病遇醫王爭得差　병들어 의왕(醫王)을 만난들 어찌 나을 수 있으랴.

在欲行禪知見力　욕망 속에 있으면서 참선을 하는 것은 지견의 힘이니

火中生蓮終不壞　불 속에서 연꽃이 핀 것이어서

　　　　　　　　끝내 무너지지 않으리라.

勇施犯重悟無生　용시 비구가 중죄를 범했으나 생겨남이

　　　　　　　　없음을 깨달으니

早是成佛于今在　이미 성불하여 지금에 있다.

師子吼無畏說　사자후의 두려움 없는 설법으로

深嗟懵懂頑皮靼　어리석고 고집스러움을 깊이 안타까워한다.

只知犯重障菩提　중죄를 범하면 보리를 장애하는 줄만 알 뿐

不見如來開秘訣　여래가 비결을 열어 둔 것을 보지 못한다.

有二比丘犯淫殺　두 비구가 있어 음행과 살생을 저지르니

波離螢光增罪結　우파리의 반딧불 같은 소견은 죄의 매듭만 더하였다.

維摩大士頓除疑　유마 대사가 단박에 의심을 제거해 준 것은

還同赫日消霜雪　밝은 태양이 눈과 서리를 녹여 버린 것과 같다.

不思議解脫力　불가사의한 해탈의 힘은

妙用恒沙也無極　묘한 작용이 갠지스 강의 모래 같아 끝이 없다.

四事供養敢辭勞　네 가지 공양을 감히 수고롭다 사양하겠는가?
萬兩黃金亦銷得　만 냥의 황금이라도 또한 녹일 수 있다.

粉骨碎身未足酬　뼈가 가루 되고 몸이 부서져도 다 갚을 수 없으니
一句了然超百億　한마디에 분명히 깨달으면 백억을 뛰어넘는다.

法中王最高勝　법 가운데 왕은 가장 높고 뛰어나니
恒沙如來同共證　갠지스 강의 모래 같은 여래가 다 함께 증득하였다.

我今解此如意珠　내가 이제 이 여의주를 설명하였으니
信受之者皆相應　믿고 받는 사람은 모두 상응할 것이다.

了了見無一物　밝고 밝게 보면 한 물건도 없으니
亦無人兮亦無佛　사람도 없고 부처도 없다.

大千世界海中漚　삼천대천세계는 바닷속 물거품이요,
一切聖賢如電拂　일체의 성현은 번갯불이 번쩍이는 것과 같다.

假使鐵輪頂上旋　설사 무쇠바퀴를 머리 위에 굴릴지라도
定慧圓明終不失　선정과 지혜는 원만하게 밝아 끝내 잃어버리지 않는다.

382

日可冷月可熱　해는 차게 할 수 있고 달은 뜨겁게 할 수 있지만
衆魔不能壞眞說　뭇 마구니가 참된 말씀을 부술 수 없다.

象駕崢嶸漫進途　코끼리 수레 위풍당당 거침없이 길을 가는데
誰見螳螂能拒轍　누가 사마귀가 수레를 가로막을 수 있다고 보겠는가?

大象不遊於兎徑　큰 코끼리는 토끼가 다니는 길에서 노닐지 않고
大悟不拘於小節　큰 깨달음은 작은 절개에 구애되지 않는다.

莫將管見謗蒼蒼　대통 같은 소견으로 창창히 비방하지 말라.
未了吾今爲君決　아직 깨닫지 못했기에 내가 그대를 위해
　　　　　　　　끝맺음 해 준다.

깨달음의 노래

초판 1쇄 발행일 2015년 10월 27일

지은이 심성일

펴낸이 김윤
펴낸곳 침묵의 향기
출판등록 2000년 8월 30일, 제1-2836호
주소 10380 경기도 고양시 일산서구 중앙로 1542,
635호(대화동, 신동아노블타워)
전화 031) 905-9425
팩스 031) 629-5429
전자우편 chimmukbooks@naver.com
팩스 http://blog.naver.com/chimmukbooks

ISBN 978-89-89590-54-5 03220

* 책값은 뒤표지에 있습니다.